Kommunikation & Recht

Musik, Recht & Verträge

Für Interessierte, Einsteiger und Profis

Herausgegeben von

Dr. Florian Drücke

und

René Houareau

Bearbeitet von

Birgit Böcher; Dr. Florian Drücke; Prof. Dr. Alexander Endreß;
Dr. Götz von Einem; Max Göbl; Michael Herberger; René Houareau;
Albrecht Klutmann; Ulrike Liero; Burkhard Sehm; Carsten Senger;
Fabian Zey, LL.M.

2., komplett aktualisierte und erweiterte Auflage 2026

Fachmedien Recht und Wirtschaft | dfv Mediengruppe | Frankfurt am Main

Alle im Buch verwendeten Begriffe verstehen sich geschlechterneutral. Aus Gründen der besseren Lesbarkeit wird auf eine geschlechtsspezifische Differenzierung verzichtet – entsprechende Begriffe gelten im Sinne der Gleichbehandlung grundsätzlich für alle Geschlechter. Die verkürzte Sprachform hat lediglich redaktionelle Gründe und beinhaltet keine Wertung.

Bibliografische Information Der Deutschen Nationalbibliothek

Die Deutsche Nationalbibliothek verzeichnet diese Publikation in der Deutschen Nationalbibliografie; detaillierte bibliografische Daten sind im Internet über http://dnb.de abrufbar.

ISBN 978-3-8005-1894-4

dfv Mediengruppe

www.ruw.de

Druck: Beltz Grafische Betriebe GmbH, 99947 Bad Langensalza

Printed in Germany

Vorwort

Das Ursprungswerk ist vor gut einem Jahrzehnt im Zuge der Verbandstätigkeit entstanden. Wir haben uns seinerzeit auf unzählige konkret bei uns eingegangene Fragen von Interessierten, Verbrauchern, Firmen, Geschäftsleuten, Kollegen, Musik-Fans, Usern, Eltern und Mitgliedern zum Thema „Musik und Urheberrecht“ bezogen. Mittlerweile haben sich die Recherche-Möglichkeiten potenziert, hat sich die Antwort-Geschwindigkeit auf Sekundenbruchteile reduziert. Gleichwohl bleiben wir davon überzeugt, dass dieses Buch gerade in einer Zeit der inhaltlichen Überflutung ein Einstieg in die Befassung mit diesen Grundfragen sein kann. Um die Praxisrelevanz zu erhöhen, haben wir in der zweiten Auflage die Expertise von Branchenkollegen einfließen lassen, was die Verankerung im aktuellen Branchengeschehen noch einmal erhöht.

Unser gemeinsames Ziel bleibt, einen Teil der Fragen beantworten und all denjenigen eine erste Orientierung zu bieten, die eine Einführung in das Thema suchen, als Künstler erstmals mit der Materie in Berührung kommen oder sich als Nutzer beim Musikkonsum schlicht und ergreifend legal verhalten wollen. Der Titel soll dabei auch unterstreichen, dass es vor allem um Musik geht. Sie steht an erster Stelle. Zugleich soll auf die zum Teil höchst emotionale Debatte über den Schutz von Rechten des geistigen Eigentums nur an einzelnen Stellen eingegangen werden. Eine weitergehende Vertiefung kann, je nach Interesse des Lesers, über die diversen Veröffentlichungen, auf die wir in den einzelnen Kapiteln hinweisen, oder aber durch konkrete Rechtsberatung erfolgen. Gerade weil es sich in diesem Bereich um ein höchst dynamisches Rechtsgebiet handelt, ist letzteres in Spezialfällen kaum zu umgehen.

Selbstverständlich ist dieser Band auch kein „Lobbypapier des Verbandes“, sondern es fließen verschiedene Blickwinkel ein und die beiden Herausgeber sind für den Bundesverband Musikindustrie e. V. tätige Juristen. Gerade in einer Zeit, in der die Branche durch die sich entfaltende Kraft der generativen KI vor großen Herausforderungen steht und die tatsächliche, wie auch die juristische Entwicklung in rasantem Tempo voranschreitet, bleiben sicher viele Fragen streitig oder unbeantwortet.

An dieser Stelle danken wir Elias Schockel und Maximilian Leicht; Selina Mudrack, Benita Koschig, Luna-Josephine Sowa und Michael Eichler.

Berlin, im Januar 2026

Dr. Florian Drücke
René Houareau

Autorenverzeichnis

Birgit Böcher	Geschäftsführerin DMV – Verband Deutscher Musikverlage e. V.
Dr. Florian Drücke | Maître en Droit, Rechtsanwalt	Vorstandsvorsitzender, Bundesverband Musikindustrie e. V.
Prof. Dr. Alexander Endreß | Diplom Sozialwirt (Univ.)	Studiengangsleiter BA Musikbusiness & Leiter SMIX-Lab der Popakademie Baden-Württemberg
Dr. Götz von Einem | Rechtsanwalt	Managing Director GSA, Peermusic Präsident DMV – Verband Deutscher Musikverlage
Max Göbl	Vice President Legal & Business Affairs GSA Sony Music Entertainment Germany GmbH
Michael Herberger	Business Direktor & Geschäftsführer Fachbereich Musik- und Kreativwirtschaft der Popakademie Baden-Württemberg
René Houareau | Rechtsanwalt	Geschäftsführer Recht & Politik, Bundesverband Musikindustrie e. V.
Albrecht Klutmann | Rechtsanwalt	Vice President Business & Legal Affairs Deutsche Grammophon
Ulrike Liero	Vice President Business Affairs GSA Sony Music Entertainment Germany GmbH
Burkhard Sehm | Rechtsanwalt	Bereichsleiter Legal & Business Affairs, GVL mbH
Carsten Senger | Rechtsanwalt (Syndikusrechtsanwalt)	Vice President Business & Legal Affairs/ Transactions Germany, Austria, Switzerland Universal Music GmbH Mediator (gem. § 7a BORA i. V. m. § 5 Abs. 1 MediationsG)

Fabian Zey, LL.M. — Senior Director Legal & Business Affairs GSA
Sony Music Entertainment Germany GmbH

Alle Beiträge geben ausschließlich die persönliche Auffassung der jeweiligen Beitragenden wieder und sind nicht als offizielle Positionen der jeweils genannten Unternehmen oder Organisationen zu verstehen.

Inhaltsverzeichnis

Teil 2 – Musik machen: Musiker und Hersteller

Teil 4 – Musik konsumieren: Musiknutzer und der Markt

Anhang

Abkürzungsverzeichnis

Abs.	Absatz
A&R	Artist & Repertoire
BGB	Bürgerliches Gesetzbuch
BGBl.	Bundesgesetzblatt – Verkündungsblatt der Bundesrepublik Deutschland
BGH	Bundesgerichtshof
BeckOK BGB	Beck'scher Online-Kommentar BGB (hrsg. von Hau/Poseck)
BT-Drs.	Bundestags-Drucksache
BV	Berechtigungsvertrag der GEMA
BV-Neu	Berechtigungsvertrag der GEMA in der von der Mitgliederversammlung 2025 beschlossenen redaktionellen Neufassung
BVerfG	Bundesverfassungsgericht
BVMI	Bundesverband Musikindustrie e. V.
DSP	Digital Service Provider
EuGH	Europäischer Gerichtshof
eV	einstweilige Verfügung
eV-Verfahren	Einstweiliges Verfügungsverfahren
f./ff.	folgende/fortfolgende
GbR	Gesellschaft bürgerlichen Rechts
GEMA	Gesellschaft für musikalische Aufführungs- und mechanische Vervielfältigungsrechte
GG	Grundgesetz für die Bundesrepublik Deutschland
GRUR	Gewerblicher Rechtsschutz und Urheberrecht (Zeitschrift)
GRUR-RR	Gewerblicher Rechtsschutz und Urheberrecht Rechtsprechungsreport
GVL	Gesellschaft zur Verwertung von Leistungsschutzrechten
h. M.	herrschende Meinung
IFPI	International Federation of the Phonographic Industry
KEV	Künstlerexklusivvertrag
KI	Künstliche Intelligenz
KUG	Kunsturhebergesetz
LG	Landgericht
Lit.	litera (Buchstabe)
MMR	Multimedia und Recht (Zeitschrift)
NFT	Non-Fungible Token
NJW	Neue Juristische Wochenschrift (Zeitschrift)
NStZ	Neue Zeitschrift für Strafrecht
OLG	Oberlandesgericht
PatG	Patentgesetz
RDi	Recht Digital (Zeitschrift)

Rn.	Randnummer
S.	Satz
Sog.	sogenannt/sogenannte
UrhG	Urheberrechtsgesetz
UrhDaG	Gesetz über die urheberrechtliche Verantwortlichkeit von Diensteanbietern für das Teilen von Online-Inhalten
UVE	Unterlassungs- und Verpflichtungserklärung
VGG	Gesetz über die Wahrnehmung von Urheberrechten und verwandten Schutzrechten durch Verwertungsgesellschaften
ZPO	Zivilprozessordnung
ZUM	Zeitschrift für Urheber- und Medienrecht
ZUM-RD	Zeitschrift für Urheber- und Medienrecht – Rechtsprechungsdienst

Einführung: Die Branche und ihre Akteure

Das Ökosystem der Musikwirtschaft ist vielfältig, komplex und manchmal ein wenig kompliziert. Selbstverständlich wird es nicht gelingen, hier alle seine Akteure in aller Detailgenauigkeit darzustellen. Aber das ist auch nicht das Ziel dieses Buches, sondern, einen vereinfachten Zugang zu liefern, auf dessen Basis entweder die einzelnen Kapitel eine vertiefte Befassung anbieten oder aber eine solche über weitergehende Hinweise eröffnen. Ein paar Begrifflichkeiten vorweg: Die Musikwirtschaft umfasst im Wesentlichen die gesamte Wertschöpfung auf Basis von Musik – also inkl. der Veranstaltungswirtschaft etc., während sich die Musikindustrie im Wesentlichen um die Auswertung von Tonaufnahmen und Bildtonaufnahmen konzentriert – selbstverständlich auf Basis der zugrunde liegenden Werke, der Kompositionen und Textdichtungen.

Aus Gründen der Verkürzung und Vereinfachung wird zeitweilig in diesem Bereich mit den Bezeichnungen „Musikfirmen“ oder „Musikproduzenten“ hantiert. Basierend auf § 85 UrhG werden diese Unternehmen traditionell als Tonträgerhersteller bezeichnet, wobei der Begriff des Tonträgers sicherlich einer steten Wandlung unterliegt und derjenige des Tonträgerherstellers nicht mehr vollständig der immer komplexer werdenden Rolle dieser Unternehmen gerecht wird.

Tonträgerhersteller sehen ihre Rolle innerhalb des Systems als Investoren, kreative Partner und Multiplikatoren der Künstler sowie als Mittler gegenüber dem Publikum, indem sie die genannten Leistungen in den Bereichen A&R, Marketing und Promotion bereitstellen und zusätzlich für den physischen und nicht-physischen Vertrieb sowie das Merchandising sorgen und daneben klassische „back-office“ Services wie Lizenzabrechnung, Recht und Controlling auch zugunsten der Künstler vorhalten.

Die Rolle der Künstler im Rahmen der Musikwirtschaft ist selbstverständlich die des kreativen Treibers, der sich bei der Erstellung des Gesamtprodukts und seiner Darstellung vielfach der von den Tonträgerherstellern bereitgestellten Gewerke bedient (z.B. Fotos, Videos, Ausstattung, Artwork). In anderer Form gilt dies auch für die Werkschaffenden, die Urheber und also Komponisten und Textdichter, denen die Musikverlage zur Seite stehen.

In diesem arbeitsteiligen Geschäftsumfeld ist das Verhältnis zwischen Tonträgerhersteller und Künstler allerdings nicht mit einem Angestelltenverhältnis zu vergleichen – zum einen, weil es kein formelles Über-Unterordnungsverhältnis ist, zum anderen, weil das Einkommen erfolgsbasiert erwirtschaftet wird. So lässt sich auch sagen, dass am Markt beliebte und erfolgreiche Künstler nach wie über ein sehr gutes Einkommen verfügen, während die nicht am Markt erfolgreichen Künstler i. d. R. nicht über ihren Vorschuss hinaus Einkommen erwirtschaften. Es ist sicherlich auf persönlicher und emotionaler Ebene bedauerlich, wenn die künstlerische Entfaltung in diesen Fällen nicht für eine ausreichende wirtschaftliche Kompensation sorgt und einfach gesagt der Künstler nicht von seiner Kunst leben kann. Das spricht allerdings nicht gegen das marktwirtschaftliche Modell. Einen garantierten kulturellen Mindestlohn auf Grundlage des Urhebervertragsrechts kann es nicht geben, da auch der Erfolg des Produkts beim Publikum nicht garantiert ist.

Die originäre Rolle der Verwertungsgesellschaften und deren gesetzliche Legitimation entspringt der Notwendigkeit, sich ihrer Hilfe bei der Kontrolle von Massennutzungen auf Sekundärebene zu bedienen (während auf Primärebene i. d. R. individuelle Verträge auf exklusiver Basis ausgehandelt werden), da es für den Nutzer zu kompliziert wäre in jedem Fall eine Einzellizenz zu erwerben – dabei sind im Bereich der Musik traditionell bspw. deren Nutzung im Rahmen von Konzerten, Gaststätten und der Wiedergabe im Rundfunk etc. zu nennen. Verwertungsgesellschaften wie die GEMA bedienen im Urheberrechtsbereich allerdings beides.

Bei Betrachtung des musikwirtschaftlichen Ökosystems im digitalen Raum sind (legale) digitale Plattformen und Anbieter absolut zentral. Heutzutage sind solcherlei Plattformen bekanntlich der unmittelbare Kontakt zum Endkunden, bzw. dessen Medium zum gegenseitigen Austausch. Für die Monetarisierung sämtlicher Plattformen und digitaler Anbieter existieren nach wie vor zwei wesentliche Wege, nämliche entweder die anteilige Beteiligung an Werbeeinnahmen wegen der Nutzung von Inhalten durch Endnutzer oder die Vereinnahmung von Abonnement-Gebühren.

Auch wenn Musik ein Wirtschaftsgut ist; Musik ist als immaterielles Gut gleichermaßen Teil des kulturellen Erbes und Ausdruck persönlicher Kreativität.

Dieses Buch will darstellen, wie und vor allem anhand welcher rechtlichen Grundlagen und Wertschöpfungsketten in diesem Ökosystem Einnahmen generiert und verteilt werden. Und alles geschaffen auf Basis menschlicher Kreativität!

Teil 1 – Musik schreiben: Komponisten, Textdichter und ihre Partner

A. Berufsbilder *(Birgit Böcher)*

Von der musikalischen Idee im Kopf der Komponisten und Textdichter bis hin zum Ohr der Hörer braucht es viele Arbeitsschritte, verteilt auf verschiedene Professionen. Oft erlangt ein Musiktrack erst durch die Interpreten eine größere Bekanntheit. Dies wiederum setzt in der Regel professionelle Auswertungswege durch wirtschaftliche Partner voraus. Ab Entstehung des Werkes greifen diese Zahnräder ineinander und sorgen in funktionierenden Märkten mit verlässlicher Rechtsgrundlage dafür, dass die am Prozess Beteiligten im Erfolgsfall von ihrer Arbeit leben und fortwährend in neue Werke und Musik investieren können – nur so können bei den Hörern auch immer wieder neue musikalische Impulse ankommen. Die Keimzelle dieses Schaffens- und Verwertungsprozesses ist die kreative Leistung von Textdichtern und Komponisten – also der Urheber – sowie deren Verlage als direkte Partner.

Die Kultur- und Kreativwirtschaft ist wesentlich geprägt von Quereinsteigern, Autodidakten und dem Motto „Learning by Doing". Bis heute erfolgt die Nachwuchsgewinnung bei Textdichtern, Komponisten und Musikverlegern über Praktika bzw. Seiteneinstiege und nicht zuletzt über die richtigen Kontakte und Netzwerke.

Der sich stetig weiterentwickelnde Markt macht es heute sehr viel einfacher, Musik zu veröffentlichen. Es werden täglich über hunderttausend Tracks bei digitalen Streamingplattformen hochgeladen, dadurch steigt die Konkurrenz und der Druck auf Kreative, sich zunehmend zu professionalisieren.

Zum einen gibt es dafür den Weg einer klassisch institutionellen Ausbildung in Musikhochschulen, Konservatorien und Akademien. Zum anderen finden sich vermehrt privatwirtschaftliche Aus-, Weiterbildungs- und Förderprogramme – beispielsweise die „Celler Schule" für Textdichter oder auch staatliche Einrichtungen wie die Popakademie in Mannheim, die Programme für Komponisten und Textdichtern vor allem im Bereich der Populären Musik anbietet.

Es gibt einige Berufe, die sich mit dem Schreiben und Verwerten von Musik beschäftigen. Die wichtigsten sind im Folgenden dargestellt.

I. Komponist (im klassischen Sinn)

Die Bezeichnung „Komponist“ wird heute vor allem im Kontext mit zeitgenössischer E-Musik oder der Verwertungsgesellschaft GEMA angewandt. Die GEMA fasst in einer ihrer drei sog. Kurien alle Urheber von musikalischen Werken (nur der Musik) zur Komponisten-Kurie zusammen. Die Unterscheidung von E- oder U-Werk spielt dabei keine Rolle.

Die klassische Ausbildung für Komponisten erfolgt über den institutionell-akademischen Weg, also ein Studium an einer Musikhochschule oder einem Konservatorium. In Deutschland gibt es zahlreiche Hochschulen, die einen Bachelor-, Master- oder Diplomstudiengang „Komposition“ anbieten. Auch spezifische Studiengänge wie „Elektronische Komposition“, „Komposition für Film und Medien“ oder „Kirchenmusikalische Komposition“ werden angeboten (vgl. https://studieren.de/suche.0.html?sw=Musik). Bestandteil der Studiengänge sind Gehörbildung, Musiktheorie, Aufführungspraxis, Instrumentation und der Umgang beispielsweise mit Notationssoftware. Nach einem erfolgreichen Studienabschluss erfolgt der Berufseinstieg vor allem über die Teilnahme an Wettbewerben, Stipendien und Förderprogrammen. Einnahmen erzielen Komponisten der zeitgenössischen E-Musik mit Werkaufträgen, dem Verkauf ihrer Werke über den Handel und den Ausschüttungen der GEMA für Aufführungen, Einspielungen und Wiedergabe ihrer Werke. Hinzu kommen für Komponisten auch Lehraufträge an Hochschulen.

Schaffende von Populärer Musik bezeichnen sich meist als Songwriter oder Producer. Auch in diesem Bereich werden mittlerweile Hochschulausbildungen angeboten. Meist beschränken sie sich aber nicht nur auf das Komponieren, sondern sind weiter gefasst (bspw. der Bachelor-Studiengang „Popmusikdesign“ an der Popakademie in Mannheim, vgl. https://www.popakademie.de/de/studium/popmusikdesign-ba/facts). Für Producer bieten u. a. die SAE-Hochschulen passende Seminare an (vgl. https://www.sae.edu/deu/campuses/berlin/#gref).

II. Songwriter, Textdichter

Beim Berufsbild der Textdichter oder auch Songwriter handelt sich in der Regel um selbstständige Tätigkeiten, die in enger Abstimmung mit den wirtschaftlichen Partnern, den Musikverlagen, erfolgt. Einnahmen werden über Auftragsarbeiten, die Verwertung durch Musikverlage (Stichwort: „Sync") und/oder die Ausschüttungen der GEMA und anderer Verwertungsgesellschaften erzielt. Sofern die Songwriter und Textdichter auch Interpreten der eigenen Werke sind, kommen auch Einnahmen über die GVL hinzu.

Songwriter sind für die Melodie und Komposition eines Werkes verantwortlich. Tun sie dies im konkreten Auftrag, muss ihr Werk in der Lage sein, einem gewünschten Stil und Format zu entsprechen.

Textdichter haben die Aufgabe, passende Worte für Melodie und Stil des Songs zu finden, die auch zu den Interpreten passen und den entsprechenden Inhalt transportieren. Dies erfordert neben sprachlichem Talent auch Empathie und die Fähigkeit, sich in den Interpretierenden hineinzudenken und den Sprachduktus zu übernehmen.

Eine klassische Unterteilung in Textdichter und Songwriter gibt es im Bereich der populären Musik heute kaum noch. Meist steuern Textdichter Teile der Melodie oder Beats bei, ebenso wie Songwritern auch Textteile liefern. Beide arbeiten oft eng mit Produzenten und Interpreten zusammen. So entstehen musikalische Werke heute häufig im Team.

Um sich das erforderliche professionelle Netzwerk dafür aufzubauen und zu pflegen, eignet sich die Teilnahme an Songwriting Camps bzw. Sessions für bestimmte Acts oder Labels bzw. Musikverlage. Allerdings erfolgt die Teilnahme an diesen Veranstaltungen meistens unentgeltlich, die Zahlung sogenannter „Session Fees" hat sich noch nicht branchenübergreifend durchgesetzt. Eine Vergütung erfolgt meist nur, wenn der eigene Text oder die Melodie (oder Teile davon) anschließend auch verwertet wird. Haben sich Songwriter und Textdichter, also Urheber, einen Namen in den Branchen erarbeitet, steht ihnen der Weg offen, auch für die Teilnahme an Songwriting Sessions grundsätzlich Honorar zu verlangen oder Aufträge als Spezialist für bestimmte Genres oder Teile der Songs (bspw. Beats oder Toplines) zu erhalten. Neben Songwriting Camps kann auch die Teilnahme an Förderprogrammen wie die „Celler Schule“ hier sehr hilfreich sein. Die Celler Schule wurde 1996 als „Förderseminar für Textschaffende in der Unterhaltungsmusik“ gegründet und ist vor allem für Urheber von deutschsprachigen Texten eine renommierte Einrichtung (vgl. www.celler-schule.de).

Da Songwriter und Textdichter häufig nicht selbst auf der Bühne stehen, um ihre Werke zu interpretieren, sind sie in der Öffentlichkeit oft eher unbekannt. Daher ist die Präsenz auf Social Media und vor allem die Nennung der Streamingzahlen der Werke eigener (Co-)Autorenschaft unverzichtbar, um sich und seine Tätigkeit bekannt zu machen.

Insbesondere mit zunehmender Professionalisierung der eigenen Arbeit ist die Zusammenarbeit mit einem Musikverlag als wirtschaftlicher Partner für die Urheber wertvoll, da dieser viele Tätigkeiten für sie übernimmt, damit diese sich auf das kreative Schaffen konzentrieren können.

III. Musikverleger

Zu den wesentlichen Aufgaben des Musikverlages gehört einerseits die Vermarktung der ihm übertragenen Werke, für Aufführungen und zur Einspielung auf Tonträgern oder für Film, TV und Werbung. Ebenso übernimmt er die Administration, also alles rund um die Werkanmeldung bei der GEMA, die Kontrolle der Abrechnungen und die Weiterleitung der Einnahmen an die Urheber.

Die Tätigkeiten in einem Musikverlag sind so vielfältig, wie es die Musikverlagslandschaft in Deutschland ist. Neben den großen Industrieverlagen, die zu den international agierenden Konzerne gehören (die sog. Majorverlage) gibt es zahlreiche kleinst- und mittelständische Musikverlage (sog. Indie-Verlage), die sich um die unterschiedlichsten Genres kümmern – vom Musikverlag für Zupfinstrumente über den Chor- oder Schulmusikverlag bis hin zu Schlager, Pop, Rock und Jazz.

Heute wird die Arbeit in Musikverlagen von verschiedenen Berufen geprägt. Seit 1998 existiert die staatlich anerkannte Ausbildung des/der „Kaufmann/Kauffrau für Audiovisuelle Medien“, deren Absolventen die Herstellung von audiovisuellen Produkten (oder deren Vorbereitung) kaufmännisch und organisatorisch begleiten. Sie arbeiten an der Schnittstelle von Produktionsorganisation, -kalkulation bzw. -abrechnung und Marketingstrategie sowie Öffentlichkeitsarbeit.

Daneben bieten immer mehr Institutionen auch Studiengänge oder begleitende Seminare zum Musikbusiness an. Seit dem Wintersemester 2022 gibt es beispielsweise den Masterstudiengang „Musikverlagswesen“ an der Universität Kassel.

Die wichtigsten Arbeitsbereiche in einem Musikverlag sind ohne wertende Reihenfolge oder abschließende Auswahl im Folgenden aufgeführt.

a) Artist and Repertoire (A&R)

Diejenigen, die im Bereich Artist and Repertoire (A&R) tätig sind, suchen nach talentierten Urhebern und deren Werken und führen erste Gespräche über eine mögliche Zusammenarbeit. A&R ist damit nicht nur bei Labels, sondern auch in Musikverlagen eine Schlüsselposition. A&R-Verantwortliche „entdecken“ talentierte Urheber und arbeiten auf kreativer Ebene mit diesen zusammen, indem sie die wichtigen Netzwerke (Studios, Produzenten, Interpreten, Managements etc.) bereitstellen und den Urhebern bei ihrer künstlerischen Entwicklung beratend beiseite stehen. A&Rs organisieren Songwriting-Camps und -Sessions, und bieten Labels die passenden Werke für neue Aufnahmen an. Sie sind auch für die Eckdaten der Vertragsgestaltung (Werkanteile, Vereinbarungen von Vorschusszahlungen etc.) verantwortlich.

b) Legal

Juristen sind in der heutigen Musikwirtschaft mit den immer differenzierteren Verwertungsmöglichkeiten und Partnerschaften vor allem im digitalen Bereich unverzichtbar, wenn es um die Identifikation und Definition der Rechteketten und Vertragsgestaltung geht. Der Schutz und die Einhaltung des Urheberrechts im Auftrag der Urheber zählt daher zu den wichtigsten Aufgabenbereichen im Musikverlag. Daneben ist die Vertragsgestaltung ein weiterer Teil der täglichen Arbeit. Im Falle von rechtlichen Streitigkeiten, sei es im Zusammenhang mit Verträgen, Urheberrechtsverletzungen oder anderen Angelegenheiten, können Juristen im Musikverlag in Verhandlungen, Mediationen oder Gerichtsverfahren involviert sein.

c) Administration/Copyright & Royalties

Auch wenn dieser Arbeitsbereich nicht unbedingt im Fokus steht, wenn es um Berufe in der Musikwirtschaft geht, ist er doch von großer Relevanz, denn die Administration umfasst die Organisation und Verwaltung der dem Musikverlag übertragenen Rechte. Dazu gehört die Dokumentation der vertraglichen Absprachen mit den Urhebern sowie von Lizenzvereinbarungen mit Dritten. Die Anmeldung der Werke bei den jeweiligen Verwertungsgesellschaften, die Kontrolle der Ausschüttungen, die Reklamation sowie die Abrechnungen an die Urheber gehören ebenso zum Arbeitsbereich, wie die klassische Buchhaltung. Häufig übernehmen größere Musikverlage die Administration von kleineren Partnerverlagen oder angeschlossenen Editionen.

Marktüblich ist auch das Modell der reinen Administrationstätigkeit eines Unternehmens für andere Musikverlage, die sich dafür ausschließlich auf die kreative Arbeit konzentrieren können.

d) Synchronisation

Sync-Manager sorgen für die Verwertung von Werken außerhalb der Rechtewahrnehmung der Verwertungsgesellschaften. Sie halten engen Kontakt mit Film- und TV-Produktionen, Werbeagenturen und Sendeanstalten und bieten aus dem Verlagskatalog das passende Repertoire für die jeweilige Produktion an. Dies erfordert u. a. eine gute Kenntnis über die Herstellungsprozesse der Medien, in denen die Musik verwendet werden soll, und ein exzellentes Netzwerk in diesem Bereich. Die Sync-Abteilung ist bei der Nutzung des Werkes auch für die Vertragsgestaltung (in Abstimmung mit den Juristen) einschließlich der Lizenzhöhe sowie -bedingungen verantwortlich.

Das Synchronisationsrecht wird aus dem Urheberrecht abgeleitet und bezieht sich auf das Recht, Musik in Verbindung mit visuellen Medien zu verwenden, insbesondere in Film, Fernsehen, Werbung, Videospielen und anderen audiovisuellen Produktionen. Es wird von den Musikverlagen im Sinne der mit ihnen verbundenen Urheber direkt wahrgenommen.

Im Sync gilt es vor allem auch auf die Persönlichkeitsrechte der Urheber zu achten. Beispielsweise könnte ein Produkt, für das mit dem Werk geworben werden soll, nicht mit den persönlichen und weltanschaulichen Werten der Urheber vereinbar sein.

In erster Linie geht es also bei der Tätigkeit als Musikverlegerin oder Musikverleger vor allem um die wirtschaftliche Begleitung der Urheber. Ohne deren kreativen Output gäbe es nichts zu verwerten. Auf der anderen Seite hält der Musikverlag den Kreativen „den Rücken frei“, kümmert sich um die Verbreitung der Werke, die Administration, Kontrolle und Einhaltung des Urheberrechts und macht nicht zuletzt auch Lobbyarbeit für Urheber.

B. Der rechtliche Rahmen *(Dr. Götz von Einem)*

Das Urheberrecht will den Urheber in seinen geistigen und persönlichen Beziehungen zum Werk und in dessen Nutzung schützen. Das heißt im Klartext: Der Urheber soll darüber bestimmen können, wie sein Werk verwendet wird und zugleich soll sichergestellt werden, dass er durch das Werk auch ein Einkommen erhalten kann. Schon die amtliche Begründung des Urheberrechtsgesetzes aus dem Jahre 1962 hat dabei die Verflechtung zwischen dem Persönlichkeitsrecht des Urhebers und dem Vermögensrecht (Verwertungsrechte) unterstrichen (BT-Drs. IV/270, S. 28 f.; die Geschichte des Urheberrechts ist sehr übersichtlich in Schricker/Loewenheim/*Vogel*, Einl. Rn. 108 ff., nachzulesen). Um dieser Systematik gerecht zu werden, ist die folgende Darstellung unterteilt in die Bereiche „I. Urheberrechte an Komposition/Songtext", „II. Persönlichkeitsrechte: Komponist/Textdichter", „III. Verwertungsrechte: Komponist/Textdichter" und „IV. Schutz von Urhebern und ihren Werken".

Auch wenn einzelne Beteiligte am kreativen Schaffensprozess häufig mehrere Rollen einnehmen, so ist es rechtsdogmatisch doch unerlässlich, diese Rollen zu unterscheiden und sich insbesondere bei der Bezeichnung der verschiedenen Beteiligten an dem Gesetzestext zu orientieren. So ist der „Urheber" oder die „Urheberin" eben nicht wie so oft im Sprachgebrauch „ein Kreativer" oder „eine Kreative", sondern im Sinne des Urheberrechtsgesetzes der Schöpfer des konkreten Werkes (im Gegensatz zum Beispiel zu dem ausübenden Künstler oder dem künstlerischen Produzenten, deren Rechte sich gerade nicht nach denen des Urhebers richten). Hält man diese Rollen auseinander, erlaubt der berühmte „Blick ins Gesetz" auch eine relativ schnelle und einfache Ermittlung des rechtlichen Rahmens, der anzuwenden ist.

Der nachfolgende Abschnitt behandelt zunächst vorwiegend Fragen zur Entstehung der Urheberrechte, bevor die klassischen Formen der Verwertung thematisiert werden. Zum besseren Verständnis wurde das komplexe System der Urheberrechte (und der sog. verwandten Schutzrechte) nach Möglichkeit graphisch vereinfacht dargestellt.

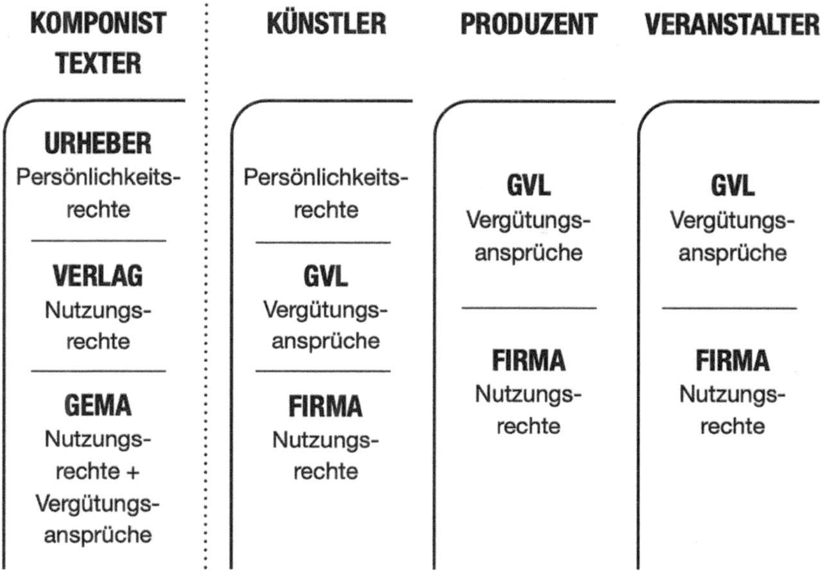

Abbildung 1: Basis-Überblick Urheberrecht/verwandte Schutzrechte

I. Urheberrechte an Komposition/Songtext

1. Ich habe ein Lied komponiert. Muss ich es irgendwo anmelden, um Urheberrechtsschutz zu genießen?

Nein! Anders als beispielsweise im Patentrecht, das in § 34 PatG eine Anmeldung der Erfindung beim Patentamt zur Erteilung des Patents voraussetzt, bedarf es für die Erlangung eines urheberrechtlichen Schutzes in Deutschland keines formellen oder administrativen Aktes. Das auf ein konkretes Lied bezogene Urheberrecht des Komponisten oder Textdichters entsteht unmittelbar mit der Erfüllung aller gesetzlichen Voraussetzungen in der Person des Urhebers. Dies geschieht sogar unabhängig von seinem eigenen Willen. Auch Minderjährige werden somit Urheber, unabhängig von ihrem eigenen Willen oder dem der Erziehungsberechtigten.

Nach § 2 Abs. 2 UrhG ist für alle Werke – und damit auch für Kompositionen und Songtexte – eine persönliche, geistige Schöpfung erforderlich. Dies bedeutet, dass ein Mensch eine durch andere erfahrbare, individuelle Gestaltung hervorbringt, die einen gewissen Mindestgehalt an Geistigkeit enthält. Gerade bei Kompositionen braucht sich der Musiker nicht viele Gedanken darüber zu machen, ob denn sein Werk überhaupt nach dem Gesetz schutzfähig ist. Hauptanliegen des Gesetzgebers war es, über das (ungeschriebene) Merkmal der Individualität sicherzustellen, dass das Erschaffene sich künstlerisch über das erhebt, was jedermann ohne weiteres schaffen könnte. Also wäre eine Tonleiter oder ein bloßer Akkord nicht schutzfähig. Selbst kurze Melodien können aber schon die gesetzlichen Voraussetzungen erfüllen. Eine bestimmte künstlerische Wertigkeit ist nicht erforderlich und wäre wegen der Kunstfreiheit in Art. 5 Abs. 3 des Grundgesetzes auch verfassungsrechtlich bedenklich. Durch das Hinzutreten von Künstlicher Intelligenz (KI) und insbesondere der Generativen KI ist die Abgrenzung zur persönlichen (also nicht-rein maschinellen Herstellung) deutlich komplexer geworden. Jedenfalls ist ein reines KI-„Werk" derzeit nicht schutzfähig (siehe Fragen 144 ff.).

Problematisch wird es, wenn sich die eigene Schöpfung zu dicht an anderen Werken orientiert oder ihnen ähnelt. In einem solchen Fall kann es sich um ein Plagiat, eine bewusste oder unbewusste Bearbeitung oder aber um ein Zitat handeln. Die musikalische und rechtliche Bewertung hierzu erfordert sehr spezielle Kenntnisse im Urheberrecht und mitunter auch in der Musik. Es sollte bei Streitigkeiten stets ein fachkundiger Rechtsanwalt um Rat gebeten werden, um kostspielige Auseinandersetzungen zu vermeiden.

Also: Liegen die gesetzlichen Voraussetzungen vor, erhält der Schöpfer grundsätzlich einen automatischen Schutz durch das Urheberrechtsgesetz. Weitere Schritte sind wegen dieser gesetzlichen Konzeption nicht notwendig und auch nicht möglich. Es existiert weder beim Deutschen Patent- und Markenamt noch anderweitig ein Urheberrechtsregister oder ähnliches. Zwar gibt es eine sog. Urheberrolle (vgl. § 138 UrhG). Dabei handelt es sich allerdings lediglich um ein Register anonymer und pseudonymer Werke; im Falle der Aufgabe der Anonymität oder Offenlegung des Pseudonyms hat der Urheber die Möglichkeit, die Schutzdauer seines Werkes zu verlängern, § 66 Abs. 2 UrhG.

Vertiefung:

Die Frage, welche Kreationen bei Vorliegen der Voraussetzungen des § 2 UrhG letztlich in den Genuss des Urheberrechtsschutzes kommen, hängt von einer Gesamtbetrachtung des konkreten Werkes ab. Auch wenn die Voraussetzungen dort zunächst gleich klingen, gibt es Besonderheiten in jeder Werkkategorie. Die untere Grenze der Schutzfähigkeit, die von Urheberrechtlern auch „kleine Münze" genannt wird (vgl. dazu *Haupt/Ullmann*, Urheberrecht von A-Z, S. 167 f.), ist sehr verschieden. Nach diesem Grundsatz der „kleinen Münze" wird insbesondere bei Werken der Musik (z. B. Jingles) die Schutzuntergrenze grundsätzlich niedrig angesetzt. Der Bundesgerichtshof hat dies für Werke der Musik mehrfach betont (BGH, GRUR 1991, 533, 533 – Brown Girl II; BGH, GRUR 1988, 812, 814 – Ein bisschen Frieden) und klargestellt, dass Wertungen der künstlerischen Höhe nicht vorgenommen werden. Musikalische Lehren zur Melodik, Harmonik und Rhythmik sind jedoch nicht schutzfähig (Wandtke/Bullinger/*Bullinger*, § 2 Rn. 73).

In der BGH-Entscheidung „Ein bisschen Frieden", in der es um die Frage ging, ob der Komponist des Titels, mit dem die Schlagersängerin Nicole 1982 den Grand Prix Eurovision de la Chanson gewonnen hatte, sich für die Melodie in unzulässiger Weise bei einer anderen Komposition (ebenfalls einem Schlager) bedient hatte, stellte der BGH fest, dass es für die Schutzfähigkeit einer bestimmten Tonfolge ausreiche, wenn die formgebende Tätigkeit des Komponisten einen verhältnismäßig geringen Eigentümlichkeitsgrad aufweise. Auf den künstlerischen Wert komme es dabei nicht an (BGH, GRUR 1988, 812, 814).

Nicht dem Urheberschutz zugängliche tonale Elemente können aber gleichwohl über den Schutz als Sample das Leistungsschutzrecht des Tonträgerherstellers (§ 85 UrhG) oder gar markenrechtlichen Schutz als Hörmarke (z. B. die Erkennungsmelodie der Deutschen Telekom) besitzen bzw. erlangen.

2. Wie kann ich anderen beweisen, dass ich der Urheber eines bestimmten Stückes bin, wenn es kein offizielles Register gibt?

Der Nachweis der Eigenschaft als Urheber erfolgt im Falle des Bestreitens durch andere Personen, juristisch meist pauschal als „Dritte“ bezeichnet, nicht etwa durch eine besondere Urheber-Urkunde sondern durch die Beweismittel, die allgemein im Zivilprozess zur Verfügung stehen. Hier ist auf Zeugen (z. B. Mitarbeiter, Freunde, Ausbilder, Lehrer), Sachverständige (Musiksachverständige, Schriftgutachter), Parteivernehmung, Urkunden (Kaufverträge über Instrumente, Mietverträge für Arbeitszimmer) oder Augenscheinsobjekte (Arbeitsunterlagen) zu rekurrieren.

Insoweit ist es empfehlenswert, eigene Materialien aus der Ideen- und Arbeitsphase (Entwürfe, Skizzen, Hilfsmaterial etc.) aufzubewahren, aus denen geschlossen werden kann, dass man selbst der Urheber ist. In zeitlicher Hinsicht kann eine Hinterlegung des geschaffenen Werkes bei einem Notar, Rechtsanwalt oder einer anderen neutralen Person hilfreich sein. Dies ist aber lediglich ein Nachweis für den Zeitpunkt der Hinterlegung, nicht für die Schutzfähigkeit selbst oder die Eigenschaft als Urheber. Angesichts fortschreitender Entwicklungen im Bereich der Künstlichen Intelligenz (KI) sind ggf. sowohl die Frage der notwendigen Registrierung wie auch der Ermittlung zum Erreichen der Schöpfungshöhe neu zu bewerten. Insbesondere ist auch die Abgrenzung zur persönlichen (also nicht-rein maschinellen Herstellung) nunmehr erschwert.

3. Worin unterscheiden sich die Rechte von Komponisten und Textdichtern?

Die Unterscheidung zwischen den beiden kreativen Tätigkeiten des Komponierens von Musik und des Dichtens eines Textes ist weniger für den Umfang der rechtlichen Befugnisse relevant als vielmehr für die Entstehung des Urheberrechts: Während der Liedtext bei der Einordnung in den – nicht abschließenden – Werkkatalog des § 2 Abs. 1 UrhG schon unter die Ziffer 1 fällt, nämlich das Sprachwerk (vertiefend hierzu Schricker/Loewenheim/*Loewenheim*, § 2 Rn. 98 f.), ist die Komposition unter Ziffer 2 „Werke der Musik“ (vgl. dazu Schricker/Loewenheim/*Loewenheim*, § 2 Rn. 144 f.) zu subsumieren. Der Schaffensprozess beider Werke wird insofern individuell betrachtet, der Umfang der durch die Schaffung erworbenen Rechte ist jedoch an beiden Werken/Werkteilen gleich. Derselbe Urheber kann bei einem Werk die Rolle des Komponisten und bei einem anderen Werk die Rolle des Textdichters einnehmen. Insbesondere in der Pop- und Rockmusik kommt es regelmäßig vor, dass ein Urheber an demselben Werk Komponist und Textdichter ist.

Hiervon zu unterscheiden ist die Verwendung der Bezeichnung als „Komponist" oder „Textdichter" im Zusammenhang mit den Regularien der Verwertungsgesellschaft GEMA. Diese unterscheidet drei Mitgliedergruppen (sog. Kurien): Komponisten, Textdichter und Verlage (siehe Frage 17 ff.). Die Zugehörigkeit zu den verschiedenen Kurien kann sich auf die Mitgliedschaftsrechte (z. B. Kandidatur für Gremien) oder die Beteiligung an Ausschüttungen auswirken.

4. Welche Rechte habe ich als Komponist oder Textdichter konkret?

Die Frage bezüglich des Umfanges eines entstandenen Urheberrechts lässt sich zunächst am besten abstrakt mit der Formulierung des § 11 S. 1 UrhG beantworten:

> *„Das Urheberrecht schützt den Urheber in seinen geistigen und persönlichen Beziehungen zum Werk und in der Nutzung des Werkes."*

Diese Regelung beinhaltet einen generellen Verweis auf die Urheberpersönlichkeitsrechte (geregelt in § 12 bis § 14 UrhG), die Verwertungsrechte, die dem Urheber den wirtschaftlichen Nutzen sichern sollen (geregelt in den § 15 bis § 24 UrhG), sowie die sonstigen Rechte (geregelt in den § 25 bis § 27 UrhG). Als Komponist oder Textdichter kommt man in den Genuss derselben Rechte wie die Urheber anderer Werkarten auch.

Hier äußert sich der in der Erläuterung des allgemeinen rechtlichen Rahmens angesprochene Grundsatz, dass das Urheberrecht sowohl den ideellen als auch den materiellen Interessen der Urheber dienen soll und beide Wesenselemente des Urheberrechts – das Persönlichkeitsrecht und das Vermögensrecht (Verwertungsrecht) – als eine untrennbare Einheit vielfältig miteinander verflochten sind. Das Urheberrecht soll dem Urheber neben der persönlichen Komponente gerade auch die Möglichkeit eröffnen, von den durch ihn geschaffenen Werken leben zu können. Wohlgemerkt: Es soll damit eine Möglichkeit eröffnet werden, die tief im Eigentumsrecht (Art. 14 GG) fußt, denn das Urheberrecht ist ein Recht des geistigen Eigentums. Dessen tatsächlicher Marktwert hängt selbstverständlich von sehr vielen Faktoren ab.

5. Wie verhält es sich mit dem Urheberrecht, wenn ich Komponist bin und eine andere Person den Liedtext geschrieben hat?

Hier handelt es sich um den Fall, bei dem zwei ursprünglich selbständige Werke (also der urheberrechtlich geschützte Liedtext und eine urheberrechtlich geschützte Komposition) zu einem späteren Zeitpunkt miteinander verbunden werden. Dahinter liegt das Bestreben der beteiligten Urheber, eine gemeinsame Verwertung vorzunehmen. Diese Konstellation wird auf der Rechtsfolgenseite ausdrücklich von § 9 UrhG geregelt. Die Vorschrift besagt, dass jeder der beteiligten Urheber in einem solchen Fall die Einwilligung zur Veröffentlichung, Verwertung und Änderung der verbundenen Werke verlangen kann, soweit dem anderen die Einwilligung nach Treu und Glauben zuzumuten ist (zur Vertiefung der Einzelfrage siehe Schricker/Loewenheim/*Loewenheim*, § 9 Rn. 1 ff.).

Vertiefung:

In der Entscheidung „Verbundene Werke“ beschäftigte sich der BGH mit der Frage, unter welchen Voraussetzungen einer von mehreren Urhebern (hier: Textdichter und Komponist) eines verbundenen Werkes verpflichtet ist, in die von dem anderen Urheber ausgesprochene fristlose Kündigung des gemeinsamen Verlagsvertrages über das verbundene Werk einzuwilligen. Geklagt hatte ein Sänger und Komponist gegen mehrere Textdichter, deren Liedtexte er vertont und zum Teil auch gesungen hatte. In diesem Zusammenhang hatten die Beteiligten mit einem Verlag Verlagsverträge geschlossen. Nachdem es zu einigen Zwischenfällen zwischen dem Sänger/Komponisten einerseits und dem Verlag andererseits gekommen war, kündigte ersterer die Verlagsverträge fristlos und verlangte die Einwilligung der Texter in diese Kündigung, um mit einem anderen Verlag einen neuen Verlagsvertrag abzuschließen. Der BGH stellte fest, dass eine solche Einwilligung in die Kündigung aufgrund von § 9 UrhG zwar grundsätzlich verlangt werden könne (auch wenn dies nicht explizit im Gesetzestext aufgeführt ist), jedoch im konkreten Fall die Einwilligung den Textdichtern nicht zuzumuten sei, weil ein neuer Verlagsvertrag für die Textdichter mit Unsicherheiten behaftet sei (BGH, GRUR 1982, 743, 744).

6. Ich bin Komponist und habe mit einem Textdichter gemeinsam einen Song geschrieben. Was ist hier zu beachten?

In Abgrenzung zu der zuvor behandelten Frage (siehe Frage 5) ist dies ein klassischer Fall der sog. Miturheberschaft. Im Falle der Miturheberschaft findet eine gesonderte Verwertung der Anteile am Werk nicht statt. Die Miturheberschaft ist in § 8 UrhG ausdrücklich geregelt. In einem solchen Fall, in dem es eben nicht darum geht, bereits bestehende Werke zu einem späteren Zeitpunkt zusammenzufügen, entsteht das Werk durch ein gemeinsames Schaffen mehrerer Urheber (siehe dazu Schricker/Loewenheim/*Loewenheim/Peifer*, § 8 Rn. 1 ff.; dort werden für den hier interessierenden Bereich vor allem die Unterhaltungsmusik und der Schlager hervorgehoben). Hier tun sich mehrere Personen zusammen, um gemeinsam etwas zu erschaffen, das den Wirkungsbereich des einzelnen übersteigt. Diese Form des gemeinsamen Schaffens ist insofern oft nicht spannungsfrei, weil § 8 Abs. 3 UrhG vorsieht, dass die Erträgnisse aus der Nutzung sich nach dem „Umfang der Mitwirkung" richten, falls nichts anderes vereinbart ist. Die Regelung legt den Beteiligten eines derartigen Vorhabens nahe, Einigkeit über die jeweilige Beteiligung herbeizuführen, bevor die Auswertung erfolgt.

In der Praxis ist dieses insbesondere ratsam, wenn „Songs" im Rahmen von sog. Songwriting-Sessions entstehen, an denen mehrere Autoren beteiligt sind, ggf. auch in einem mehrstufigen Prozess. Da heutige Songwriter regelmäßig an zahlreichen dieser Sessions teilnehmen und die Veröffentlichung der Aufnahme häufig erst Monate später erfolgt, ist es sinnvoll, sich gleich während der Sessions darauf zu verständigen, welche Beteiligten welchen Anteil zu Musik und Text des neuen Werkes beigetragen haben; das vermeidet langwierige Auseinandersetzungen nach der Veröffentlichung, wodurch unter Umständen auch Einnahmen verloren gehen können. Die jeweiligen Musikverlage können hierbei ebenfalls unterstützen.

II. Persönlichkeitsrechte: Komponist/Textdichter

In diesem Abschnitt soll zunächst das Urheberpersönlichkeitsrecht betrachtet werden. Dazu soll als erstes ein Blick auf einen Ausschnitt der Grafik geworfen werden:

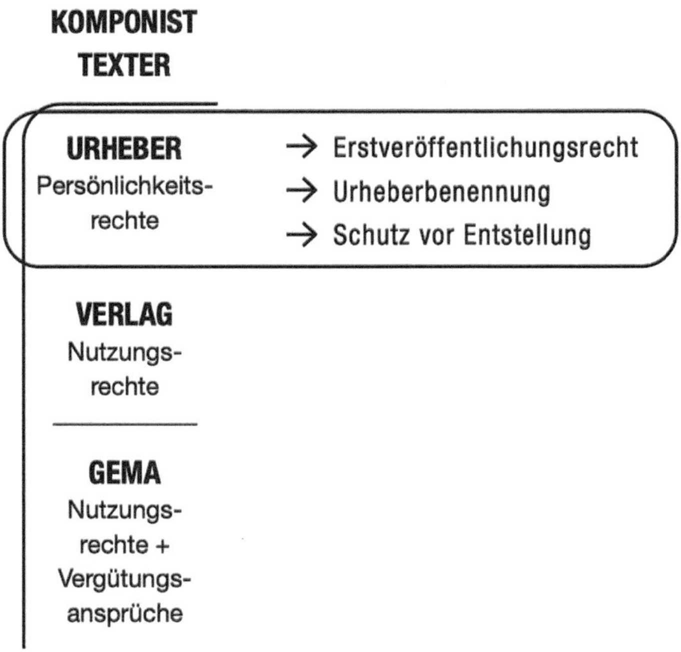

Abbildung 2: Ausschnitt Urheberpersönlichkeitsrecht

7. Welche Rolle spielt für mich als Urheber das Persönlichkeitsrecht?

Im Wesentlichen trägt das Persönlichkeitsrecht der besonderen persönlichen Verbindung des Urhebers mit dem Werk Rechnung. Das Urheberpersönlichkeitsrecht im weiteren Sinne hat dabei keine feste Gestalt, sondern kommt dann zum Tragen, wenn es der Schutz des geistigen und persönlichen Interesses des Urhebers erfordert (vgl. Schricker/Loewenheim/*Dietz/Peukert*, Vor § 12 Rn. 8). Es kommt in einigen Normen des UrhG zum Ausdruck (z. B. § 29 UrhG, der die Unübertragbarkeit des Urheberrechts regelt). Das Urheberrecht im engeren Sinne (der sog. Kernbereich) und also das eigentliche Urheberpersönlichkeitsrecht findet seinen Ausdruck ganz konkret in den §§ 12, 13 und 14 UrhG. Diese werden im Folgenden (siehe Fragen 8–11) behandelt. Die Hervorhebung der ideellen Interessen des Urhebers schließt dabei übrigens nicht aus, dass im Einzelfall durchaus auch überwiegend materiellen Interessen des Urhebers gedient wird (vgl. Schricker/Loewenheim/*Dietz/Peukert*, Vor § 12 Rn. 12).

8. Kann ich meine Persönlichkeitsrechte übertragen?

Nein. Das Urheberpersönlichkeitsrecht ist unverzichtbar und unübertragbar. Das liegt an der persönlichkeitsrechtlichen Eigenschaft dieses Rechts; Recht und Rechtsträger sind untrennbar miteinander verbunden. Insofern können Urheberpersönlichkeitsrechte weder auf Dritte übertragen noch durch sie ausgeübt werden (vgl. Wandtke/Bullinger/*Bullinger*, Vor § 12 Rn. 5).

9. Was hat es mit dem Erstveröffentlichungsrecht auf sich?

Das Erstveröffentlichungsrecht ist in § 12 Abs. 1 UrhG geregelt. Ein Werk gilt dann als veröffentlicht, wenn sein Inhalt mit Zustimmung des Urhebers der Öffentlichkeit zugänglich gemacht wurde (vgl. § 6 Abs. 1 UrhG). Entscheidend ist, dass die Öffentlichkeit das Werk optisch oder akustisch wahrnehmen kann. Die Vorführung ist aber dann nicht öffentlich, wenn sie nur im privaten Kreis oder für eine bestimmte Gruppe von Zuhörern erfolgt ist (Schricker/Loewenheim/*Dietz/Peukert*, § 12 Rn. 8). Dabei muss es sich nicht ausschließlich um durch persönliche Beziehungen verbundene Personen i. S. v. § 15

Abs. 3 S. 2 UrhG handeln. In der Praxis erfolgt die Ausübung des Erstveröffentlichungsrechts häufig im Rahmen der Einräumung von Nutzungsrechten an Dritte. Da eine Werkverwertung regelmäßig mit der Veröffentlichung des Werkes einhergeht, übt der Urheber auch dann sein Erstveröffentlichungsrecht aus, wenn er an dem noch unveröffentlichten Werk Nutzungsrechte einräumt.

Zu beachten ist, dass schon das Hochladen eines vermeintlich privaten Videos mit einem bisher unveröffentlichten Werk auf einer Video-Plattform wie zum Beispiel YouTube oder TikTok eine Veröffentlichung im Sinne dieser Vorschrift darstellen kann.

Mit der Veröffentlichung eines Werkes ändert sich dessen Status entscheidend. Nach ganz überwiegender Auffassung ist das Veröffentlichungsrecht mit der ersten Veröffentlichung des Werkes verbraucht (siehe dazu Fromm/Nordemann/*Nordemann-Schiffel*, § 12 Rn. 9). Ab diesem Zeitpunkt kann es auch von anderen Musikern öffentlich aufgeführt werden. Voraussetzung dafür ist allerdings, dass diese Musiker von dem Berechtigten eine Lizenz zur Aufführung erwerben (vgl. §§ 19, 31 UrhG), die regelmäßig über die GEMA abgedeckt wird (siehe Frage 18), und das Werk im Wesentlichen originalgetreu nachgespielt wird (siehe Fragen 23 ff. zur Abgrenzung zwischen Cover und Bearbeitung).

In Bezug auf Miturheber sei an dieser Stelle darauf hingewiesen, dass sie das Erstveröffentlichungsrecht nur gemeinsam ausüben können (§ 8 Abs. 2 S. 1 UrhG).

10. Wie ist die Anerkennung als Urheber geregelt?

Nach § 13 Abs. 1 UrhG hat der Urheber das Recht auf Anerkennung seiner Urheberschaft am Werk. Aufgrund dieser Vorschrift kann der Urheber gegen jedermann vorgehen, der ihm seine Urheberschaft streitig macht. Dazu gehören vor allem Plagiatoren, die ein fremdes Werk als eigenes ausgeben. Außerdem ist der Urheber dazu berechtigt, zu verlangen, dass sein Werk nur im Zusammenhang mit seiner Urheberbezeichnung verwertet wird, er also stets als Schöpfer genannt wird.

In der Praxis kommt es vor, dass ein Urheber im Zusammenhang mit seinem Werk nicht genannt wird. Als Begründung wird dabei häufig auf die sog. Branchenübung verwiesen, wonach es in bestimmten Fällen unüblich sei, den Urheber zu erwähnen (zum Beispiel im Abspann von Film- und Fernsehproduktionen). Die Branchenübung allein ist jedoch nicht ausreichend, einen solchen Verzicht zu rechtfertigen. Verkehrsgewohnheiten oder Branchenübung können für sich genommen das grundsätzlich bestehende Namensnennungsrecht nicht einschränken (ganz h. M. vgl. BGH, GRUR 1995, 671, 672 – Namensnennungsrecht des Architekten). Jedoch spielen sie bei vertraglichen Abreden aufgrund stillschweigender Unterwerfung (unter diese Gepflogenheiten) eine Rolle. Außerdem kann unter Umständen von einem Verzicht auf die Namensnennung ausgegangen werden, sofern die Anbringung der Urheberbezeichnung an einem Werk technisch nicht oder nur schwer möglich ist.

Einen Sonderfall stellen sog. Ghostwriter-Vereinbarungen dar, bei denen der tatsächliche Urheber eines Werkes unbekannt bleibt, während offiziell ein anderer als Urheber auftritt. Die Rechte aus § 13 UrhG sind jedoch grundsätzlich unverzichtbar, sodass der (tatsächliche) Urheber nicht vollständig auf sein Recht auf die Anerkennung seiner Urheberschaft verzichten kann. Das bedeutet, dass der Urheber dieses Recht nicht endgültig aufgeben kann. Dahingehende vertragliche Verpflichtungen sind insofern unwirksam. Dies schließt aber die Möglichkeit von Ghostwriter-Vereinbarungen nicht aus. Das Nennungsrecht des Ghostwriters bleibt im Kern zwar unverzichtbar, es ist jedoch durch derartige Vereinbarungen durchaus einschränkbar (vgl. Wandtke/Bullinger/*Bullinger*, § 13 Rn. 22). Zur effektiven und belastbaren Abgrenzung sollte man im jeweiligen Einzelfall also ggf. Rechtsrat suchen.

11. Was kann ich als Urheber bei einer Entstellung meines Werkes tun?

Der Urheber kann nach § 14 UrhG jede Entstellung seines Werkes verbieten. Ebenso kann er andere Beeinträchtigungen seines Werkes untersagen, die geeignet sind, seine berechtigten geistigen oder persönlichen Interessen zu gefährden. Diese Regelung schützt den Bestand des Werkes in seiner konkreten Form, sodass neben der Entstellung auch Änderungen, Umgestaltungen und andere Beeinträchtigungen des Werkes unzulässig sind. Andererseits können mit Einwilligung des Urhebers sämtliche dieser Handlungen vorgenommen werden. Siehe hierzu auch die Fragen 26 ff.

III. Verwertungsrechte: Komponist/Textdichter

Im Rahmen dieses Abschnitts werden die Fragen zu den Verwertungsrechten an den geschaffenen Werken erörtert; die wirtschaftliche Auswertung ihrer kreativen Leistung stellt verständlicherweise einen wesentlichen Aspekt für Urheber dar.

12. Welche Verwertungsrechte stehen dem Urheber zu?

Während die §§ 12–14 UrhG die nicht übertragbaren Persönlichkeitsrechte des Urhebers festlegen (siehe Fragen 7–11) findet sich in den §§ 15–24 UrhG eine Aufzählung der Verwertungsrechte, die dem Urheber durch das Gesetz gegeben werden. Einen schnellen Überblick verschafft man sich am besten durch einen Blick in den § 15 UrhG, der gewissermaßen das Inhaltsverzeichnis der folgenden Vorschriften darstellt. Darin heißt es:

> „*(1) Der Urheber hat das ausschließliche Recht, sein Werk in körperlicher Form zu verwerten; das Recht umfasst insbesondere*
>
> *1. das Vervielfältigungsrecht (§ 16),*
>
> *2. das Verbreitungsrecht (§ 17),*
>
> *3. das Ausstellungsrecht (§ 18).*
>
> *(2) Der Urheber hat ferner das ausschließliche Recht, sein Werk in unkörperlicher Form öffentlich wiederzugeben (Recht der öffentlichen Wiedergabe). Das Recht der öffentlichen Wiedergabe umfasst insbesondere*
>
> *1. das Vortrags-, Aufführungs- und Vorführungsrecht (§ 19),*
>
> *2. das Recht der öffentlichen Zugänglichmachung (§ 19a),*
>
> *3. das Senderecht (§ 20),*
>
> *4. das Recht der Wiedergabe durch Bild- oder Tonträger (§ 21),*
>
> *5. das Recht der Wiedergabe von Funksendungen und von öffentlicher Zugänglichmachung (§ 22).*“

Es kann also grob unterschieden werden zwischen dem Vervielfältigungsrecht (Abs. 1) und dem Recht der öffentlichen Wiedergabe (Abs. 2). In dem Kontext des Musikurheberrechts umfasst das Vervielfältigungsrecht insbesondere Nutzungen wie Vervielfältigung und Verbreitung auf physischen Ton- und Bildtonträgern (Vinyl, CD, DVD u. ä.) aber auch den digitalen Download. Das Vervielfältigungsrecht wird häufig auch als „mechanisches Recht" bezeichnet, da hiermit früher vor allem die physische Vervielfältigung von Tonträgern gemeint war, also das mechanische „Pressen" von Schallplatten. Das Recht der öffentlichen Wiedergabe beinhaltet dagegen insbesondere die Sendung in Fernsehen und Radio, das Abspielen von Musik in Bars, Diskotheken oder Restaurants, die Live-Darbietung von Musik bei Konzerten und auch das digitale Audio- und Video-Streaming sowohl in linearer Form als auch auf Abruf.

13. Wie kann der Urheber seine Verwertungsrechte auswerten/ lizenzieren?

Der Urheber kann über seine Rechte verfügen und sie z. B. dadurch verwerten, dass er sie anderen gegen eine Lizenzgebühr einräumt und so mit der Auswertung seines Werks Geld verdient. § 11 S. 2 UrhG sagt bereits, dass das Urheberrecht zugleich der Sicherung der angemessenen Vergütung für die Nutzung des Werks dient. Das Gesetz regelt genau, wie der Urheber seine Verwertungsrechte Dritten einräumen kann bzw. wie er diese Lizenzierung einschränken kann. Damit kann der Urheber die Auswertung seines Werks steuern (oder steuern lassen).

Schon aus dem Inhaltsverzeichnis des Urheberrechtsgesetzes ist eine recht einfache und logische Struktur ersichtlich. So regeln die §§ 31 ff. UrhG explizit den Rechtsverkehr im Urheberrecht und die Einräumung von Nutzungsrechten. Zentral ist dabei die Vorschrift des § 31 UrhG selbst. Er besagt in Absatz 1:

> *„Der Urheber kann einem anderen das Recht einräumen, das Werk auf einzelne oder alle Nutzungsarten zu nutzen (Nutzungsrecht). Das Nutzungsrecht kann als einfaches oder ausschließliches Recht sowie räumlich, zeitlich oder inhaltlich beschränkt eingeräumt werden."*

Wichtig ist aus Sicht des Urhebers insbesondere der zweite Satz. Demnach hat der Urheber die Möglichkeit, seine Rechteeinräumung an andere nach Belieben und auf ganz unterschiedliche Weisen einzuschränken und zwar räumlich (z. B. weltweit oder für einzelne Länder), zeitlich (z. B. für die Dauer der Schutzfrist, siehe Frage 15, oder für eine bestimmte Anzahl von Jahren) oder inhaltlich (z. B. nur für ein bestimmtes Projekt). Damit hat man bei der Gestaltung der entsprechenden Verträge einen relativ weiten Spielraum (siehe Fragen 18 und 21).

Vertiefung:

Wir haben durch die vorangegangenen Fragen erfahren

a) wie ein Urheberrecht durch die Schaffung eines Werks (z. B. Komposition) entsteht, s. § 2 Abs. 2 UrhG;

b) welchen Wert das für den Urheber hat:

- persönliche Bindung zum Werk bleibt unveräußerbar erhalten – Persönlichkeitsrechte, s. §§ 12–14 UrhG,
- Verwertungsrechte liegen ausschließlich bei dem Urheber, s. § 15 UrhG,
- der Urheber kann diese Rechte auswerten und ggf. dadurch Geld verdienen, s. § 31 UrhG.

Die Kenntnis dieser wenigen Basisvorschriften im Urheberrecht schafft bereits ein ordentliches Fundament.

14. Kann man sein Urheberrecht verschenken oder vererben?

Das Urheberrecht ist als solches nicht übertragbar, das regelt bereits § 29 Abs. 1 UrhG. Die einzelnen Verwertungsrechte, auf die noch näher eingegangen werden wird, verbleiben im Kern bei dem Urheber, also in unserem Fall dem Textdichter oder Komponisten. Er kann Lizenznehmern, wie oben geschildert, Nutzungsrechte einräumen.

Vererblich ist das Urheberrecht gem. § 28 Abs. 1 UrhG allerdings schon. Die Rechte gehen mit dem Ableben des Urhebers auf seine Erben bzw. dann auf deren Nacherben über. Hier sind die entsprechenden erbrechtlichen Regelungen einschlägig.

15. Wie lange sind die Rechte der Urheber überhaupt geschützt?

Das Urheberrecht erlischt 70 Jahre nach dem Tod des Urhebers (§ 64 UrhG) bzw. des längstlebenden Miturhebers (§ 65 Abs. 1 UrhG), wenn das Werk von mehreren Miturhebern erstellt wurde (siehe Frage 6).

Die Schutzfrist endet jedoch nicht exakt 70 Jahre nach dem Todestag des Urhebers. Nach § 69 UrhG beginnt die Frist mit dem Ablauf des Kalenderjahres, in dem der Urheber verstorben ist. Insofern ist der Todestag bei der Berechnung der Schutzfrist zwar maßgeblich, die Laufzeit wird dann jedoch auf das Kalenderjahr „gerundet".

Werke, für die die Schutzfrist abgelaufen ist, die also nicht mehr urheberrechtlich geschützt sind, werden als „gemeinfrei" bezeichnet.

16. Welches sind klassische Auswertungswege für den Urheber?

Ist ein Musikwerk einmal mit Zustimmung des Urhebers veröffentlicht worden, kann es auf vielfältige Weise genutzt werden (Live-Konzerte, Fernsehen, Radio, Bars, Restaurants, Diskotheken, Download, Streaming u. a.). Auf die meisten dieser Auswertungen hat der Urheber keinen direkten Einfluss, da die Auswertung durch andere initiiert und/oder ausgeführt wird (Künstler, Labels, Konzertveranstalter etc.) – aber der Urheber hat einen Anspruch, für all diese Nutzungen vergütet zu werden. Um diese Nutzungen möglichst umfassend und effizient lizenzieren zu können, schließen sich Musikurheber in sog. Verwertungsgesellschaften zusammen, um ihre Rechte gemeinsam wahrnehmen zu lassen. Diese sog. kollektive Rechtewahrnehmung übernimmt in Deutschland die GEMA (siehe Fragen 17 ff.).

Diejenigen Rechte, die von der GEMA nicht wahrgenommen werden, kann der Urheber von einem Verlag wahrnehmen lassen (siehe Fragen 20 ff.). Dies betrifft regelmäßig das Verlagsrecht selbst, also das graphische Vervielfältigungs- und Verbreitungsrecht (z. B. an Noten und Text eines Songs). Der Verlag ist in der Regel aber auch dann zuständig, wenn die Nutzung persönlichkeitsrechtliche Bereiche betrifft, über die der Urheber vorzugsweise individuell entscheiden möchte (z. B. die Nutzung von Werken in Filmen oder in der Werbung).

Es gibt vielfältige Varianten und Gestaltungsformen der möglichen Auswertung, die hier nicht alle dargestellt werden können. Es empfiehlt sich daher, dass sich der Urheber hinsichtlich aller Details von kompetenten Beratern informieren lässt, bevor er entsprechende Verträge abschließt.

a) Die GEMA

17. Was ist eigentlich die GEMA?

Die GEMA (Gesellschaft für musikalische Aufführungs- und mechanische Vervielfältigungsrechte) ist die älteste – und größte – deutsche Verwertungsgesellschaft (zu ihrer Entstehungsgeschichte siehe *Schmidt*, in: Heker/Riesenhuber, Recht und Praxis der GEMA, Kap. 2 Rn. 1 ff.; eine Übersicht über die in Deutschland tätigen Verwertungsgesellschaften findet sich bei Wandtke/Bullinger/*Gerlach*, Vor §§ 1 ff. VVG Rn. 4 ff.). Die GEMA hat die Rechtsform eines wirtschaftlichen Vereins. Zweck dieses Vereins ist der Schutz der Urheber und die Wahrnehmung ihrer Rechte im Rahmen der Satzung und des Berechtigungsvertrages, der mit Komponisten, Textdichtern und Musikverlagen abgeschlossen wird. Die der GEMA zur sog. kollektiven Verwertung übertragenen Rechte und Ansprüche sind in § 1 des Berechtigungsvertrages (BV) (vgl. Präambel und §§ 1–16 des durch die GEMA-Mitgliederversammlung 2025 redaktionell neu gefassten Berechtigungsvertrages (im Folgenden: BV-Neu) festgelegt (zum BV-Neu siehe Anhang 1). Die GEMA verwaltet nach eigenen Angaben als staatlich anerkannte Treuhänderin die Rechte von über 100.000 Mitgliedern und über zwei Millionen Rechteinhabern aus aller Welt.

18. Welche Rolle spielt die GEMA bei der Lizenzierung?

Der Berechtigte – Komponist, Textdichter oder Musikverlag – überträgt der GEMA nach § 1 des Berechtigungsvertrages (vgl. Präambel BV-Neu) „als Treuhänderin für alle Länder dieser Welt alle ihm gegenwärtig zustehenden und während der Vertragsdauer noch zuwachsenden, zufallenden, wieder zufallenden oder sonst erworbenen Urheberrechte in folgendem Umfang zur Wahrnehmung nach Maßgabe der Bestimmungen des Berechtigungsvertrages“. Demnach fungiert die GEMA in Bezug auf die ihr eingeräumten Rechte als Lizenzgeberin.

Der Sinn einer Verwertungsgesellschaft im Bereich der oft sehr kleinteiligen Aufteilung von Urheberrechten an Komposition und Text erschließt sich unmittelbar. Dennoch musste der Gesetzgeber für dieses gesetzlich legitimierte, faktische Monopol gewisse Einschränkungen schaffen.

Die GEMA unterliegt daher als Verwertungsgesellschaft dem sog. doppelten Kontrahierungszwang; das bedeutet, sie muss zum einen grundsätzlich alle Personen als Mitglieder aufnehmen, die die Voraussetzungen erfüllen (geregelt in § 9 VGG), und zum anderen jedem potenziellen Nutzer die von ihr wahrgenommenen Rechte einräumen (geregelt in § 34 VGG).

Auf Grundlage der von ihr aufgestellten Tarife (vgl. § 38 VGG) lizenziert die GEMA die ihr anvertrauten Rechte an die verschiedenen Lizenznehmer wie Radio- und Fernsehsender, Labels und Konzertveranstalter, Bars, Restaurants und Diskotheken, Video- und Musikstreamingdienste. Für die traditionellen, d. h. nicht-digitalen Auswertungsformen repräsentiert sie dabei regelmäßig das gesamte Weltrepertoire für das Territorium der Bundesrepublik Deutschland. Die entsprechenden Rechte von Urhebern und Verlagen aus anderen Ländern werden der GEMA über sog. Gegenseitigkeitsverträge mit dort ansässigen Schwestergesellschaften eingeräumt, die nach vergleichbaren Grundsätzen die Rechte der lokalen Urheber und Verlage wahrnehmen. So wird sichergestellt, dass die Rechte weltweit wahrgenommen und vergütet werden können.

Für den Bereich der Online-Rechte hat sich dagegen in den letzten Jahren statt der territorialen eine repertoire-basierte Lizenzierung etabliert; d. h. die GEMA lizenziert nur noch die Rechte ihrer eigenen Mitglieder selbst, dafür aber für Deutschland, Europa und weit darüber hinaus. Hierfür kooperiert sie zusammen mit anderen Rechteinhabern mit einem Dienstleister namens International Copyright Enterprises (ICE), deren Mitgesellschafterin die GEMA ist.

Neben der Übertragung bestimmter Nutzungsrechte werden der GEMA auch die sog. gesetzlichen Vergütungsansprüche abgetreten (z. B. für die sog. Privatkopie, s. §§ 53 ff. UrhG; siehe § 1 lit. m des Berechtigungsvertrages bzw. § 16 BV-Neu; vgl. dazu *Staudt*, in: Heker/Riesenhuber, Recht und Praxis der GEMA, Kap. 10 Rn. 35). Nicht übertragen werden aber z. B. die Rechte zur bühnenmäßigen Aufführung von dramatisch-musikalischen Werken, wie Opern oder Musicals. Diesbezüglich muss man sich zur Lizenzierung direkt an den Urheber oder an den Bühnenverlag richten (vgl. Fromm/Nordemann/*Dustmann*, § 19 Rn. 20).

Der Rechtekatalog der GEMA umfasst gegenwärtig insbesondere:

- das sog. mechanische Recht, also das Recht zur Vervielfältigung und Verbreitung des Werkes auf diversen Ton- oder Bildtonträgern; Hauptanwendungsfall ist hier die Herstellung von Vinyls und CDs (vgl. § 1 lit. h Abs. 1 des Berechtigungsvertrages bzw. § 7 BV-Neu); hierbei handelt es sich um den Fall der sog. Erstverwertung;
- das Senderecht, dies betrifft den Bereich des Hörfunks und des Fernsehens, jeweils mit Ausnahme der dramatisch-musikalischen Werke (vgl. § 1 lit. b des Berechtigungsvertrages bzw. § 2 BV-Neu); dieser Bereich ist ein klassischer Fall der sog. Zweitverwertung;
- die Aufführungsrechte unter Ausschluss der bühnenmäßigen Aufführung dramatisch-musikalischer Werke, also den traditionell bei den Verwertungsgesellschaften liegenden Bereich der Live-Aufführung (vgl. § 1 lit. a Abs. 1 des Berechtigungsvertrages bzw. § 1 BV-Neu);
- aber auch die Rechte zur Online-Nutzung der Werke (vgl. § 1 lit. h Abs. 2 und 3 des Berechtigungsvertrages bzw. §§ 12, 14 BV-Neu).

19. Wie werde ich GEMA-Mitglied?

Um GEMA-Mitglied zu werden, schließt der Urheber mit der GEMA den sogenannten Berechtigungsvertrag (siehe Anhang 1), in dem die Rechte und Pflichten beider Seiten festgelegt sind. Der Antrag kann bei der GEMA angefordert bzw. von der GEMA-Homepage abgerufen werden (vgl. https://www.gema.de/de/musikurheber/mitglied-werden?p_l_back_url=%2Fde%2Fsuchergebnis%3Fq%3Dmitglied%2Bwerden).

Die Mitgliedschaft in der GEMA kann jede Person erwerben, die im Musikbereich als Urheber oder Verlag tätig ist. Zu den Urhebern gehören Komponisten, Bearbeiter und Textdichter, deren Werke vertont sind. Für eine Band heißt dies: Jedes komponierende oder Texte schreibende Bandmitglied muss einen gesonderten Aufnahmeantrag bei der GEMA stellen. Reine Musikinterpreten, also ausübende Künstler, können nicht GEMA-Mitglied werden, weil sie nicht im Urheberrechtssinn tätig sind. Für sie ist die Gesellschaft zur Verwertung von Leistungsschutzrechten (GVL) (siehe Fragen 62–64) zuständig.

b) Der Musikverlag

20. Welche Rolle spielt ein Musikverlag für Komponisten und Textdichter?

Musikverlage unterstützen Urheber in vielfältiger Weise, insbesondere im kreativen und administrativen Bereich (vgl. zur Definition der „verlegerischen Leistung“ § 7 Abs. 2 GEMA-Verteilungsplan). Die genauen Tätigkeiten richten sich nach den Bedürfnissen der jeweiligen Urheber.

Insbesondere im sog. U-Bereich entdecken und entwickeln Verlage Songwriter und vermitteln Kooperationen mit anderen Urhebern und Künstlern, z. B. im Rahmen von Songwriting-Sessions oder -Camps. Verlage sorgen für die Registrierung der geschaffenen Werke bei der GEMA sowie – über verbundene oder dritte Subverlage – bei Verwertungsgesellschaften in der ganzen Welt. Damit sorgen sie dafür, dass die entsprechenden Tantiemenzahlungen an die berechtigten Urheber ausgeschüttet werden. Sie kontrollieren auch die Abrechnungen und reklamieren etwaig fehlende Auszahlungen. Bei Bedarf unterstützen Verlage ihre Urheber auch durch die Zahlung von Vorschüssen. Als Gegenleistung für ihre Dienste erhalten Verlage eine prozentuale Beteiligung an den Erlösen, die den Urhebern aus der Auswertung der von ihnen geschaffenen Werke zustehen. Musikverlage teilen somit das wirtschaftliche Risiko mit ihren Autoren.

Als Grundlage überträgt der Urheber dem Verlag für die Dauer der Schutzfrist oder einen kürzeren Zeitraum die ihm zustehenden (in der Regel) weltweiten urheberrechtlichen Nutzungsrechte und Befugnisse (bzw. einen Anteil an den entsprechenden Erlösen). Dieses umfasst zum einen das herkömmliche „Verlagsrecht“, also das (graphische) Vervielfältigungs- und Verbreitungsrecht in Bezug auf Noten und Texte, das heute vor allem noch im Bereich der sog. E-Musik relevant ist, zum anderen die zum Vervielfältigungs- und zum Aufführungsrecht zählenden Nutzungsrechte (vgl. Frage 18). Ebenso werden in der Regel eingeräumt

- das Werberecht,
- das Synchronisationsrecht und
- das Bearbeitungsrecht.

Verlage sind somit auch als Rechtsinhaber im Sinne des § 5 Abs. 1 VGG anzusehen. Sofern und soweit die Rechte bereits einer Verwertungsgesellschaft eingeräumt worden sind (z. B. der GEMA), so erhält der Verlag regelmäßig einen wirtschaftlich vergleichbaren Beteiligungsanspruch.

Siehe hierzu auch

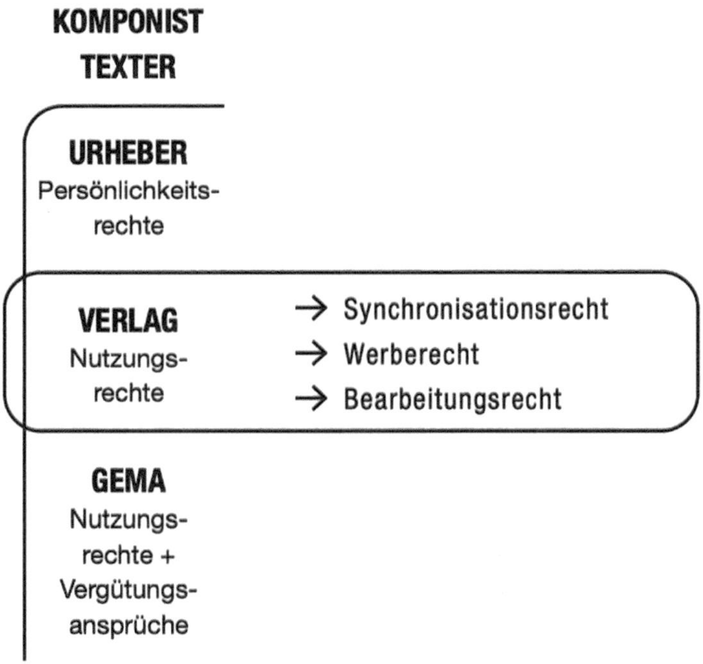

Abbildung 3: Ausschnitt Verlagsrechte

21. Was genau macht der Musikverlag mit den Rechten?

Musikverlage lizenzieren Nutzugsrechte insbesondere dann, wenn eine kollektive Auswertung durch Verwertungsgesellschaften nicht möglich oder nicht notwendig ist, also vor allem wenn persönlichkeitsrechtlich relevante Bereiche betroffen sind, die der Urheber nach Möglichkeit individuell kontrollieren möchte. Hierzu gehören vor allem Lizenzen für die Nutzung von Musikwerken (Musik und/oder Text) in Film- und Fernsehproduktionen sowie in der Werbung (auch als sog. Sync-Recht bezeichnet, siehe Frage 22). Ein aktiver Verlag steht dazu im engen und ständigen Kontakt mit entsprechenden Produktionsfirmen, Agenturen und sog. Music Supervisoren, um sie bei der Nutzung von Musik zu beraten, entsprechende Anfragen mit seinen beteiligten Autoren zu klären und Lizenzen zu erteilen. Hierzu gehört zunehmend auch die kommerzielle Nutzung in sozialen Netzwerken (siehe Frage 33 f.). Ebenso klären Verlage die Rechte, wenn Werke bearbeitet oder in vergleichbarer Weise geändert werden sollen (z. B. bei Samples; siehe Frage 23 ff.).

Vorsicht: Es ist stets zu bedenken, dass zwischen den urheberrechtlichen Werken als solchen und der Tonaufnahme des Werks streng zu unterscheiden ist. Verlage vermitteln die Nutzungsrechte an dem Werk. Hinsichtlich der Tonaufnahme müssen die Rechte separat von den entsprechenden Rechteinhabern erworben werden (insbesondere Labels), die in den meisten Fällen nicht identisch sind.

Im Bereich der E-Musik besteht die Verwertung insbesondere in dem Verkauf und Verleih von Noten an Orchester, Opern- und Konzerthäuser.

22. Wie ist das Werberecht aus Urhebersicht einzuordnen?

Bei dem Werberecht handelt es sich um das Recht, unter der Verwendung eines (Musik-)Werks das Produkt/die Marke eines Dritten z. B. im Rahmen eines Werbespots zu bewerben. Wieder ist dabei zu bedenken: Will ein Brand-Partner ein Musikstück im Rahmen eines Werbespots verwenden, so muss er zusätzlich die Rechte an der Tonaufnahme einholen, sofern er die Originalaufnahme verwendet und nicht eine Neuaufnahme vornimmt (siehe Fragen 38 und 41).

Das Werberecht ist eine eigenständige Nutzungsart (zur Vertiefung vgl. Fromm/Nordemann/*J. B. Nordemann*, § 31 Rn. 159) und lässt sich damit auch unter den oben genannten § 31 Abs. 5 UrhG fassen.

Vertiefung:
Der BGH hatte sich in seiner Entscheidung „Nutzung von Musik für Werbezwecke“ intensiv mit dem Thema Werberecht und der Rechteeinräumung an und durch die GEMA zu beschäftigen. In der Entscheidung führte der BGH aus, dass die Verwendung zu Werbezwecken eine allgemein übliche und wirtschaftlich eigenständige Form der Nutzung von Musikwerken ist. Er kam dabei zu dem Schluss, dass diese Nutzungsart jedoch der GEMA nicht über den Berechtigungsvertrag aus den Jahren 2002 und 2005 zur Wahrnehmung übertragen worden war. Dies bedeutete in der Konsequenz, dass die entsprechenden Rechte nicht kollektiv durch die GEMA eingeräumt werden konnten, sondern individuell über die einzelnen Rechteinhabern geklärt werden mussten. Letztlich führte die Entscheidung dazu, dass die GEMA mittlerweile den Berechtigungsvertrag angepasst hat (BGH, MMR 2010, 106 ff.).

Ein entsprechender Vertrag mit dem Brand-Partner folgt also den gleichen Kriterien, d.h. der Urheber bzw. der Verlag kann entscheiden, ob er die Rechte exklusiv oder nicht-exklusiv einräumen will; er kann über den Zeitraum der Rechteeinräumung verhandeln ebenso wie über die räumliche Ausdehnung der Nutzung und die zulässigen Medien (Beispiel: ein Werbespot darf nur in Deutschland und nur im TV ausgestrahlt werden).

Die Verbindung von Musik mit einem anderen Medium, zumeist einem audiovisuellen Inhalt, wird in der Branche als Synchronisation bezeichnet. Das Synchronisationsrecht wird in seiner rechtlichen Einordnung nicht einheitlich beurteilt. Während einige meinen, dass es sich bei der Verfilmung, also der Verwendung von Sprach-, Ton- und Bildwerken in einem Film, um eine Bearbeitung handelt (siehe Dreier/Schulze/*Schulze/Raue*, § 3 Rn. 45), wird andererseits die Meinung vertreten, dass bei unveränderter Übernahme eines Sprach-, Ton- und Bildwerks in einem Film eine bloße Vervielfältigung vorliegt (siehe Schricker/Loewenheim/*Katzenberger/N. Reber*, vor §§ 88 ff. Rn. 23 ff.). Im Falle einer Werbefilmproduktion ist diese Unterscheidung in der Praxis selten erheblich. Bei Werbespots ist das oben genannte Werberecht, wie auch das Synchronisationsrecht zur Nutzung anzufragen.

c) Cover, Bearbeitung, Transposition

23. Was ist ein Cover und wie verhält es sich mit der Bearbeitung?

Ein exaktes sog. Cover liegt vor, wenn der Interpret eines Musikwerks keinerlei Veränderungen an dem Werk vornimmt, d.h. weder Text noch Ton anders als im Ursprungswerk vorgesehen wiedergibt; eine Veränderung bspw. der Instrumentierung oder das Transponieren eines Stücks wird in der Regel allerdings nicht als Veränderung bewertet (zur Vertiefung vgl. Schricker/Loewenheim/*Dietz/Peukert*, § 14 Rn. 28, 29 und Fragen 24 und 25). Ein „echtes" Cover ist somit lediglich eine Vervielfältigung des Originalwerkes, die keiner gesonderten Erlaubnis durch den Urheber bedarf und über die GEMA vergütet wird.

Am Beispiel des Covers lässt sich vor allem das Bearbeitungsrecht gemäß § 23 UrhG gut verdeutlichen. § 23 UrhG betrifft den für den Bereich der Musik wichtigen Fall der Bearbeitung, also einer Abwandlung eines Werkes, die selbst die notwendige Schöpfungshöhe besitzt. Die Bearbeitung als solche ist in § 3 UrhG geregelt.

Vertiefung:

Interessant und für den Bereich der Musik durchaus als relevant anzusehen ist die Sonderregelung der Bearbeitung, die sich in Satz 2 des § 3 UrhG findet: „Die nur unwesentliche Bearbeitung eines nicht geschützten Werkes der Musik wird nicht als selbständiges Werk geschützt." Diese Regelung führt zu einer Sonderbehandlung von Bearbeitungen für den Fall, dass es sich um gemeinfreie, d.h. urheberrechtlich nicht mehr geschützte Werke der Musik handelt. Erfasst sind also z.B. traditionelle Musikstücke. Damit wollte der Gesetzgeber die Verwertung der Werke durch Heimatvereine und Trachtengruppen erleichtern (vgl. dazu Wandtke/Bullinger/*Bullinger*, § 3 Rn. 32).

Aus der Regelung lässt sich schließen, dass in der Regel eine Bearbeitung nach § 3 UrhG vorliegt, wenn wesentliche Veränderungen des Werks vorgenommen werden.

Im Falle der Bearbeitung bedarf es für die Auswertung des dann vorliegenden neuen Werks einer Genehmigung des Rechteinhabers des ursprünglichen Werks nach § 23 UrhG. Hierin spiegelt sich der Gedanke des Gesetzes wider, dass die Herstellung von Bearbeitungen und anderen Umgestaltungen grundsätzlich frei ist, also seitens des Urhebers (oder eben des Verlages) keine Einflussmöglichkeit bezüglich des „Ob" und des „Wie" der Veränderung besteht (vgl. dazu Wandtke/Bullinger/*Bullinger*, § 23 Rn. 1). Der Urheber kann aber im Gegenzug darüber bestimmen, ob das durch einen Dritten veränderte Werk veröffentlicht oder verwertet werden darf. Diese Betrachtung legt es übrigens nahe, das Bearbeitungsrecht als selbständiges, ausschließliches Verwertungsrecht des Urhebers zu qualifizieren (vgl. Fromm/Nordemann/*A. Nordemann*, § 23 Rn. 2).

Der Bearbeiter erwirbt ein eigenes „Bearbeiterurheberrecht" an seinem eigentlichen Beitrag, mit allen rechtlichen Konsequenzen, die bis zu einem Verbot gegenüber dem Urheber gehen können, die Bearbeitung zu veröffentlichen (zur Vertiefung vgl. Fromm/Nordemann/*A. Nordemann*, § 3 Rn. 35 ff.). Der Verlag kann also das entsprechende Recht zur Veröffentlichung dieses neuen Werks einräumen. Dies geschieht häufig gegen Zahlung eines Entgelts bzw. in der Regel im Wege einer Lizenzbeteiligung (siehe Frage 20 ff.).

Vertiefung:

Liegt ein echtes Cover vor, so kann ein Tonträgerhersteller gem. § 42a UrhG von dem Urheber die Einräumung der notwendigen Vervielfältigungs- und Verbreitungsrechte verlangen, wenn diese bereits einem anderen Tonträgerhersteller eingeräumt wurden. Diese Zwangslizenz diente einst dazu, keine Monopolstellungen von einzelnen Tonträgerherstellern entstehen zu lassen. In der Praxis räumen Autoren allerdings ihre sog. mechanischen Vervielfältigungsrechte ohnehin der Verwertungsgesellschaft GEMA ein, die aufgrund des Abschlusszwangs (§ 34 VGG) die Nutzungsrechte weiterlizenzieren muss, sodass die Vorschrift kaum eine praktische Bedeutung hat (vgl. Schricker/Loewenheim/*Melichar*, § 42a Rn. 17).

Anmerkung: § 24 UrhG (Freie Benutzung) ist im Zuge der Umsetzung der Richtlinie (EU) 2019/790 des Europäischen Parlaments und des Rates vom 17. April 2019 über das Urheberrecht und die verwandten Schutzrechte im digitalen Binnenmarkt und zur Änderung der Richtlinien 96/9/EG und 2001/29/EG (im Folgenden: EU-Urheberrechts-Richtlinie 2019) gestrichen worden. Die bisher hierunter fallenden Sachverhalte sind nun u. a. nach § 51a UrhG (Karikatur, Parodie und Pastiche) zu beurteilen.

24. Wie verhält es sich mit einem transponierten Stück?

Unter Transposition im musikwissenschaftlichen Sinne versteht man das proportionale Verändern der Höhe von Tönen um ein bestimmtes Intervall. Die einfachste Art der Transposition ist die Oktavierung, bei der die einzelnen Töne namensgleich bleiben, aber um eine Oktave nach oben oder unten versetzt werden. Bei Transpositionen mit anderen Intervallen muss in den meisten Fällen auch die Tonart verändert werden. Aus Urhebersicht stellt sich die Frage, ob es sich bei einer Transposition eines Musikstückes um eine zustimmungspflichtige Bearbeitung des Werkes gem. § 23 UrhG handelt.

Auch wenn die Frage nach dem Vorliegen einer Bearbeitung vom konkreten Einzelfall abhängig ist und eigentlich nicht schematisch beantwortet werden kann, wird man bei der reinen Transposition eines Musikwerkes in eine andere Tonart davon ausgehen müssen, dass keine Zustimmung des Urhebers bzw. des Verlages erforderlich ist (vgl. *Limper*, in: Schwartmann, Praxishandbuch Medien-, IT- und Urheberrecht, Kap. 32 B. I. 3., Rn. 25; Schricker/Loewenheim/*Loewenheim*, § 3 Rn. 29). Sobald jedoch die Melodie oder Teile der Melodie in ihren Tonabfolgen geändert werden, wird man von einer Bearbeitung ausgehen müssen.

25. Was ist aus Urhebersicht zu beachten, wenn die Instrumentierung oder der Rhythmus des Werkes im Rahmen eines Covers verändert werden?

Es gelten die für die Bearbeitung gem. § 23 UrhG bereits am Beispiel der Transposition aufgezeigten Grundsätze. Wenn bei einem Musikstück ein Instrument durch ein ähnlich klingendes Instrument ersetzt wird, dürfte im Regelfall noch keine zustimmungspflichtige Bearbeitung vorliegen (vgl. *Limper*, in: Schwartmann, Praxishandbuch Medien-, IT- und Urheberrecht, Kap. 32 B. I. 3., Rn. 25). Exemplarisch seien die beliebten „Unplugged"-Versionen eines Musikstückes erwähnt, bei denen elektronische durch ausschließlich akustisch erzeugte Klänge ersetzt werden. In der Regel stellen diese keine Bearbeitung dar. Auch stellt in der Regel allein die Veränderung der dem Werk zugrunde liegenden Rhythmik keine Bearbeitung im Sinne des § 23 UrhG dar.

Aus dem Bereich der Tonaufnahmen sind Samples als Beispiele von (regelmäßig erlaubnispflichtigen) Bearbeitungen bekannt. Wird ein Teilstück einer Musikaufnahme in eine neue Aufnahme eingefügt, so spricht man von einem Sample.

Ebenfalls beliebt und aus dem Tonaufnahmebereich bekannt ist das Ersetzen von bestehenden – gesungenen – Strophen oder Refrains durch gerappte Passagen. Auch hierbei wird es sich regelmäßig um eine Bearbeitung handeln, da zum einen die Struktur des Originalwerkes verändert und zum zweiten der Text geändert wird; diese ist daher ebenfalls von dem Urheber bzw. dem Verlag freizugeben. Vor dem Hintergrund der z. T. schwierigen Abgrenzungen empfiehlt es sich, in solchen Fällen kompetente Unterstützung durch einen spezialisierten Rechtsanwalt zu suchen.

IV. Schutz von Urhebern und ihren Werken

Gegen eine Rechtsverletzung, die das Werk des Urhebers betrifft, kann der Urheber sich auf vielfache Art zur Wehr setzen. Der Urheber kann dabei den zivilrechtlichen Weg und/oder den strafrechtlichen Weg zur Geltendmachung der Rechtsverletzung wählen. Bei Miturhebern (siehe Frage 6) greift die Sonderregelung des § 8 Abs. 2 S. 3

UrhG, wonach jeder einzelne Miturheber die Ansprüche geltend machen kann, jedoch nur als Leistung an alle Miturheber. Ein Vorgehen ist übrigens nicht nur dem Urheber selbst möglich, sondern vor allem auch dem Inhaber von ausschließlichen Nutzungsrechten (vgl. BGH, GRUR 1999, 984, 985 – Laras Tochter; zur Vertiefung siehe Fromm/Nordemann/*J. B. Nordemann*, § 97 Rn. 132 ff.).

Bei grober Betrachtung lassen sich die unterschiedlichen Vorgehensweisen wie folgt visualisieren:

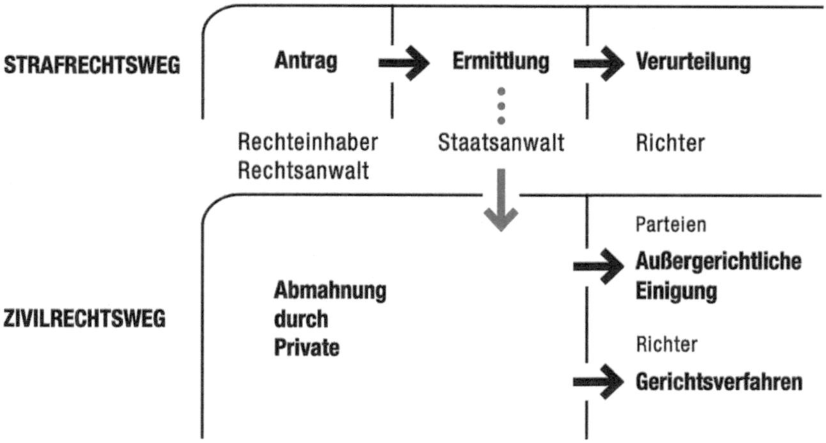

Abbildung 4: Überblick Rechtswege

26. Welche zivilrechtlichen Ansprüche habe ich als Urheber?

Die zentrale Vorschrift für das zivilrechtliche Vorgehen gegen einen Rechtsverletzer ist der § 97 UrhG. Der Rechteinhaber hat bei Verletzung seiner Rechte auch ohne Verschulden danach einen Anspruch auf

- Beseitigung, bzw. Unterlassung (der Rechtsverletzung)

und bei Verschulden (d. h. bei Vorliegen einer vorsätzlichen oder fahrlässigen Verletzung) einen Anspruch auf

- Auskunft und
- Schadensersatz.

Dabei besteht der Anspruch auf Unterlassen gem. § 97 Abs. 1 UrhG lediglich bei Vorliegen einer sog. Wiederholungsgefahr, also der Gefahr, dass der Rechtsverletzer die Verletzung wiederholt. In der Regel geht man jedoch davon aus, dass die Wiederholungsgefahr bei vorangegangener Rechtsverletzung vorliegt, sie wird also vermutet (Fromm/Nordemann/*J. B. Nordemann*, § 97 Rn. 30a; *Heydn/Schmid-Petersen/Vassilaki*, Durchsetzung von Rechten des geistigen Eigentums, Rn. 178 f.). Die Wiederholungsgefahr kann nur durch die Abgabe einer sog. strafbewehrten Unterlassungs-Verpflichtungserklärung (im Folgenden: UVE) widerlegt werden, wobei diese eindeutig, unwiderruflich und auch ausreichend strafbewehrt sein muss (Fromm/Nordemann/*J. B. Nordemann*, § 97 Rn. 32 f.; *Heydn/Schmid-Petersen/Vassilaki*, Durchsetzung von Rechten des geistigen Eigentums, Rn. 181 f.).

Der Anspruch auf Auskunft und Schadensersatz gem. § 97 Abs. 2 UrhG liegt, wie erwähnt, in den Fällen vor, in denen der Rechtsverletzer mit Vorsatz oder Fahrlässigkeit gehandelt hat. Vorsatz bedeutet verkürzt ein Wissen und Wollen des Erfolges im Bewusstsein der Rechtswidrigkeit. Fahrlässigkeit liegt laut Gesetz (§ 276 Abs. 2 BGB) vor, wenn „die im Verkehr erforderliche Sorgfalt außer Acht“ gelassen wird. Dabei ist der Nachweis von Fahrlässigkeit insofern erleichtert, als die Gerichte das dafür erforderliche „Maß an Sorgfalt“ generell streng beurteilen (vgl. BGH, GRUR 1999, 49, 51 – Bruce Springsteen and his Band; Dreier/Schulze/*Specht-Riemenschneider/Raue*, § 97 Rn. 78).

Die Rechtsprechung hat den Begriff der Fahrlässigkeit durch unzählige Urteile weiter konkretisiert: So reicht es beispielsweise nicht aus, bei einer Rechtsverletzung darauf zu verweisen, dass andere genau diese Rechtsverletzung ebenfalls begehen würden; eine Person, die das Werk eines anderen nutzt, hat sich genau zu erkundigen, ob es sich um ein geschütztes Werk handelt und ob er die entsprechenden Rechte zur Nutzung auch eingeholt hat.

Vertiefung:

Dies entschied der Bundesgerichtshof unter anderem in dem Fall „Bruce Springsteen and his Band“ (BGH, GRUR 1999, 49, 51). Anlässlich einer Tournee gab Springsteen ein Konzert in Los Angeles, welches „live“ von diversen Hörfunksendern übertragen wurde. Die Beklagte brachte 1992 einen Tonträger auf den

Markt, der mitgeschnittene Aufnahmen dieses Auftritts enthielt. Der britische Gitarrist der Band und eine deutsche Gesellschaft, die behauptete, dass die entsprechenden Leistungsschutzrechte an sie abgetreten worden seien, klagten wegen der Verletzung der Leistungsschutzrechte des Gitarristen u.a. auf Schadensersatz. Es war im Hinblick auf die Leistungsschutzrechte umstritten, ob dem Künstler diese angesichts seiner britischen Staatsbürgerschaft und dem Ort der Darbietung in den USA überhaupt zustanden. Der BGH führte dazu aus, dass es einen Verstoß gegen das europarechtliche Diskriminierungsverbot darstelle, wenn ein Mitgliedstaat einen Urheber oder ausübenden Künstler eines anderen Mitgliedstaates von einem „Verbietungsrecht" ausschließe, das er inländischen Urhebern oder ausübenden Künstlern gewähre. Im Übrigen handele fahrlässig, wer sich erkennbar in einem Grenzbereich des rechtlich Zulässigen bewegt, in dem er eine von der eigenen Einschätzung abweichende Beurteilung der Zulässigkeit seines beabsichtigten Verhaltens in Betracht ziehen muss (vgl. dazu BGH, GRUR 2007, 871, 875 – Wagenfeld-Leuchte).

27. Wie berechnet sich der Schadensersatz, den man geltend machen kann?

Die Schadensberechnung fällt oft nicht leicht. Aus diesem Grunde sehen §97 Abs.2 S.2 und 3 UrhG und die diesbezügliche Rechtsprechung auch drei verschiedene Formen der Schadensberechnung vor, nämlich auf Basis

1. des konkret entstandenen Schadens (inkl. des entgangenen Gewinns des Geschädigten) oder
2. der sog. Lizenzanalogie oder
3. des Verletzergewinns.

Diese drei Alternativen tragen der Tatsache Rechnung, dass sich der erlittene Schaden des Urhebers meist nur sehr schwer konkret beziffern lässt und vor allem auch die Nachweisbarkeit eine hohe Hürde darstellt. Eine kumulative Geltendmachung der Positionen scheidet jedoch aus, da dies zu einer Überkompensation führen würde.

28. Wie berechnet sich der Schadensersatz nach der Lizenzanalogie?

In der Regel wird man zur Berechnung des Schadens die sog. Lizenzanalogie wählen (müssen). Gegenstand des Schadensersatzes gem. § 97 Abs. 2 S. 3 UrhG ist die Höhe der Lizenz, die zwei vernünftige Parteien bei Abschluss eines entsprechenden Nutzungsvertrages bei Kenntnis aller Umstände als angemessene Lizenz vereinbart hätten (vgl. auch BGH, GRUR 1990, 1008, 1009 – Lizenzanalogie). Der Rechtsverletzer soll dabei nicht besser stehen, als er im Falle einer ordnungsgemäßen Lizenzierung gestanden hätte. Es ist nicht entscheidend, ob der Verletzer auch bereit gewesen wäre, eine Lizenz in solcher Höhe zu zahlen oder ob sich das Geschäft in diesem Fall für ihn vielleicht nicht rentiert hätte.

An dieser Stelle offenbart sich eine Schwäche der Berechnungsmethode: Zur Prävention von Rechtsverletzungen ist diese Form des Schadensersatzes nicht wirklich geeignet. Auch im Falle des vorsätzlichen Handelns muss der Verletzer lediglich die Zahlung einer „normalen Lizenzgebühr" befürchten. Zielführender wäre hier sicherlich die Einführung einer doppelten Lizenzgebühr im Rahmen der Umsetzung der sog. Enforcement-Richtlinie gewesen (Richtlinie 2004/48/EG des Europäischen Parlaments und des Rates vom 29. April 2004 zur Durchsetzung der Rechte des geistigen Eigentums; vgl. dazu *Bodewig/Wandtke*, GRUR 2008, 220 ff.; noch kritischer zur „unzureichenden Umsetzung" *von Ungern-Sternberg*, GRUR 2009, 460 ff.).

Es sei bemerkt, dass die deutsche Rechtsprechung den sog. Verletzerzuschlägen ablehnend gegenüber steht (BGH, GRUR 1986, 376 ff. – Filmmusik). Trotzdem wird ein Aufschlag in Form einer Verdopplung der Lizenzgebühr für Verwertungsgesellschaften („GEMA-Kontrollzuschlag") gewährt, da dort u. a. der Aspekt der Abschreckung unterstrichen wird (BGH, GRUR 1973, 379, 380 – Doppelte Tarifgebühr; OLG Hamburg, GRUR 2001, 832, 835; zur Vertiefung vgl. Wandtke/Bullinger/v. *Wolff/Bullinger*, § 97 Rn. 86 ff.). Eine ähnliche Argumentation der verschiedenen Rechteinhaber ist gerade vor dem Hintergrund der Entwicklung von illegalen Nutzungen im Internet und den damit verbundenen Kosten sicher nicht einfach von der Hand zu weisen.

Vertiefung:
In dem Fall „Lizenzanalogie“ hatte ein Musikverlag, der Inhaber der Nutzungsrechte an verschiedenen Songs von Leonhard Cohen war, gegen einen Filmproduzenten geklagt, weil dieser die Stücke ohne Zustimmung des Verlags für einen Spielfilm genutzt hatte. Erst nachdem der Film bereits auf zwei Festivals gezeigt worden war, wandte sich eine Co-Produzentin des Films an den Verlag, um eine Lizenz für die Verwendung der Titel im Film zu erwerben. Weil der Co-Produzentin die geforderte Lizenzgebühr zu hoch war, entschied diese sich dazu, die Musiktitel aus der Tonspur des Films auszuklammern. Der Verlag verlangte jedoch die veranschlagte Lizenzgebühr dafür, dass der Film auf den Festivals vorgeführt worden war. Der BGH stellte fest, dass die Grundsätze über die Schadensberechnung im Wege der Lizenzanalogie auch dann angewendet werden könnten, wenn der Film wirtschaftlich lediglich durch die Vorführung auf Filmfestspielen verwertet worden sei. Er gestand dem Musikverlag einen Schadensersatz in Höhe der geforderten Lizenzgebühren zu (BGH, GRUR 1990, 1008 ff.).

29. Welche Rolle spielt der Gewinn des Rechtsverletzers bei der Berechnung des Schadensersatzes?

Wenn man den Gewinn des Rechtsverletzers nachweisen kann, muss dieser den Gewinn, der konkret auf der Rechtsverletzung beruht, gem. § 97 Abs. 2 S. 2 an den Verletzten abtreten. Er darf dabei allerdings seine eigenen Kosten abziehen (vgl. Wandtke/Bullinger/*v. Wolff/Bullinger*, § 97 Rn. 76). Denkbar sind Materialkosten, Löhne oder Vertriebskosten (natürlich nur dann, wenn und soweit sie unmittelbar mit der Rechtsverletzung in Verbindung stehen), wobei den Rechtsverletzer die Darlegungs- und Beweislast trifft (BGH, GRUR 2001, 329 ff. – Gemeinkostenanteil). Der Urheber darf von dem Verletzer lediglich den Anteil an dem Gewinn verlangen, der auf die Nutzung seines Werks entfällt.

Dem Verletzten steht im Falle der Rechtsverletzung stets ein sog. Wahlrecht zu. Er kann und muss sich zwischen einer der Berechnungsmethoden bei Inanspruchnahme des Verletzers entscheiden. Er darf die für ihn vorteilhafteste Berechnung auswählen, jedoch die Berechnungsarten nicht miteinander verbinden. Dieses sog. Vermengungs- und Verquickungsverbot dient letztlich auch der Rechtssicherheit.

30. Wie kann ich als Urheber meine Ansprüche konkret zivilrechtlich durchsetzen?

Im zivilrechtlichen Bereich bestehen für den Urheber grundsätzlich zwei verschiedene Wege, seine Rechte gegenüber dem Rechtsverletzer durchzusetzen, nämlich die Durchsetzung im Wege

- des einstweiligen Verfügungsverfahrens und/oder
- der Hauptsacheklage.

Im Verfahren der einstweiligen Verfügung (im Folgenden: „eV-Verfahren") darf die Hauptsache nicht vorweggenommen werden (Zöller/*G. Vollkommer*, ZPO, § 938 Rn. 2). Praktisch bedeutet das: Der Urheber kann seinen Schadensersatz nicht auf dem schnellen (Gerichts-)Weg bekommen. Im eV-Verfahren lassen sich lediglich Unterlassungs- und in seltenen Fällen Beseitigungsansprüche durchsetzen. In der Praxis werden auf diesem Wege die Vielzahl der Verfahren geführt, ohne dass es im weiteren Verlauf noch zu einem Hauptsacheverfahren kommt (vgl. *Heydn/Schmid-Petersen/Vassilaki*, Durchsetzung von Rechten des geistigen Eigentums, Rn. 473). Ansprüche auf Auskunft und ggf. Auszahlungsansprüche müssen hingegen im ordentlichen Hauptsacheverfahren geklärt werden.

Ein weiterer Unterschied zwischen den beiden Verfahrensarten ist die Schnelligkeit. Bei besonderer Dringlichkeit und der Beratung durch erfahrene Rechtsanwälte kann die einstweilige Verfügung binnen eines Tages vorliegen. Diese kann der Verletzte dann vollstrecken lassen.

31. Wie läuft das einstweilige Verfügungsverfahren ab?

Das Vorgehen im Wege des eV-Verfahrens und die verschiedenen Mechanismen und Taktiken stellen ein hochkomplexes System dar, das hier nur in seinen Grundzügen dargestellt werden kann.

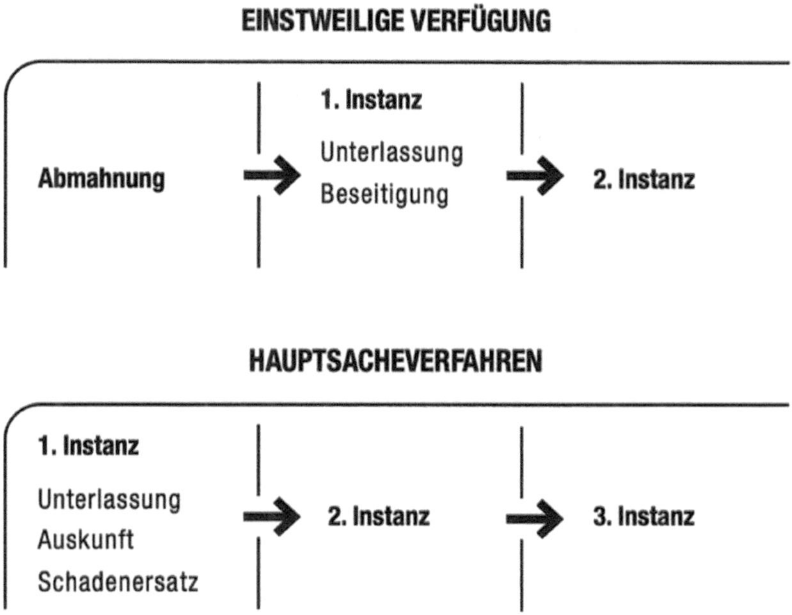

Abbildung 5: Überblick eV-Verfahren

Beispiel:

In einem Festzelt auf dem Oktoberfest soll der österreichische Unterhaltungskünstler Anton Harald Sch. unter dem Namen „Anton aus Tirol" auftreten. Dagegen vorgehen wollen DJ Ötzi, der Interpret des Liedes „Der Anton aus Tirol", und sein Manager und Produzent (im Folgenden wird der Einfachheit halber nur von „Manager" gesprochen), der sich eine Marke „Anton aus Tirol" hat eintragen lassen (in Anlehnung an LG München, ZUM 2001, 725 ff.; siehe Frage 56).

Grob gesagt lässt sich das eV-Vorgehen in drei Phasen einteilen (siehe Abbildung 5). Dabei gibt es im eV-Verfahren allerdings maximal zwei Instanzen. Eine eV kann also nicht vor den Bundesgerichtshof gelangen, da das Verfügungsverfahren bereits vor dem Oberlandesgericht sein Ende findet.

Zum Beispielsfall:

DJ Ötzi und sein Manager wollen verhindern, dass der Österreicher Anton Harald Sch. unter dem Namen „Anton aus Tirol" auf dem Oktoberfest auftritt.

(a) Sie lassen ihren Anwalt daher eine Abmahnung an die Betreiber des Festzeltes schicken, in dem der Auftritt stattfinden soll.

Dies ist auch notwendig, da § 97a Abs. 1 UrhG ausdrücklich vorsieht, dass eine solche Abmahnung (das Beispiel einer urheberrechtlichen Abmahnung findet sich z. B. bei *Lutz/Greger*, in: Mes, Münchener Prozessformularhandbuch, Form. G. 1.) vor Einleitung eines gerichtlichen Verfahrens erforderlich ist, damit der Streit ggf. bereits auf diesem Wege – außergerichtlich – beigelegt werden kann. Das Gesetz will damit die weitere Eskalation, die Belastung der Gerichte und die Verursachung erhöhter Kosten vermeiden. Eine solche Abmahnung ist allerdings nicht Prozessvoraussetzung (Dreier/Schulze/*Spindler/Kaesling*, § 97a Rn. 2). Heißt: Der Verletzte könnte auch ohne vorangehende Abmahnung vor Gericht gehen. Aber er riskiert dann, dass er die Kosten gem. § 93 ZPO zu tragen hat, wenn der Beklagte den Anspruch sofort anerkennt.

Der Abmahnung beigefügt ist die UVE (ein Beispiel findet sich u. a. bei *Lutz/Greger*, in: Mes, Münchener Prozessformularhandbuch, Form. G. 2.), die in dem Beispielsfall von den Empfängern unterzeichnet an den Anwalt von DJ Ötzi und seinen Manager zurückgeschickt werden soll. Eine solche (vollständig abgegebene) UVE, in der der Abgemahnte erklärt, von weiteren Rechtsverletzungen Abstand zu nehmen, ist regelmäßig bußgeldbewehrt, d. h. bei jedem weiteren Auftritt unter der Bezeichnung „Anton aus Tirol" bzw. dessen Ankündigung wird eine sog. Vertragsstrafe fällig. Außerdem setzt der Anwalt im Beispielsfall den Gegnern eine Frist von zwei Tagen, die Ankündigung des Auftritts zu beenden. In diesem Fall unterschreiben die Festzeltbetreiber die beigefügte UVE – allerdings ohne die Vertragsstrafe zu akzeptieren. Damit ist die UVE nicht bußgeldbewehrt.

(b) Wegen der mangelnden Bußgeldbewehrung der von den Festzeltbetreibern abgegebenen UVE ist diese nicht geeignet, die gem. § 97 Abs. 1 S. 1 UrhG erforderliche Wiederholungsgefahr auszuräumen. Es stellt sich insofern die Frage, ob DJ Ötzi und sein Manager eine eV gegen die Festzeltbetreiber erwirken können.

Für ein erfolgreiches Vorgehen ist ferner notwendig, dass eine gewisse Eilbedürftigkeit besteht. Diese Eilbedürftigkeit rechtfertigt das besonders schnelle gerichtliche Vorgehen. Die Frage, wann diese noch vorliegt, richtet sich nach der positiven Kenntnis der Tatumstände beim Rechteinhaber. Sie wird von den verschiedenen Gerichten sehr unterschiedlich gehandhabt und variiert zwischen einem und sechs Monaten (zur Vertiefung vgl. Fromm/Nordemann/*J. B. Nordemann*, § 97 Rn. 203 ff.). Der Anwalt von DJ Ötzi und seinem Manager kann gegen die Festzeltbetreiber somit zeitnah eine eV vor Gericht beantragen und wird dies auch tun, um klarzustellen, dass es ihm mit der Geltendmachung der Ansprüche ernst ist.

Ein für den Antragsteller vorteilhaftes Wesenselement der eV ist übrigens, dass nicht der sog. Strengbeweis des Hauptsacheverfahrens erforderlich ist (§§ 936, 920 ZPO). So muss etwa kein Zeugenbeweis angeboten werden, sondern es reicht die sog. Glaubhaftmachung mittels eidesstattlicher Versicherung aus.

Es steht grundsätzlich im Ermessen des Gerichts, eine eV mit oder ohne mündliche Verhandlung zu erlassen. In urheberrechtlichen Konstellationen werden eVs häufig gem. § 937 Abs. 2 ZPO ohne mündliche Verhandlung erlassen. Der Gegner einer eV kann aber eine sog. Schutzschrift bei Gericht hinterlegen, wenn er den Antrag einer eV erwartet. In dieser kann er seine Sicht der Sach- und Rechtslage schildern. In diesem Fall wird das Gericht in der Regel (aber nicht zwingend; vgl. Zöller/*Vollkommer*, § 937 Rn. 4) eine mündliche Verhandlung vor Erlass einer entsprechenden eV einberufen. Für den Fall einer mündlichen Verhandlung wird das Verfahren in dieser Instanz durch Urteil beendet.

Falls die eV ohne mündliche Verhandlung erlassen wurde, kann der Gegner aber auch einen Widerspruch nach § 924 ZPO gegen den entsprechenden Beschluss des Gerichts einlegen. In diesem Fall muss dann eine mündliche Verhandlung anberaumt werden, damit im Wege eines Urteils gem. § 925 ZPO entschieden werden kann.

Wir lernen: Das eV-Verfahren ist zwar schnell, aber es ist nur dann auch wirklich beendet, wenn eine eV und darauffolgend eine sog. Abschlusserklärung (ein Beispiel findet sich u.a. bei *Lutz/Greger*, in: Mes, Münchener Prozessformularhandbuch, Form. G. 12.; zum Vorgehen vgl. Fromm/Nordemann/*J. B. Nordemann*, § 97 Rn. 212 ff.) des Gegners vorliegt, mit der er gewissermaßen die eV anerkennt, oder aber, wenn ein rechtskräftiges Urteil vorliegt.

Zurück zum Beispielsfall:

In unserem Fall erlässt der Richter die eV zu Gunsten von DJ Ötzi und seinem Manager. Die beiden zwingen die Betreiber des Festzeltes im Wege der Vollstreckung, den Österreicher Anton Harald Sch. nicht mehr unter der Bezeichnung „Anton aus Tirol" anzukündigen oder auftreten zu lassen.

Vertiefung:

Achtung, auch mit dem Instrument der eV muss man vorsichtig umgehen. Solange die streitige Frage nicht endgültig in einer Hauptsache entschieden wurde, birgt das Vorgehen ein Schadensersatzrisiko für den Antragsteller der eV für den Fall, dass er diese auch vollstreckt bzw. wenn der Gegner auf die eV reagiert. Hierzu sagt die Vorschrift des § 945 ZPO:

„*Erweist sich die Anordnung (...) einer einstweiligen Verfügung als von Anfang an ungerechtfertigt oder wird die angeordnete Maßregel (...) aufgehoben, so ist die Partei, welche die Anordnung erwirkt hat, verpflichtet, dem Gegner den Schaden zu ersetzen, der ihm aus der Vollziehung der angeordneten Maßregel oder dadurch entsteht, dass er Sicherheit leistet, um die Vollziehung abzuwenden oder die Aufhebung der Maßregel zu erwirken.*"

Im Beispielsfall nehmen wir mal an, es stellt sich heraus, dass der österreichische Unterhaltungskünstler schon seit Jahren unter dem Namen „Anton aus Tirol" aufgetreten ist und dem Publikum bekannt gewesen ist und er somit gegenüber DJ Ötzi und seinem Manager die älteren (Marken-)Rechte hätte. In diesem Fall ist es möglich, dass dem Festzelt auf dem Oktoberfest aufgrund der Tatsache, dass dessen Betreiber den Unterhaltungskünstler unter dem Namen „Anton aus Tirol" nicht ankündigen bzw. auftreten lassen dürfen, zahlreiche Besucher fernbleiben. Die möglichen Schäden, die DJ Ötzi und sein Manager zu tragen hätten, sind zwar schwierig zu beziffern, trotzdem können sich hier durchaus relevante Summen ergeben, die sie ersetzen müssten. Zum einen bietet das Instrument der eV also ein schnelles Vorgehen, jedoch zum anderen auch keinen ganz risikofreien Schutz und keine Kompensation.

(c) Das Urteil der 1. Instanz ist mit einer Berufung angreifbar. In der Berufungsinstanz kann die eV entweder aufgehoben oder bestätigt werden. Nach der Berufungsinstanz ist der Rechtsweg erschöpft. Rechtsstreitigkeiten, die den Erlass von einstweiligen Verfügungen zum Gegenstand haben, gelangen also nicht bis zum Bundesgerichtshof.

Der Schadensersatzanspruch des § 945 ZPO muss in der Regel in einem gesonderten Prozess geltend gemacht werden. In einem solchen Verfahren muss der Beklagte (derjenige, der die eV erwirkt hatte) beweisen, dass sein Antrag auf Erlass der einstweiligen Verfügung von Anfang an berechtigt war. Gelingt ihm dies nicht, ist er zur Zahlung von Schadensersatz an den Kläger (derjenige, gegen den die eV erlassen worden war) verpflichtet (vgl. Zöller/*G. Vollkommer*, § 945 Rn. 7 ff.).

Zum Beispielsfall:

Falls DJ Ötzi und sein Manager doch die älteren Rechte haben sollten, könnten sie im Wege der Hauptsacheklage ihren Schaden gegenüber den Gegnern einklagen. Die Hauptsacheklage kann sich ggf. über drei gerichtliche Instanzen bis hin zum Bundesgerichtshof erstrecken (in Einzelfällen kann es auch noch Vorlagefragen zum Europäischen Gerichtshof geben). Die Verfahrensdauer im Falle eines Ganges durch alle Instanzen kann fünf bis sieben Jahre betragen.

Zu allem nochmal als Übersicht die nachfolgende Grafik:

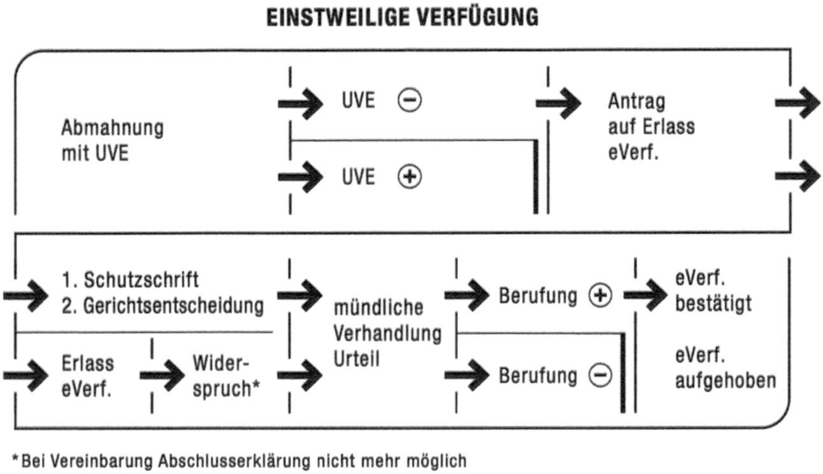

Abbildung 6: Detailüberblick eV-Verfahren

32. Wie kann ich mich als Urheber strafrechtlich gegen Rechtsverletzungen wehren?

Die Verletzung von Urheberrechten ist gem. § 106 UrhG eine Straftat, die mit Freiheitsstrafe von bis zu drei Jahren oder Geldstrafe bestraft werden kann. In Fällen der gewerbsmäßigen Rechtsverletzung ist das Strafmaß sogar gem. § 108a Abs. 1 UrhG auf bis zu fünf Jahre erhöht. Für das Erfüllen des Tatbestandsmerkmales „Gewerbsmäßigkeit" ist Voraussetzung, dass der Rechtsverletzer das Begehen von Straftaten zum Zweck seiner wirtschaftlichen Betätigung macht (vgl. BGH, GRUR 2004, 421, 427 – CD-Export), wobei diese Vorschrift insgesamt eng auszulegen ist (vgl. dazu Fromm/Nordemann/*Mitsch*, § 108a Rn. 8 f.).

Voraussetzung ist im „Normalfall" der Rechtsverletzung ein Strafantrag gem. § 109 UrhG des Urhebers (oder der anderen Verletzten) bei Gericht, der Staatsanwaltschaft oder aber der Polizeidienststelle (ein Muster eines Strafantrages findet sich bei *Lutz/Greger*, in: Mes, Münchener Prozessformularhandbuch, Form. G. 22.). Erst dann beginnt das Ermittlungsverfahren, und es wird im weiteren Verlauf zunächst geklärt, ob überhaupt Anklage erhoben wird und sodann, ob der Täter vor Gericht verurteilt wird. Lange Zeit war das strafrechtliche Vorgehen für die Rechteinhaber gerade bei Rechtsverletzungen im Rahmen von Filesharing-Diensten („Tauschbörsen") der einzige Weg, um den Klarnamen des sich hinter der (dynamischen) IP-Adresse verbergenden Users zu ermitteln. Meist wurden die Strafverfahren eingestellt und gegen den Anschlussinhaber wurde zivilrechtlich im Rahmen der Abmahnung vorgegangen (zum damaligen Vorgehen der Musikfirmen siehe *Zombik*, ZUM 2006, 450 ff.; zum Ablauf des Strafverfahrens *Beck/Kreißig*, NStZ 2007, 304 ff.). Durch die Umsetzung der sog. Enforcement-Richtlinie wurde ein zivilrechtlicher Auskunftsanspruch gegenüber Internet-Service-Provider (ISPs) eingeführt, daher wird nunmehr nur noch in besonderen Konstellationen strafrechtlich vorgegangen.

33. Jemand „performed" meinen Song im Internet und verdient damit Geld. Muss ich nicht um Erlaubnis gefragt werden?

Das hängt zunächst einmal davon ab, ob der Song bereits veröffentlicht wurde. Solange der Urheber ein Werk nicht aus seiner Privatsphäre entlassen hat, ist niemand befugt, das Werk öffentlich aufzuführen, § 12 Abs. 1 UrhG (siehe Frage 9). Wenn es veröffentlicht ist, muss die Nutzung lizenziert werden. Erneut ist zu beachten, dass auch das Hochladen eines Musikwerks bereits eine Erstveröffentlichung in diesem Sinne darstellen kann.

Video-Plattformen wie YouTube oder TikTok müssen Lizenzen für die öffentliche Zugänglichmachung und Vervielfältigung von Musikwerken auf ihren Plattformen von Verwertungsgesellschaften wie der GEMA erwerben, die die hierfür inkassierten Vergütungen dann an die Berechtigten verteilt. Der individuelle Nutzer der Plattform benötigt daher (jedenfalls bei nicht-gewerblicher Nutzung; siehe sogleich) keine eigene Lizenz zum Hochladen eines Musikvideos in Bezug auf diese Rechte.

Da es sich hier allerdings um audiovisuellen Content handelt (anders als bei Musikstreaming-Diensten wie Spotify oder Apple Music), muss zudem das Synchronisationsrecht gem. § 23 UrhG (siehe Frage 23 ff.) geklärt werden. Nachfolgend zu Art. 17 Abs. 2 der EU-Urheberrechts-Richtlinie 2019 hat sich zumindest in Europa eine Praxis entwickelt, dass hierbei zwischen gewerblichen und nicht-gewerblichen Inhalten zu unterscheiden ist.

Für nicht-gewerbliche Inhalte, also solche, die von Nutzern zum rein privaten Zweck hochgeladen werden, haben die Musikautoren der GEMA das entsprechende Herstellungsrecht eingeräumt, die dieses wiederum an die Plattformen lizenziert (vgl. § 1 lit. i Abs. 4 des Berechtigungsvertrages bzw. § 11 BV-Neu). Somit müssen Nutzer für ihre nicht-gewerblichen Videos regelmäßig keine gesonderte Erlaubnis mehr einholen.

Für Videos mit gewerblichem Inhalt haben die Berechtigten in der GEMA die Möglichkeit, diese Rechte – wie bei der Lizenzierung von Film-, Fernseh- oder Werbeproduktionen – selbst wahrzunehmen. Der Nutzer muss daher vor Verwendung von Musikwerken in einem Video, das auf einer solchen sog. User-Generated Content (UGC)-Plattform hochgeladen werden soll, die Erlaubnis der Urheber, meist vertreten durch die entsprechenden Musikverlage, einholen. Die Plattformen können diese Rechte nicht für ihre Nutzer klären. Das gilt für Plattformen wie YouTube und TikTok ebenso wie für Social Media-Dienste wie Instagram, Facebook, X (vormals Twitter) u. Ä.

Für die Abgrenzung zwischen gewerblichen und nicht-gewerblichen Inhalten hat die GEMA sog. Wahrnehmungsbedingungen veröffentlicht, an denen man sich orientieren kann (vgl. https://www.gema.de/documents/d/guest/user_upload-dokumente-musikurheber-information-201210_wahrnehmungsbedingungen_herstellungsrecht_ugc_201215-pdf). Generell gilt aber, dass jede Form der werblichen Tätigkeit – sei es für Dritte oder zur Eigenwerbung – als gewerbliche Tätigkeit einzuordnen ist und daher der vorherigen Erlaubnis bedarf. Dies gilt unabhängig von der Reichweite des Posts (Follower, Clicks o. Ä.), der Länge des Clips oder einer wie auch immer gearteten Vergütung des Nutzers; die Nutzung mit werblichem Charakter ist allein entscheidend und ausreichend.

Darüber hinaus kann der Urheber gegen jede Verwendung seines Musikwerkes vorgehen, wenn seine Persönlichkeitsrechte verletzt sind, sei es durch eine Entstellung oder Bearbeitung des Werkes oder durch dessen Verwendung in einem rechtsverletzenden Kontext (siehe Frage 26 ff.).

34. Eine Firma nutzt meinen Song für ihre digitale Werbung (z. B. ein Instagram-Reel), ohne bei mir Rechte erworben zu haben. Was kann ich tun?

Wie oben ausgeführt (siehe Frage 33), bedarf die werbliche Nutzung von Musikwerken auch auf digitalen Plattformen der vorherigen Erlaubnis der Musikautoren. Dem Urheber des Werkes stehen die diversen Ansprüche aus den §§ 97 ff. UrhG zu (siehe Frage 26 ff.). In der Regel wird der Komponist oder Textdichter zunächst versuchen, sich mit der Firma gütlich zu einigen, also die Zahlung einer angemessenen Lizenzgebühr zu vereinbaren, ggf. zuzüglich einer Abfindungszahlung, wobei im Gegenzug der Urheber die Genehmigung erteilt, die Musik weiter nutzen zu dürfen.

Kommt eine solche nachträgliche Einigung nicht zustande, kann der Komponist/Textdichter zunächst gem. § 97 Abs. 1 S. 1 UrhG Unterlassung verlangen (siehe Frage 26). Diesen Anspruch kann man im Fall besonderer Eilbedürftigkeit im Wege einer einstweiligen Verfügung durchsetzen (vgl. § 935 ZPO; siehe Frage 30 f.). Darüber hinaus kann der Komponist/Textdichter auch einen „Takedown" verlangen, also die Löschung des Videos von der Plattform. Mit dem Urheberrechts-Diensteanbieter-Gesetz (UrhDaG) vom 31.5.2021 (BGBl. I S. 1204, 1215) hat der Gesetzgeber detaillierte Vorgaben zu den Rechten der Rechteinhaber und den Verantwortlichkeiten der Plattformen in solchen Fällen gemacht; die Details würden allerdings den Rahmen dieser Darstellung sprengen.

35. Was kann ich machen, wenn jemand meinen Song im rechtsradikalen Umfeld vertonen und spielen will?

Dies richtet sich zunächst danach, ob das Werk bereits veröffentlicht wurde oder nicht (siehe Frage 9).

Allerdings kann sich der Urheber unabhängig davon auf sein Urheberpersönlichkeitsrecht aus § 14 UrhG stützen (siehe Frage 7), welches Entstellungen des Werkes verbietet. Eine solche Entstellung liegt in der Regel vor, wenn das Werk gegen den Willen des Urhebers mit der neofaschistischen Szene in Sachzusammenhang gebracht wird. So hat das OLG Frankfurt in der sog. „Springtoifel"-Entscheidung vom 20.12.1994 geurteilt (vgl. OLG Frankfurt, GRUR 1995, 215 f.). Hintergrund der Entscheidung war eine Auseinandersetzung zwischen der Band Springtoifel und ihrem Label Metal Enterprises. Metal Enterprises hatte zwei Titel ihres Albums ohne Wissen und Zustimmung der Band auf den Sampler „6. für Deutschland“ aufgenommen, auf dem neben den Springtoifeln, den Böhsen Onkelz, Boots & Braces und A.O.K. auch die neonazistischen Bands Saccara und Kahlkopf vertreten waren, welche ebenfalls bei Metal Enterprises unter Vertrag waren. Springtoifel sahen hierin einen Verstoß gegen das Beeinträchtigungsverbot. Das OLG Frankfurt urteilte zugunsten der Band Springtoifel:

> *„Auch wenn im Streitfall keine Entstellung der einzelnen ausgekoppelten Songs der Gruppe „Springtoifel“ festzustellen ist, liegt eine „sonstige Beeinträchtigung“ vor. Diese kann insbesondere auch darin liegen, dass die ursprüngliche Fassung des Werkes unberührt bleibt, dieses aber in einen Zusammenhang gestellt wird, der geeignet ist, die berechtigten geistigen oder persönlichen Interessen des Urhebers am Werk zu gefährden. Eine derartige Beeinträchtigung ist im Streitfall anzunehmen. Denn der Kläger und seine Gruppe werden mit der Mischung einzelner ihrer Songs mit Titeln von Gruppen, die erkennbar der neofaschistischen Szene zuzurechnen sind, in das Umfeld dieser Szene gerückt, womit eine unmittelbare Gefährdung ihrer persönlichen Interessen an den von ihnen aufgenommen Musiktiteln und deren Verwertung zu besorgen ist.“*

Folglich kann die Urheber in einem solchen Fall gem. § 97 UrhG Unterlassung verlangen und dies gegebenenfalls auch gerichtlich durchsetzen.

36. Ich produziere elektronische Musik. Sind auch die Klänge und Grooves, die ich dabei erschaffe, urheberrechtlich geschützt?

Musik ist generell unabhängig von der Form ihrer Erzeugung urheberrechtlichen Schutzes zugänglich, sodass im Ergebnis auch elektronische Musik und Computermusik urheberrechtlich geschützt sein kann.

Eine davon zu trennende Frage ist die der sog. Schöpfungshöhe gem. § 2 Abs. 2 UrhG. Damit das Werk nach dem Urheberrechtsgesetz als

Werk schutzfähig ist, muss die erforderliche Schöpfungshöhe erreicht werden (siehe Frage 1). Unproblematisch können elektronische Tracks die notwendige Schöpfungshöhe erreichen, wenn auf Basis der Arbeitsmittel des Urhebers – meist Computerprogramme, sog. Sequenzer – eine Tonfolge in Form einer Melodie durch den Werkschöpfer kreiert wird (vgl. *Alpert*, ZUM 2002, 525).

Schwieriger ist zu bestimmen, wann dem Track die zur Werkeigenschaft erforderliche Individualität beigemessen werden kann. Dies dürfte vom jeweiligen Einzelfall abhängen. Ein Großteil der heute produzierten elektronischen Musik enthält jedoch gerade keine klassischen Melodie-Elemente, sondern setzt sich aus einem Geflecht aus Klängen, Rhythmen und Samples zusammen. Die Eigenart dieser Musik liegt gerade in der Kombination dieser unterschiedlichen Komponenten. Während es bei den einzelnen Bestandteilen des Tracks, isoliert betrachtet, häufig an der erforderlichen Schöpfungshöhe fehlen dürfte, kann der durch die Kombination der Elemente entstehende Gesamteindruck einen derart hohen Grad an Eigentümlichkeit aufweisen, dass ein Urheberrechtsschutz zuzusprechen ist (vgl. OLG München, ZUM 1992, 202 ff.). Zur Abgrenzung von KI-geschaffener Musik siehe Frage 37.

37. Sind auch computergenerierte Songtexte oder Kompositionen urheberrechtlich geschützt?

Nicht zuletzt durch das Bekanntwerden der sog. Künstlichen Intelligenz (KI) und insbesondere der Generativen KI in der breiten Öffentlichkeit ist die Frage relevant geworden, inwieweit Kompositionen und Songtexte urheberrechtlich geschützt sein können, die von diesen Systemen – oder zumindest mit deren Unterstützung – erzeugt worden sind. Hierbei kommt es entscheidend auf den Grad der menschlichen Einflussnahme auf den Kreationsprozess an. Denn der Urheberrechtsschutz setzt voraus, dass es sich um eine Schöpfung handelt, worunter eine menschliche Schöpfung zu verstehen ist (siehe Frage 1).

Die juristische Diskussion zu urheberrechtlichen Fragen im Zusammenhang mit KI hat gerade erst begonnen. Gegenstand der Auseinandersetzung sind im Moment vornehmlich Fragen rund um Text-und-Data-Mining und die entsprechenden Möglichkeiten der KI-Provider sowie der Rechteinhaber (§§ 44b und 60d UrhG; siehe Fragen 154 ff.). In Bezug auf die Schutzfähigkeit von Werken, an deren Kreation KI-Systeme beteiligt waren, lässt sich aber ein Vergleich zur Verwendung von Synthesizern oder ähnlichen technischen Geräten ziehen. Sofern ein Mensch den Schöpfungsprozess initiiert und/oder steuert bzw. das Ergebnis verwertet, so wird man in der Regel auch von einem (zumindest in Teilen) urheberrechtlich schutzfähigem Werk ausgehen können. Dies vor allem dann, wenn die KI-Systeme lediglich als Werkzeug für den Urheber dienen.

Unabhängig davon ist zu bedenken, dass KI-Systeme naturgemäß darauf beruhen, dass sie zunächst mit vorbestehenden Werken „gefüttert" und trainiert werden müssen, bevor sie vermeintlich „eigene" Werke produzieren können. Umstritten ist daher die Frage, welche Urheberrechte hier einschlägig sein könnten und welche Ansprüche sich daraus herleiten lassen. Aus Sicht der Rechteinhaber stellt schon die Einspeisung der vorbestehenden Werke in die KI-Systeme, der sog. Input, (mindestens) eine urheberechtlich relevante Vervielfältigung dar. Da diese Handlung somit in das Exklusivrecht des Urhebers eingreift, bedarf sie der vorherigen Zustimmung der Rechteinhaber. Eine Zustimmungsfreiheit ergibt sich in der Regel auch nicht aus der sog. Text- und Data-Mining-Schranke der EU-Urheberrechts-Richtlinie 2019 (Art. 3 und 4 der Richtlinie), da diese KI-Systeme schon nicht „zum Zwecke der wissenschaftlichen Forschung" (Art. 3 Abs. 1) betrieben werden. Zudem können die Rechteinhaber nach § 44b Abs. 3 UrhG einen Vorbehalt für die Nutzung ihrer Werke zu diesem Zweck erklären und haben dies (vorsorglich) auch bereits in großem Umfang getan (so z. B. die GEMA im Namen aller ihrer Mitglieder). Die Betreiber der KI-Systeme müssen daher eine Lizenz von den Rechteinhabern einholen, die vergleichbar mit anderen Online-Nutzungen vergütungspflichtig sein wird. Hierbei ist aus Sicht der Rechteinhaber auch zu berücksichtigen, dass die von KI-Systemen generierten „Werke" (der sog. Output) sodann mit den von den Urhebern geschaffenen Werken, die zum Training der KI-Systeme verwendet werden, in Wettbewerb treten, sei es u. a. bei der Vergütung durch Streaming-Portale und Video-Plattformen, bei der Verwendung als Hintergrundmusik (z. B. in Kaufhäusern) oder bei der Nutzung von Musik in Filmproduktionen und der Werbung. Die zahlreichen rechtlichen Fragen sind derzeit Gegenstand wissenschaftlicher Diskussionen und einiger Gerichtsverfahren in Deutschland und anderswo. Gleichzeitig gibt es Bemühungen, hierfür Lizenzvereinbarungen zu schließen, um den Urhebern eine faire Beteiligung zukommen zu lassen.

Teil 2 – Musik machen: Musiker und Hersteller

A. Berufsbilder *(Prof. Dr. Alexander Endreß/ Michael Herberger)*

Musik als Beruf kann auf praktischer Ebene viele verschiedene Erscheinungsformen haben. Um sich hierbei einen Überblick zu verschaffen, sollte man zunächst einmal die drei übergeordneten Kategorien vor Augen haben, die den musikwirtschaftlichen Entstehungs- und Auswertungsprozess charakterisieren (vgl. *Endreß/Stammer*, Technikforum I/2023, S. 8) und eng im Zusammenhang mit dem Artist Development stehen: Contententwicklung, -produktion und -vermarktung. Mit Content ist dabei nicht nur das Musikstück gemeint, sondern es sollen darunter alle Aspekte des künstlerischen Gesamtkonzeptes verstanden werden.

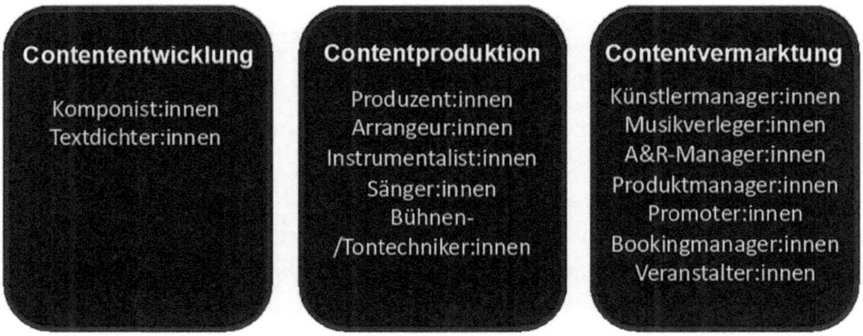

Abbildung 7: Basisprozesse im musikwirtschaftlichen Wertschöpfungssystem
Quelle: Eigene Darstellung

Mit diesen drei musikwirtschaftlichen Basisprozessen lassen sich die unterschiedlichen Berufsbilder, die im Zusammenhang mit Musikwirtschaft stehen bzw. Teil des Musikverwertungsprozesses sind sehr gut ordnen.

Die Berufsbilder „Komponist" und „Textdichter" stehen vor allem im Zusammenhang mit der Entstehung von Musik – der Contententwicklung (siehe hierzu Kap. 1 Abschn. A dieses Buches). Die Gestaltung der Musik in ihrer letztendlichen Erscheinungsform, also so wie sie dem Publikum dargeboten wird, stellt den Prozess der Contentproduktion dar. Diese sog. Performing Artists (aufführende Künstler) werden mit einem Leistungsschutzrecht bedacht. Die Leistung besteht dabei in ihrer Beteiligung an der Gestaltform des veröffentlichten Werkes (siehe hierzu Kap. 1 Abschn. B III.). Obwohl es natürlich passiert, dass die Urheber gleichzeitig auch als ausübende Künstler agieren, ergibt es Sinn, diese hier als getrennte, idealtypische Rollenbilder darzustellen. Hier sind es vor allem die folgenden Berufsbilder, die sich arbeitsteilig begegnen:

I. Produzenten

In der Musikwirtschaft werden wirtschaftliche von künstlerischen Produzenten unterschieden. Künstlerische Produzenten zeichnen sich für die Organisation und die Gestaltung aller kreativen Prozesse, rund um die Entstehung des Werkes sowie um die schlussendliche Gestaltform verantwortlich. Oftmals (aber nicht immer) übernehmen sie während des Produktionsprozesses auch tontechnische Aufgaben. Zu der rechtlichen Einordnung siehe Frage 41.

Wirtschaftliche Produzenten kümmern sich um die Finanzierung des gesamten Projektes. Schlussendlich tritt ein Label häufig als wirtschaftlicher Produzent auf. Nicht selten treten Produzenten sowohl als künstlerische, als auch als wirtschaftliche Produzenten auf. Insbesondere in der Anfangsphase von Produktionen übernehmen sie zum Teil ein wirtschaftliches Risiko, indem z. B. die Gage von Instrumentalisten, oder Studiobuchungskosten von ihnen übernommen werden.

In der Musikwirtschaft werden also zwei Funktionen unter einem Begriff gefasst, die in anderen Teilbranchen der Kreativwirtschaft oftmals getrennt werden. Beispielsweise werden in der Filmindustrie die künstlerischen Produzenten als Regisseure bezeichnet.

Die vertraglichen Vereinbarungen zwischen den Produzenten und den Kreativen kann dabei sehr unterschiedlich sein, wie im Folgenden noch erklärt wird. Im Kern geht es aber in erster Linie um die Lizenzierung des Contents und die wirtschaftliche Auswertung (*Wanka-Wanström*, Die Rechtsstellung der Musikproduzenten der moderneren Popmusikproduktion, https://rechtsprobleme.at/doks/wanka-popproduzent.pdf, S. 4).

II. Arrangeure

In moderneren künstlerischen Produktionsprozessen werden häufig Arrangeure eingesetzt. Dies ist häufig sinnvoll, um dem Werk durch eine besondere Struktur – dem Arrangement – einen modernen Zeitgeist bzw. eine individuelle Note zu geben. Dies kann auch urheberrechtlich relevant sein.

III. Instrumentalisten und Sänger

Nicht alle Musiker komponieren Musik oder schreiben Texte. Viele treten auch vor allem als „Handwerker" in Erscheinung und interpretieren die Stücke. Durch diesen besonders wertvollen Beitrag im Studio und auf der Bühne erwerben diese Personen Leistungsschutzrechte. Eine trennscharfe Bewertung, ab wann durch den künstlerischen Beitrag eines Instrumentalisten im Studio Urheberrecht entsteht, ist nicht immer klar zu treffen. Vor allem dann, wenn von dieser ein entsprechender künstlerischen Input gewünscht bzw. Interpretationsfreiheiten mangels Vorgaben eingeräumt werden, kann so zur Komposition signifikant beigetragen werden.

Die in der obigen Übersicht ebenfalls aufgeführten Berufsbilder der Bühnen- und Tontechniker sollen an dieser Stelle nicht näher erläutert werden, da sie letztlich werkverrichtend sind und keine Leistungsansprüche aus dem Urheber- und Leistungsschutzrecht stellen können.

Einen Ausblick auf die Ausbildungen in diesen Berufen geben zahlreiche Publikationen auf dem Themenportal des Musikinformationszentrums des Deutschen Musikrates (www.miz.org).

B. Der rechtliche Rahmen *(Albrecht Klutmann)*

Das deutsche Urheberrechtsgesetz unterscheidet wesentlich zwischen zwei Teilbereichen, den Urheberrechten und den sog. verwandten Schutzrechten, auch Leistungsschutzrechte genannt. Bei den Leistungsschutzrechten wird weiter unterschieden. Für die Musik sind vor allem zwei Unterarten relevant – das Künstler-Leistungsschutzrecht und das Tonträgerherstellerrecht. Das Künstler-Leistungsschutzrecht steht Künstlern für ihre Darbietung von urheberrechtlich geschützten Werken zu. Das Tonträgerherstellerrecht erwerben Personen oder Firmen/Institutionen, die Aufnahmen erstellen bzw. erstellen lassen.

Was für die Urheber die Verwertungsgesellschaft GEMA (Gesellschaft für musikalische Aufführungs- und mechanische Vervielfältigungsrechte) ist, das ist für die genannten Leistungsschutzberechtigten die GVL (Gesellschaft zur Verwertung von Leistungsschutzrechten). Sowohl GEMA (für die Urheber) als auch GVL (für Künstler und Tonträgerhersteller) nehmen die Rechte für bestimmte Auswertungen wahr und administrieren die Vergütung.

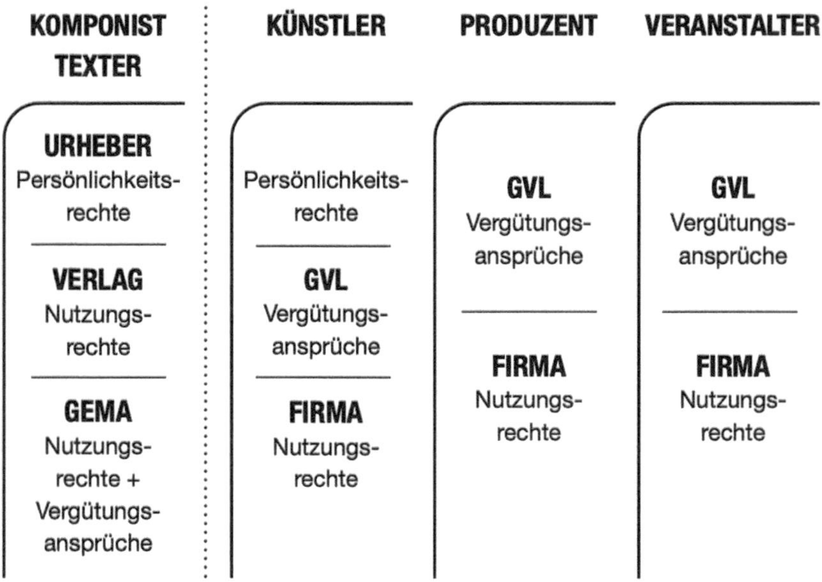

Abbildung 1: Basis-Überblick Urheberrecht/verwandte Schutzrechte

Die Urheberrechte sind Gegenstand von Teil 1 dieses Buches. In diesem Teil 2 haben wir Fragen gesammelt, die sich mit den für Musik relevanten Leistungsschutzrechten befassen. Zunächst geht es um deren Entstehung, dann um deren Auswertung.

I. Die Leistungsschutzrechte der ausübenden Künstler und Tonträgerhersteller

38. Wie entsteht das Leistungsschutzrecht des ausübenden Künstlers?

Als ausübender Künstler im Sinne des Urheberrechts gilt, wer ein Werk oder eine Ausdrucksform der Volkskunst aufführt, singt, spielt, auf eine andere Weise darbietet oder an einer solchen künstlerisch mitwirkt (§ 73 UrhG). Das Leistungsschutzrecht des ausübenden Künstlers entsteht also, wenn von diesem ein Werk (eine Komposition) künstlerisch dargeboten wird. Zur Einordnung: Eine Darbietung, die stattfindet, ohne dass diese in irgendeiner Form aufgenommen oder übertragen wird, lag bei der Gestaltung des Leistungsschutzrechts nicht im Fokus. Erst die Auswertung außerhalb des Raums, in dem die Darbietung stattfindet, macht das Recht relevant, d.h. es geht um die Rechte der ausübenden Künstler an den Aufnahmen ihrer Darbietungen.

Das Erfordernis der künstlerischen Darbietung eines Werkes bedeutet, dass Moderatoren und Sportler regelmäßig kein Künstler-Leistungsschutzrecht für sich reklamieren können, auch wenn ihre Auftritte einzigartig sind. Gleiches gilt für diejenigen, die mit technischen Aufgaben an der Herstellung einer Aufnahme beteiligt sind. Auch dort fehlt es an einer künstlerischen Darbietung eines Werkes (siehe Fromm/Nordemann/*Blobel/Schaefer*, § 73 Rn. 33). Wer jedoch ein Werk künstlerisch darbietet, der erwirbt das Recht, ohne dass die Qualität der Darbietung einer Prüfung unterzogen wird. Im Gegensatz dazu wird für die Zubilligung eines Urheberschutzes für ein Werk ein Mindestmaß an Schöpfungshöhe verlangt.

Übrigens können Personen, die bei der Aufnahme einer künstlerischen Darbietung technische Aufgaben wahrnehmen, theoretisch doch ein eigenes Künstler-Leistungsschutzrecht erwerben, falls sie sich im Rahmen ihrer Aufgabe über das erwartbare Maß künstlerisch einbringen. Ein Beispiel wären Produzenten, die Aufnahmen kreativ begleiten und damit unmittelbar Einfluss auf die Interpretation nehmen (hierzu auch Frage 41).

39. Wodurch unterscheiden sich die Rechte von Künstler und Komponisten/Textdichtern?

Komponisten und Textdichter erwerben für ihre Leistung nach dem deutschen Urheberrechtsgesetz ein Urheberrecht. Künstler hingegen erwerben für ihre künstlerische Darbietung gemäß § 73 UrhG ein Leistungsschutzrecht. Dieses gilt nur als ein dem Urheberrecht verwandtes Schutzrecht. Diese hierarchische Unterordnung ist in der Praxis aber nur selten erkennbar.

Offensichtlich ist die hierarchische Abstufung der Rechte bei deren Entstehung: Die Entstehung eines Künstler-Leistungsschutzrechtes setzt immer die Interpretation eines Werkes voraus. Die nachrangige Einordnung resultiert also daraus, dass es ohne ein zu interpretierendes urheberrechtlich geschütztes Werk auch kein durch Darbietung des Werkes entstehendes Künstler-Leistungsschutzrecht geben kann. Dafür müssen Künstler bei der künstlerischen Interpretation des Werkes keine besonderen kreativen Anforderungen erfüllen, d. h. auch die Kneipenversion von „Yellow Submarine" genügt, solange das Werk von John Lennon und Paul McCartney noch irgendwie erkennbar ist (siehe Dreier/Schulze/*Dreier*, § 73 Rn. 10).

Die Abstufung zwischen beiden Rechten zeigt sich auch bei der Lebensdauer des jeweiligen Schutzrechtes, denn beim Urheberrecht fällt diese länger aus als beim Leistungsschutzrecht (hierzu Frage 42).

Bei der Monetarisierung von Urheberrechten und Leistungsschutzrechten gibt es unterschiedliche gesetzliche Vorgaben, und die sind komplex und in der Praxis durchaus relevant:

Einerseits führt die nachgeordnete Einstufung des Künstler-Leistungsschutzrechts theoretisch dazu, dass Künstler bei der öffentlichen Wiedergabe (bspw. das Abspielen ihrer Aufnahmen in Gaststätten und Geschäften) ihre Leistungsschutzrechte nur in eingeschränkter Form verhandeln können. Haben Künstler der Veröffentlichung ihrer Aufnahmen einmal zugestimmt, dann können sie die weitere Sendung und öffentliche Nutzung der Aufnahme nicht mehr verhindern, sondern nur noch eine Vergütung verlangen (§ 78 UrhG). Und weil sie selbst nicht in der Lage sind, die weltweite Nutzung ihrer Aufnahmen zu kontrollieren, sind sie praktisch auf die Wahrnehmung ihrer Rechte durch die GVL auf Basis von deren Tarifen angewiesen.

Bei allen anderen Auswertungen, insbesondere On-Demand-Streaming, Download und dem Vertrieb auf CD und Vinyl, sind die Künstler aber frei in der Entscheidung, ob und zu welchen Bedingungen sie ihre Rechte lizenzieren.

Andererseits sind Künstler bei der kommerziellen Auswertung praktisch aber gar nicht eingeschränkter in der Wahrnehmung Ihrer Rechte als die Urheber, sie haben sogar größere Spielräume. Denn Urheber räumen fast ohne Ausnahme die wesentlichen Teile der Rechte an ihren Werken der GEMA ein. Die GEMA wiederum ist gezwungen, für fast alle Auswertungshandlungen eine Lizenz einzuräumen, und zwar jedem, der oder die bereit ist, die von der GEMA als Tarif veröffentlichte Vergütung zu zahlen. Die Urheber bekommen diese Vergütung dann ausgezahlt, nachdem die GEMA einen Anteil als Entschädigung für den eigenen Aufwand abgezogen hat. Und diese Vergütung pro Nutzungshandlung bleibt gleich, unabhängig davon, ob ein Werk besonders erfolgreich ausgewertet wird oder nicht.

Künstler hingegen können nur einen kleineren Teil der Nutzungen über die GVL auswerten lassen. Für den größeren Teil können sie frei entscheiden, wem sie Rechte einräumen und ob dies exklusiv oder nicht-exklusiv erfolgt. Zur Auswertung werden die Rechte Musik-Labels oder Produzenten in ausschließlicher Form eingeräumt. Als Daumenregel gilt: Je erfolgreicher und bekannter der Künstler am Markt ist, desto höher kann seine Vergütung ausgestaltet sein.

40. Wie sieht es aus, wenn ich als Singer-Songwriter tätig bin?

Ein Singer-Songwriter ist ein Komponist und Texter, der seine Werke auch selbst darbietet. Er trägt also zwei Hüte, den des Urhebers und den des ausübenden Künstlers, und er verfügt entsprechend über die Urheberrechte und die Künstler-Leistungsschutzrechte. Er hat damit umso mehr Kontrolle über die Auswertung der Aufnahmen im Rahmen der bereits dargestellten Möglichkeiten. Zusätzliche Rechte aus der Vereinigung beider Rechte in seiner Person entstehen nicht.

41. Welche Rechte haben die Produzenten und wie entstehen sie?

Der Begriff des Produzenten ist im deutschen Urheberrecht nicht definiert. Die Frage ist also, was ein Produzent überhaupt macht. Aus der Praxis heraus bietet sich die Unterscheidung in kreative Produzenten und wirtschaftlich-organisatorische Produzenten an – wobei es nicht ausgeschlossen ist, dass sich in Einzelfällen beide Typen in einer Person verbinden können.

Kreative Produzenten sind solche, die die Aufnahme der Darbietung eines Künstlers begleiten. Sie nehmen Einfluss auf Künstler, sitzen an den Reglern oder gestalten eine Aufnahme durch die Auswahl von Instrumentalspuren, Samples etc. Damit können sich kreative Produzenten als ausübende Künstler qualifizieren, die für sich ein Künstler-Leistungsschutzrecht schaffen.

Wirtschaftlich-organisatorische Produzenten hingegen sind diejenigen, die die Aufnahme durchführen, in organisatorischer, technischer und finanzieller Hinsicht, ggf. auch durch Dritte. Geschützt wird die unternehmerische Leistung, ohne die es keine aufwändigeren Aufnahmen geben würde. Personen oder Institutionen, die diese Aufgaben übernehmen bzw. durch Dritte erledigen lassen, werden im deutschen Urheberrecht als „Tonträgerhersteller" bezeichnet. Als Anerkennung für diese Leistung als „Enabler" einer Aufnahme entsteht für diese Tonträgerhersteller ein eigenes Tonträgerhersteller-Leistungsschutzrecht (§ 85 UrhG).

Das Recht entsteht in dem Moment, in dem der Tonträgerhersteller die Aufnahme fixiert. Das entspricht der Entstehung des Künstler-Leistungsschutzrechtes. Auch der Umfang des Rechtes ist weitgehend mit dem Umfang des Künstler-Leistungsschutzrechtes vergleichbar. Zwar macht das Urheberrechtsgesetz das Tonträgerhersteller-Leistungsschutzrecht hinsichtlich mancher Vergütungsregeln zu einem Annex des Künstler-Leistungsschutzrechtes (siehe § 86 UrhG, der bei öffentlicher Wiedergabe nur eine Beteiligung am Vergütungsanspruch der Künstler gewährt), aber bei den heute kommerziell relevanten Auswertungen On-Demand-Streaming und Vinyl-Auswertung verfügt der Tonträgerhersteller ebenso wie der Künstler über ein Exklusivrecht, das er frei lizenzieren kann, ohne an die in der Praxis für die Inhaber von Urheberrechten bestehenden GEMA-Zwänge gebunden zu sein.

42. Sind meine Rechte als Künstler oder Produzent kürzer geschützt als die der Komponisten?

Es kommt (wie so oft) darauf an: Die Rechte eines Urhebers erlöschen 70 Jahre nach dem Tod desselben. Haben mehrere Urheber an einem Werk mitgewirkt, erlöschen die Rechte 70 Jahre nach dem Tod des längstlebenden Urhebers (§§ 64, 65 Abs. 1 UrhG). Die Laufzeit von Künstler-Leistungsschutzrechten ist vor einigen Jahren ebenfalls auf 70 Jahre angehoben worden. Allerdings beginnen die 70 Jahre nicht erst mit dem Tod des Künstlers zu laufen, sondern mit der Veröffentlichung der Aufnahme, egal ob auf Tonträger, als On-Demand-Stream oder als Download, alternativ mit der erstmaligen Sendung. Da die Sendung oder die Veröffentlichung meist vor dem Tod des Künstlers erfolgen wird, ist die Schutzfrist für die Rechte der beteiligten Urheber im Normalfall also länger als die für die beteiligten Künstler.

Anders sieht es aus, wenn die erstmalige Sendung oder die Veröffentlichung einer Aufnahme erst mit zeitlichem Abstand zum Aufnahmedatum stattfindet. Dann kann die Schutzfrist für die Künstler-Leistungsschutzrechte die der Urheberrechte übertreffen. Laut Gesetz kann der Abstand zwischen Aufnahmedatum und erstmaliger Auswertung auf bis zu 50 Jahre gestreckt werden, die Schutzdauer beträgt dann 120 Jahre. Wobei das Recht bis zur erstmaligen Auswertung mangels Nutzung ja letztlich wertlos war, und eine absichtliche Zurückhaltung zugunsten einer längeren Schutzdauer praktisch kaum vorstellbar ist.

Beträgt der Abstand zwischen Aufnahmedatum und erstmaliger Auswertung allerdings 50 Jahre oder mehr, so erlischt das Künstler-Leistungsschutzrecht und kann bei einer späteren Veröffentlichung nicht mehr geltend gemacht werden.

II. Persönlichkeitsrechte der ausübenden Künstler

43. Welche Rolle spielen die Persönlichkeitsrechte von Leistungsschutzberechtigten?

Das Urheberrechtsgesetz definiert in den §§ 12–14 einzelne sogenannte Urheberpersönlichkeitsrechte. Diese schützen aber nur Urheber in Bezug auf die von Ihnen geschaffenen Werke. Für die ausübenden Künstler als Leistungsschutzberechtigte gelten in §§ 74, 75 UrhG eigene Regelungen. Und für Tonträgerhersteller gibt es gar keine besonderen Persönlichkeitsrechte. Geschützt werden nämlich durch die im Urheberrechtsgesetz definierten Persönlichkeitsrechte nur Personen, die künstlerisch tätig geworden sind. Auf die ausübenden Künstler trifft das zu, auf die Tonträgerhersteller nicht.

Die für die ausübenden Künstler festgelegten Persönlichkeitsrechte werden auch als Künstlerpersönlichkeitsrechte bezeichnet. Im Einzelnen handelt es sich um das Anerkennungsrecht und das Namensnennungsrecht (beide in § 74 UrhG geregelt) sowie das Recht zum Schutz vor Entstellungen (Integritätsschutz, § 75 UrhG). Alle diese Rechte bestehen nicht in abstrakter Form, sondern immer in der Beziehung der Künstler zu den von Ihnen erbrachten künstlerischen Leistungen (wie insb. den Aufnahmen ihrer künstlerischen Darbietung).

Das Anerkennungsrecht gibt Künstlern das Recht sicherzustellen, als Ausführende ihrer eigenen Darbietungen auch genannt zu werden. Praktisch relevant wird das Recht, wenn eine Nennung nicht erfolgt. Die Künstler können ihre Nennung dann mit Hilfe dieses Rechts durchsetzen.

Das Namensnennungsrecht gewährt das Recht bestimmen zu können, ob und mit welchem Namen die Künstler im Zusammenhang mit ihren Darbietungen genannt werden. Für Musikgruppen gilt dies allerdings nur eingeschränkt: Hier ist der Anspruch gegebenenfalls darauf reduziert, dass die Gruppe genannt wird, nicht aber jedes einzelnes Mitglied.

Der Integritätsschutz in § 75 UrhG schützt Künstler vor Entstellungen und anderen rufschädigenden Beeinträchtigungen. Vor allem bei der Veröffentlichung und Vermarktung von Aufnahmen kann das relevant werden. So kann die Aufnahme in verzerrter oder anderweitig über die

Maßen schlechter Qualität verbreitet werden und damit den Eindruck erwecken, die Künstler seien zu einer angemessenen Darbietung nicht in der Lage. Das Cover kann beispielsweise ein unvorteilhaftes Bild der Künstler oder Bildbestandteile oder Hinweise enthalten, die die Künstler kompromittieren. Schließlich kann die Werbung die Künstler bloßstellen oder ehrverletzende Aussagen enthalten.

Die Künstlerpersönlichkeitsrechte gelten mindestens so lange, wie auch die Leistungsschutzrechte der ausübenden Künstler laufen (§ 76 UrhG). Wenn an einer Darbietung mehrere Künstler beteiligt waren, richtet sich die Frist nach dem Tod des letzten an der Darbietung beteiligten ausübenden Künstlers (§ 76 UrhG). Sofern die Persönlichkeitsrechte im Zeitpunkt des Todes des ausübenden Künstlers noch andauern, gehen sie auf dessen Rechtsnachfolger über (§ 76 S. 4 UrhG).

Sofern Künstler Rechte an ihren aufgenommenen Darbietungen an Dritte weitergeben (lizenzieren), verbleiben die genannten Künstlerpersönlichkeitsrechte bei ihnen. Eine Abdingbarkeit im Sinne eines Verzichtes auf die Geltendmachung dieser Rechte im Rahmen der Lizenzierungsvereinbarung ist nur in sehr begrenztem Umfang möglich. Entsprechende Regelungen in einem Vertrag sind nicht ausgeschlossen, müssen aber ausreichend begründet sein und im Vertrag auch in einer auf den konkreten Fall hin bezogenen Form geregelt sein. Verzichtsregelungen im „Kleingedruckten“ eines Vertrages sind meist unwirksam.

Neben den Künstlerpersönlichkeitsrechten gelten für Künstler auch die allgemeinen Persönlichkeitsrechte. Dazu gehört das Recht am eigenen Bild und daraus resultierend das Recht, selbst entscheiden zu können, ob Fotos veröffentlicht werden dürfen oder nicht.

Allerdings ist eine Beschränkung für Künstler zu beachten, geregelt in § 23 des „Gesetzes betreffend das Urheberrecht an Werken der bildenden Künste und der Photographie“ (auch Kunsturhebergesetz oder KUG). Demnach ist die Verbreitung von Fotos von Künstlern durch Dritte gestattet, wenn es sich um Bilder von öffentlichen Veranstaltungen handelt (= Konzerte) oder wenn die Abgebildeten Personen der „Zeitgeschichte“ sind, also hinreichend prominent. Wer sich für prominent hält, aber nicht für prominent genug, um die Verbreitung von Fotos seiner selbst dulden zu müssen, der sollte sich für die Abwägung konkreter Einzelfälle anwaltliche Hilfe holen.

III. Verwertung von Leistungsschutzrechten

Über Leistungsschutzrechte zu verfügen ist das Eine, deren Auswertung ist das Andere. Für die Auswertung brauchen die Rechteinhaber regelmäßig die Hilfe Dritter. Das Urheberrechtsgesetz gibt dafür zwei Rahmen:

Erstens ein Rahmen für die Definition der Rechte im Sinne einer nicht-abschließenden Aufzählung der möglichen Nutzungsarten:

- Vervielfältigungsrecht
- Verbreitungsrecht
- Ausstellungsrecht
- Vortrags-, Aufführungs- und Vorführungsrecht
- Recht der öffentlichen Zugänglichmachung
- Senderecht
- Recht der Wiedergabe durch Bild- oder Tonträger
- Recht der Wiedergabe von Funksendungen

Zweitens ein Rahmen für die Art und Weise der Erteilung von Lizenzen, um Dritten die Auswertung zu gestatten:

- Werden einzelne Nutzungsarten oder alle Nutzungsarten lizenziert?
- Erfolgt die Lizenzierung von Rechten in ausschließlicher oder nicht-ausschließlicher Form?
- Erfolgt die Lizenzierung zeitlich beschränkt oder unbeschränkt?
- Erfolgt die Lizenzierung beschränkt auf ein definiertes geografisches Gebiet oder unbeschränkt?
- Werden mit der Lizenzierung inhaltliche Beschränkungen zum Umfang der Auswertung verbunden oder erfolgt die Lizenzierung diesbezüglich unbeschränkt?

Wer nachlesen will, die Regelungen im Urheberrechtsgesetz finden sich in den § 79 UrhG (für Rechte der Künstler) und § 85 UrhG (für Rechte der Tonträgerhersteller) in Verbindung mit den §§ 15–22 und 31 UrhG (zur Vertiefung bietet sich insbesondere das Handbuch der Musikwirtschaft von Moser/Scheuermann/Drücke an, dort insbesondere § 49 Rn. 82–92)

Bei den folgenden Fragen und ihren Antworten werden diese Unterteilungen und Präzisierungen nicht gesondert thematisiert. Sie können aber immer mitgedacht werden, denn wenn es um eine konkrete Lizenzierung geht, dann sollten sich die Rechteinhaber, die Lizenzen erteilen wollen, immer vergegenwärtigen, in welchem Umfang sie welche Rechte überhaupt lizenzieren wollen.

44. Ich arbeite als Künstler mit einem Produzenten zusammen. Habe ich damit bereits einen Vertrag abgeschlossen?

Wenn Künstler mit Produzenten an Aufnahmen werkeln, ohne dass in irgendeiner Form über einen Vertrag gesprochen worden ist, dann besteht auch noch kein Vertrag und es findet keine Übertragung von Rechten statt. Es gibt aber verschiedene Situationen, in denen eine Seite der anderen unterstellen könnte, einer Einräumung von Rechten zugestimmt zu haben. Die Konsequenz können Streitigkeiten über die Veröffentlichung, die Auswertung und insbesondere die Aufteilung der entstandenen Rechte und erzielten Einnahmen sein. Wer so etwas vermeiden will, sollte bereits in einem frühen Stadium darauf drängen, dass es klare und schriftlich dokumentierte Absprachen zwischen den Parteien gibt.

Denkbar ist, dass beide Seiten zusammenarbeiten und die Veröffentlichung von gemeinsam produzierten Aufnahmen anstreben. Wenn eine Seite mit Kenntnis der anderen Seite die Auswertungsverträge schließt, steht schnell die These im Raum, dass man sich doch einig gewesen sei, dass die andere Seite ihre Rechte eingeräumt habe, um die Veröffentlichung zu ermöglichen. Es ist kein Selbstgänger, aber auch nicht ausgeschlossen, dass eine solche Sichtweise Erfolg hat, wenn die andere Seite trotz Erkennen der Umstände nicht genug gegen den Eindruck tut. Ein klares Statement (schriftlich oder vor Zeugen) während der Vorbereitung, dass jegliche Zustimmung zur Veröffentlichung unter der Bedingung steht, dass vorher eine umfassende Vereinbarung zu Rechten, Zustimmungsrechten und Vergütung geschlossen wird, schafft hier Sicherheit.

Ähnlich auch der Fall, in dem Künstler mit professionellen Produzenten zusammenarbeiten und Letztere finanziell in die Aufnahme investieren, sei es in Form von Arbeitszeit, sei es mit der Buchung von Studios, sei es mit dem Abschluss von Verträgen mit weiteren Beteiligten. Auch hier gilt grundsätzlich, dass ohne Vertrag keine Übertragung von Rechten stattfindet. Aber die Gefahr der Behauptung einer konkludenten Rechteübertragung und Zustimmung zur Veröffentlichung steht im Raum und sollte durch entsprechende Klarstellungen aus dem Weg geräumt werden. Auch um möglichst zu Beginn zu klären, welche Erwartungen beide Seiten mit der Zusammenarbeit verbinden. Professionell tätige Produzenten werden Investitionen davon abhängig machen, welche Möglichkeiten der Auswertung des Produktionsergebnisses es gibt. Wenn Künstlern bewusst ist, dass Produzenten Kosten entstehen, kann es auch dazu kommen, dass die Produzenten die Erstattung der Kosten verlangen. All dies sollte durch eine klärende Übereinkunft zu Beginn der Zusammenarbeit geregelt werden.

a) Künstler und Verträge *(Max Göbl)*

45. Wie kommt ein Vertrag zustande?

Um die Zusammenarbeit auf rechtlicher Ebene besser einordnen zu können, macht es Sinn, an dieser Stelle ein paar sehr grundsätzliche Fragen zu Verträgen und Vertragsabschlüssen im Allgemeinen zu behandeln, um erst danach auf die besondere Beziehung zwischen Künstler und Produzent einzugehen. Oft kommt es vor, dass vorhandene Laienkenntnisse zu Missverständnissen führen, die ggf. mit ein paar Grundkenntnissen nicht entstehen würden. Auch hier gilt, dass wir uns auf einige wesentliche Eckpunkte beschränken.

Ein Vertrag besteht aus zwei übereinstimmenden, empfangsbedürftigen Willenserklärungen (Angebot und Annahme), §§ 145 ff. BGB. Bevor man jedoch über die Willenserklärung, die zu einem Vertrag führen kann, spricht, sollte man sich die möglichen Vertragspartner ansehen. Und abschließend macht es auch Sinn, einmal mit den gröbsten Fehleinschätzungen hinsichtlich Vertragsbeendigungen aufzuräumen.

Vertragspartner

- Minderjährige

Sofern es sich bei einem der Vertragspartner um einen Minderjährigen handelt, ergeben sich wegen des gesetzlichen Schutzes Minderjähriger für den jeweils anderen Vertragspartner oftmals Probleme, insbesondere wenn ein für den Minderjährigen nicht rein vorteilhaftes Rechtsgeschäft vorliegt oder eines, das er nicht von seinem Taschengeld (§ 110 BGB) bestreitet. Ein Minderjähriger bedarf für Vertragsabschlüsse nämlich grundsätzlich der Zustimmung seines gesetzlichen Vertreters (§ 107 BGB). Sofern dieser nicht zuvor in das Rechtsgeschäft eingewilligt hat, besteht die Möglichkeit, den Vertragsschluss des Minderjährigen nachträglich zu genehmigen (§ 108 Abs. 1 BGB). Lehnt der gesetzliche Vertreter dies jedoch ab, ist der Vertrag unwirksam. Eine Ausnahme ist gegeben, wenn der Minderjährige eine Willenserklärung abgibt, die für ihn lediglich einen rechtlichen Vorteil darstellt (§ 107 BGB): In diesen Fällen ist die Einwilligung des gesetzlichen Vertreters entbehrlich. Allerdings greift diese Regelung nur sehr selten, denn sämtliche Verträge, durch die ein Minderjähriger in irgendeiner Weise rechtlich verpflichtet wird, fallen nicht unter diese Ausnahmeregelung (vgl. Grüneberg/*Ellenberger*, § 107 Rn. 2). Der Klarstellung halber sollte nicht unerwähnt bleiben, dass sich diese Regelungen nur auf Minderjährige beziehen, die mindestens sieben Jahre alt sind. Jüngere Kinder sind geschäftsunfähig und können keine Verträge abschließen (§ 104 Nr. 1 BGB).

Zur Anschauung dienen folgende Beispiele: Kauft ein Minderjähriger sich von seinem wöchentlichen Taschengeld in Höhe von 5 EUR ein Comic-Heft zum Preis von 2 EUR, so ist dieser Vertragsschluss nach § 110 BGB wirksam, weil er sämtliche Kosten für das Heft durch Mittel bestreiten kann, die ihm von seinen Eltern zur freien Verfügung überlassen wurden, nämlich von seinem Taschengeld. Möchte der gleiche Minderjährige hingegen einen Mobilfunkvertrag abschließen, der eine Mindestlaufzeit hat und mit wiederkehrenden monatlichen Kosten von 50 EUR verbunden ist, so bedarf dies nach § 107 BGB der Einwilligung seines gesetzlichen Vertreters. Der Minderjährigenschutz bezieht sich jedoch nicht nur auf Kaufverträge, sondern auf sämtliche Verträge, durch die ein Minderjähriger rechtlich gebunden wird. Soll z. B. ein Lizenzvertrag mit einem Minderjährigen geschlossen werden, kann es – je nach Art und Weise des Vertrages und der Dauer der Bindung des Minderjährigen an seinen Vertragspartner – sogar sein, dass das entsprechende Rechtsgeschäft nur durch die Genehmigung eines (Familien-)Gerichts wirksam wird. Dies ist z. B. dann der Fall, wenn die im Vertrag vorgesehene Tätigkeit des Minderjährigen so ausgestaltet ist, dass sie als selbständiges Erwerbsgeschäft anzusehen ist (darunter ist grundsätzlich jede selbständige berufliche Tätigkeit zu verstehen, vgl. Grüneberg/*Ellenberger*, § 112 Rn. 3), § 112 BGB.

- Rechtspersonen

Sofern es sich bei einem der Partner um ein Unternehmen handelt, sollte der jeweils andere immer darauf achten, dass er mit dem richtigen Vertreter dieses Unternehmens verhandelt und abschließt. Bei einer GmbH etwa handelt es sich um eine sog. juristische Person, die in der Regel nur durch ihren Geschäftsführer wirksam nach außen hin vertreten wird.

Sofern auf der anderen Seite eine Gesellschaft bürgerlichen Rechts (nachfolgend „GbR") steht, ist jedes einzelne Mitglied dieser GbR als natürliche Person Vertragspartner (siehe Frage 65). Es ist dann auch für die Rechtssicherheit empfehlenswert, die Anschriften der einzelnen Personen zu haben und zusätzlich rechtswirksam, d. h. mit der Zustimmung aller, einen Geschäftsführer zu bestimmen.

Vertragsabschluss

- Schriftformerfordernis

Für den Vertragsabschluss reichen auch zwei mündliche Willenserklärungen aus. Ein Vertrag kann sogar ohne ausdrückliche Erklärungen allein durch schlüssiges Verhalten der Vertragspartner zustande kommen. Eine Schriftformerfordernis sieht das Bürgerliche Gesetzbuch nicht vor. Allerdings macht es gerade bei komplexen Vertragsgestaltungen Sinn, das Gewollte schriftlich festzuhalten. Speziell im Bereich der Übertragung von Nutzungsrechten wird es dem Lizenznehmer im Falle eines Streites ansonsten schwerfallen, die Einräumung der entsprechenden Rechte nachzuweisen. Gerade angesichts der möglichen Investitionen, Gewinne und Kostenrisiken, empfiehlt sich die schriftliche Fixierung bei den entsprechenden Fallgestaltungen.

- Freibleibendes Angebot

Gerade im Bereich der Musikwirtschaft begegnet einem häufig das Phänomen des sog. freibleibenden Angebots. Dabei handelt es sich um ein besonders nützliches Instrument, wenn der Anbietende etwa nicht selbst abschlussbefugt ist, aber die Verhandlung dennoch so weit wie möglich abschlussnah gestalten möchte. Gängige Beispiele sind hierfür etwa jüngere Artist & Repertoire Manager (A&Rs), die sich noch rückversichern müssen. Es kommt aber auch durchaus vor, dass sich Entscheidungsträger beispielsweise erst mit ihren Controllern und Rechtsberatern besprechen möchten. Hintergrund dieser Konstruktion ist, dass normalerweise bei Vorliegen eines tatsächlichen Angebots, die andere Seite dies sofort annehmen und damit einen Vertragsabschluss herbeiführen kann (§ 145 BGB). Das freibleibende Angebot hingegen löst diesen Mechanismus nicht aus, muss aber als solches gegenüber dem Partner gekennzeichnet werden. Auch aus dem Alltag kennen wir solche freibleibenden Angebote, die in der Rechtswissenschaft als sog. „invitatio ad offerendum" bekannt sind (vgl. Grüneberg/*Ellenberger*, § 145 Rn. 2):

- Einigkeit über wesentliche Elemente

Ein Vertrag kommt nur im Falle der Einigkeit beider Parteien über die wesentlichen Vertragselemente zustande (vgl. Grüneberg/*Ellenberger*, Einf. v. § 145 Rn. 3). Im Falle von Lizenzverträgen wären das regelmäßig Umfang, Dauer und Gegenstand der Rechteeinräumung und die Vergütung des Lizenzgebers.

46. Wie beendet man ein einmal abgeschlossenes Vertragsverhältnis?

Grundsätzlich gilt: Wenn ein Vertrag einmal abgeschlossen ist, kann er nicht einfach gekündigt werden, es sei denn, die Parteien haben etwas anderes vereinbart; in der Rechtswissenschaft sagt man dazu „pacta sunt servanda" – Verträge sind einzuhalten (vgl. Grüneberg/*Ellenberger*, Einf. v. § 145 Rn. 4a).

- Kündigung

Eine Kündigung bei Lizenzverträgen ist aufgrund der Rechtsnatur dieser Verträge nur in besonderen Fällen, etwa bei einem eklatanten Vertrauensbruch, bei Verweigerung der Zahlung der Lizenzen etc. denkbar (vgl. Grüneberg/*Grüneberg*, § 314 Rn. 7). Der Nachweis der Berechtigung zu einer solchen sog. „außerordentlichen Kündigung" kann jedoch schwierig sein.

- Anfechtung

In Einzelfällen ist es denkbar, das Rechtsgeschäft anzufechten. In diesem Fall geht es darum, den Vertrag aus der Welt zu schaffen und anders als bei der Kündigung nicht erst zu einem bestimmten Zeitpunkt zu beendigen. Dafür muss ein relevanter Irrtum bei dem Anfechtenden vorliegen.

47. Was für einen Vertrag schließen Produzent und Künstler normalerweise ab?

Es gibt zahlreiche verschiedene Konstellationen, die das Zusammenwirken von Künstler und Produzenten abbilden. Wir wollen hier die Grundmuster betrachten, um dann etwas Verständnis im Detail zu wecken. Sofern ein Künstler mit einem Produzenten zusammenarbeitet und die Parteien einen Auswertungsvertrag abschließen wollen, sind zwei Modelle die gängigsten, nämlich der sog. Künstlerexklusivvertrag (KEV) und die sog. Künstlerquittung, die nachfolgend dargestellt sind. Zur Veranschaulichung dient dabei die folgende Grafik:

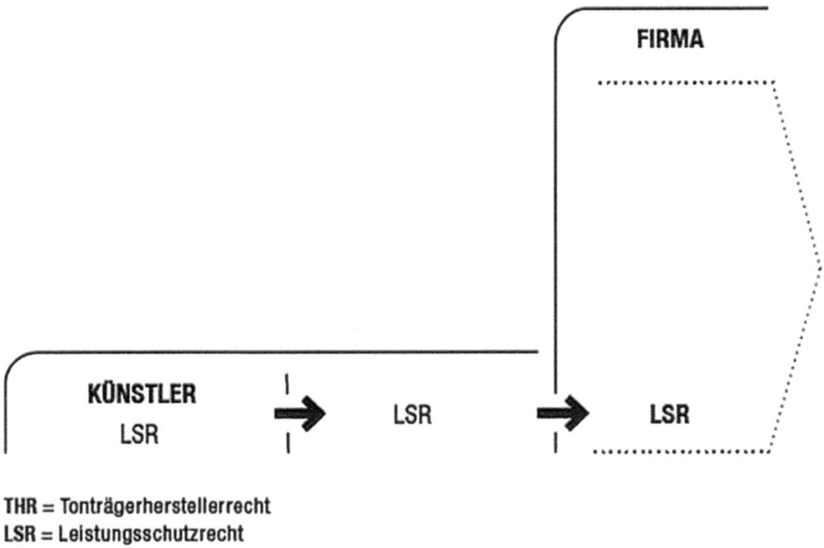

Abbildung 8: Darstellung Künstlerexklusivvertrag (KEV)

48. Was ist ein Künstlerexklusivvertrag (KEV)?

Bei diesem Vertrag handelt es sich um den Archetypus der musikwirtschaftlichen Verträge, über den die Darbietungen eines Künstlers wirtschaftlich bemessen und ausgewertet werden können.

Es handelt sich bei dem Künstlerexklusivvertrag (nachfolgend: „KEV“) um einen, wie der Name schon sagt, exklusiven Lizenzvertrag, mit dem der Künstler das exklusive Recht an den Lizenznehmer abtritt, seine Darbietungen aufzunehmen und die Nutzungsrechte seiner Leistungsschutzrechte gegen Lizenzbeteiligung auszuwerten (vgl. *Homann*, Praxishandbuch Musikrecht, S. 251 ff.). Auch muss der Künstler während der Vertragsdauer für Promotion der vertraglichen Produkte bereitstehen.

Beispiel:

Produzent P sagt Sängerin S, dass er in Verbindung mit einem Label stehe. Dieses sei an seinem geplanten Projekt „Medea“ interessiert. Für das Projekt stellt sich P die S als Sängerin vor. Er bietet S einen KEV an. S würde dann die von P komponierten und getexteten Lieder einsingen.

49. Was ist die Künstlerquittung?

Bei der sog. Künstlerquittung handelt es sich klassischerweise um einen nicht-exklusiven Künstlervertrag. Der Studiomusiker bindet sich nicht exklusiv an seinen Vertragspartner (Produzent), sondern lediglich für die vertragsrelevante Darbietung und deren Aufnahme. Die Rechteübertragung der Leistungsschutzrechte des Künstlers an den Produzenten erfolgt in einem solchen Fall grundsätzlich zeitlich, räumlich und inhaltlich unbeschränkt und häufig gegen eine einmalige pauschale Abgeltung des Künstlers. Der Künstler wird insofern nicht mit wiederkehrenden an den Abverkaufszahlen orientierten Lizenzzahlungen durch den Produzenten abgegolten. Selbstverständlich bleiben die Ansprüche des Künstlers gegenüber der GVL für die Zweitauswertungen seiner Darbietungen erhalten, sofern er dort Mitglied ist, und er erhält darüber entsprechende Zahlungen.

Wenn also ein Produzent für ein Projekt lediglich Instrumenteneinspielungen benötigt, bei denen nicht so wichtig ist, dass bestimmte oder besonders bekannte Instrumentalisten zum Einsatz kommen, da das Projekt z. B. in erster Linie über die Stimme der Frontfrau getragen wird, wird er einen unbekannteren Studiogitarristen engagieren, dem er eine branchenübliche Künstlerquittung anbietet.

50. Was wird im Künstlerexklusivvertrag alles geregelt?

Es macht Sinn, sich an dieser Stelle ein paar wesentliche Eckpunkte dieses Vertrages anzusehen.

In einem Künstlerexklusivvertrag überträgt der Künstler z. B. einer Musikfirma das Recht, seine Darbietungen aufnehmen und verwerten zu dürfen. Als Gegenleistung erhält der Künstler üblicherweise eine Beteiligung an den aus dem Verkauf seiner Aufnahmen erzielten Erlösen. Der Künstler ist also direkt an den Erlösen aus den Abverkäufen beteiligt. Besonderes Merkmal dieses Vertrages ist die persönliche Exklusivität, die beinhaltet, dass der Künstler während der Laufzeit des Vertrages für musikalische Darbietungen ausschließlich an den Vertragspartner gebunden ist und entsprechend nur für diesen tätig werden darf. Der Künstler entscheidet sich also für diesen einen Partner.

Die Vertragslaufzeit richtet sich häufig nicht nur nach Kalenderjahren, sondern nach einer bestimmten durch den Künstler einzuspielende Anzahl an Aufnahmen. Oftmals ist in einem Künstlerexklusivvertrag auch ein sog. Optionsrecht, meist für die Musikfirma, zur Vertragsverlängerung vorgesehen.

Nach Ende der Vertragslaufzeit darf die Musikfirma die Aufnahmen weiterhin für einen bestimmten Zeitraum verwerten, während es dem Künstler untersagt ist, die unter dem Vertrag aufgenommen Titel für einen bestimmten absehbaren Zeitraum anderweitig neu einzuspielen (sog. Titelexklusivität).

51. Was heißt Exklusivität?

Die Exklusivität beinhaltet drei verschiedene Aspekte, die persönliche Exklusivität, die Exklusivität an den vertraglichen Aufnahmen und die Titelexklusivität.

Durch die persönliche Exklusivität wird der Künstler dergestalt an seinen Vertragspartner gebunden, dass er nur für diesen künstlerisch im Bereich musikalischer Darbietungen tätig werden darf. Im Falle von Bands bezieht sich die Exklusivitätsbindung häufig auch auf Soloprojekte der einzelnen Bandmitglieder. Das bedeutet, dass z. B. der Sänger einer Band auch Soloalben nur für die Musikfirma aufnehmen darf, bei der die Band unter Vertrag ist.

Exklusivität an den vertraglichen Aufnahmen bedeutet, dass die Verwertungsrechte an diesen Aufnahmen ausschließlich dem Vertragspartner eingeräumt werden.

Die Titelexklusivität bezieht sich hingegen auf die unter einem bestimmten Vertrag aufgenommenen Musikstücke: Diese Musikstücke, d. h. die dahinterliegenden Werke, dürfen vom Künstler nicht noch einmal eingespielt werden. In der zeitlichen Dauer unterschieden sich die verschiedenen Arten der Exklusivitäten teils erheblich. Die persönliche Exklusivität ist meist auf den Zeitraum der Vertragslaufzeit beschränkt Die Titelexklusivität wird meist während der Vertragslaufzeit plus einem daran anschließendem Zeitraum (5–10 Jahre) vereinbart. Die Exklusivität an den vertraglichen Aufnahmen besteht meist solange wie die exklusiven Auswertungsrechte eingeräumt wurden.

52. Wie unterscheiden sich Künstlerexklusivvertrag und Künstlerquittung?

Während der Künstler durch den Exklusivvertrag für einen bestimmten Zeitraum persönlich an eine bestimmte Musikfirma gebunden ist und als Vergütung fortlaufend eine Beteiligung an den aus seinen Aufnahmen erzielten Erlösen erhält, wirkt der Künstler im Rahmen der Künstlerquittung an einem Projekt mit, ohne dabei fest an den Vertragspartner gebunden zu sein. Das bedeutet, dass er für sich die Freiheit behält, gleichzeitig für verschiedene Produzenten oder Tonträgerhersteller tätig zu sein. Eine Künstlerquittung sieht gerade keine längerfristige vertragliche Bindung vor, sondern ist nur projektbezogen: Die Pflichten des Künstlers beziehen sich nur auf eine bestimmte Aufnahme (eines oder mehrerer Titel), an der er mitwirkt. Anders als im Falle des Künstlerexklusivvertrags erhält der Künstler als Gegenleistung üblicherweise wie dargestellt keine Erlösbeteiligung, sondern eine Einmalzahlung, mit der alle Ansprüche gegenüber dem Vertragspartner abgegolten sind (vgl. *Fierdag*, in: Berger/Wündisch, Urhebervertragsrecht, § 21 Rn. 156). Die Gefahr bei eine Pauschalvergütung liegt in einem übermäßigen, nicht vorhergesehen Erfolg der Produktion was die Produzenten in die Gefahr einer Nachzahlungsverpflichtung bringt. Das UrhG sieht in den §§ 32 ff. Regelungen hinsichtlich einer angemessenen Vergütung vor. Ein bekanntes Beispiel hierfür war der Rechtsstreit des Kameramanns des Filmerfolgs „Das Boot" (BGH, Urt. v. 1.4.2021 – I ZR 9/18).

Vertiefung: Rechtsstreit wegen Nachvergütung für „Das Boot"

Seit dem Jahre 2008 führte der Kameramann Jost Vacano einen Rechtsstreit bezüglich eines Fairnessausgleichs gem. § 32a UrhG wegen des außerordentlichen Erfolgs des Films *Das Boot*. Die erste geltend gemachte Klage gegen die Produktionsgesellschaft Bavaria, die Verwerterin der Filmlizenzen EuroVideo und den WDR musste im Laufe der Jahre sogar mehrmals vom Landgericht München, sowie dem Oberlandesgericht München entschieden werden, nachdem ein Revisionsverfahren vor dem Bundesgerichtshof Erfolg gehabt hatte und somit die bis dahin ergangenen Urteile wieder aufgehoben wurden.

Schlussendlich entschied das Oberlandesgericht München im Dezember 2017 in dieser Sache zugunsten von Vacano. Ihm wurde die volle Summe in Höhe von etwa 600.000 EUR einschließlich entgangener Zinsen zugesprochen.

Obwohl der Rechtsstreit damit noch nicht vollständig beendet war, wird diese Revisionsentscheidung des BGH bereits als „Grundsatzurteil" betrachtet, von dem Kameraleute, Drehbuchautoren und Regisseure anderer Erfolgsfilme profitieren können.

Zu Beginn des Jahres 2022 kamen die Produktionsfirmen Bavaria Film und Eurovideo Medien mit Vacano überein, nach einem vierzehnjährigen Rechtsstreit weitere ca. 500.000 EUR für seine Arbeit als Kameramann beim Film *Das Boot* zu zahlen. Sie folgten damit Vacanos Argumentation, dass sein damaliges Honorar nicht angemessen war. Diese Einigung führte zu einer Beendigung der juristischen Auseinandersetzung.

53. Was ist eine Option?

Unter einer Option oder einem Optionsrecht versteht man die Möglichkeit, einen Vertrag durch einseitige Erklärung einer Partei zustande zu bringen oder zu verlängern (vgl. Grüneberg/*Ellenberger*, Einf. v. § 145 Rn. 23). Künstlerexklusivverträge werden regelmäßig für eine bestimmte Anzahl von Aufnahmen des Künstlers geschlossen (z. B. ein bis zwei Alben bzw. eine bestimmte Anzahl von Einzeltracks), die innerhalb eines festgelegten Zeitraums getätigt werden müssen. In den Verträgen ist für den Tonträgerhersteller meist die Option vorgesehen, die Laufzeit des Vertrages Vertrag um einen oder mehrere Optionszeiträume mit weiteren Anlieferungsverpflichtungen zu verlängern. Eine solche Option muss allerdings innerhalb eines bestimmten Zeitfensters ausgeübt werden, ansonsten verfällt sie. Dies dient auch dazu, dass die Künstler nicht einer zeitlich nicht mehr überschaubaren Laufzeit eines solchen Vertrages ausgesetzt sind.

Vertiefung:

Wie jeder Vertrag darf auch ein Künstlervertrag in seiner Reichweite nicht unbeschränkt sein. Wird der Künstler zu stark gebunden oder ist der Vertrag einseitig zu Gunsten des Lizenznehmers ausgestaltet, kann der Vertrag nach § 138 Abs. 1 BGB wegen Sittenwidrigkeit nichtig sein. So stellten die Gerichte in einem Rechtsstreit zwischen dem Sänger Xavier Naidoo und der Firma seines früheren Produzenten Moses Pelham in sämtlichen Instanzen fest, dass der zwischen den Beteiligten geschlossene Vertrag gegen die guten Sitten verstößt und deshalb nichtig ist, weil er den Künstler weitestgehend der Disposition des Unternehmens unterwerfe und Leistung und Gegenleistung in einem auffälligen Missverhältnis stünden (zuletzt: BVerfG, Beschl. vom 27.7.2005, 1 BvR 2501/04; OLG Karlsruhe, ZUM 2003, 785 ff.).

54. Zu was verpflichtet sich der Künstler im KEV genau?

Der KEV (siehe Frage 48) sieht diverse Anlieferungsverpflichtungen, Rechteübertragungen und die persönliche Einbindung des Künstlers in der Vermarktung der Produkte vor.

Die Parteien sollten auf Kosten der Musikfirma regeln, was genau der Künstler an Darbietungen leisten muss, also an welchen Vertragsaufnahmen er kreativ tätig werden soll.

- Festes Vertragsprodukt

Die Parteien einigen sich in der Regel dabei auf ein festes Vertragsprodukt. Das kann beispielsweise eine Single oder ein ganzes Album sein.

- Optionen

Sofern eine längere Zusammenarbeit geplant ist, macht es Sinn, sich auf optionale Produkte zu einigen. Das hat für den Künstler den Vorteil, dass die Zusammenarbeit möglicherweise fortgesetzt werden kann und für den Produzenten, dass sich seine Anfangsinvestitionen in das erste Produkt ggf. auf weitere Produkte verteilen lassen.

Die Anzahl der Optionen sollte festgehalten werden.

Beispiel: 1 weitere Single + 2 weitere Alben optional.

Zur Sicherheit beider Parteien sollte auch der Mechanismus der Ziehung der Optionen geklärt sein. Dazu gehört neben den finanziellen Regelungen auch die Frage der Optionsfrist, binnen derer der Vertragspartner die Option ziehen kann.

Beispiele:

- Ziehung der Option mittels eingeschriebenen Briefs, um den Zugang der Optionsausübung nachweisen zu können.
- Optionsfrist endet 12 Monate nach Veröffentlichung des vorangegangenen Vertragsprodukts.

Einige Verträge beinhalten die sog. „Deemed to be released“ Klauseln. Die Klausel dient dazu, den Veröffentlichungszeitpunkt des Vorprodukts im Zweifel konstruieren zu können und so mehr Rechtssicherheit für beide Parteien zu schaffen.

Klausel-Beispiel: Die Single gilt im Hinblick auf vertragliche Fristen spätestens 6 Monate nach Anlieferung beim Produzenten als veröffentlicht.

Zur Vertiefung: Homann, Praxishandbuch Musikrecht, 251 ff.

- Anlieferungsumfang

Im Rahmen des Anlieferungsumfangs legen die Parteien oft fest, wie das konkrete Vertragsprodukt auszusehen hat. Zu den dort geregelten Fragen zählen unter anderem die Anzahl der Titel, ggf. Instrumentals, Mixversionen und u.U. zusätzliche Produkte wie Versionen, die für die Auswertung auf Social Media-Plattformen geeignet sind.

55. Welche Rechte räumt die Künstler im KEV ein?

Hinsichtlich der Tonaufnahmen überträgt der Künstler dem Tonträgerhersteller seine Leistungsschutzrechte gemäß der §§ 77 ff., 79 Abs. 2, S. 2 i.V.m. § 31 UrhG. Zusätzlich werden Namensrechte im Zusammenhang mit der Auswertung der Bild- und/oder Tonaufnahmen und Rechte am eigenen Bild übertragen. In Künstlerverträgen werden nur in Einzelfällen ggf. Logos etc. übertragen.

Im Einzelnen:

- ausschließliche vs. einfache Nutzungsrechte

Grundsätzlich werden in einem KEV exklusive Nutzungsrechte eingeräumt. Nicht-exklusive Rechte sind bei Musiklizenzgeschäften nur bei Kopplungstonträgern (Compilations) oder bei der Vergabe zu sog. Synchronisationsrechten (z.B. für Film oder Werbung) relevant.

- räumlich

Die Nutzungsrechte werden in einem KEV in der Regel räumlich unbeschränkt eingeräumt. Das heißt, dass der Produzent in diesem Fall die mit den Darbietungen des Künstlers hergestellten Aufnahmen weltweit auswerten kann.

- zeitlich

In der Regel sieht ein KEV keine zeitlichen Auswertungsbeschränkungen vor. Die Ausgestaltung dieser Verträge ist selbstverständlich von Fall zu Fall unterschiedlich. Zeitlich unbeschränkte Auswertungsrechte bedeuten, dass der Produzent die mit den Darbietungen des Künstlers hergestellten Aufnahmen bis zum Ablauf der gesetzlichen Schutzdauer von 70 Jahren (bzw. 50 Jahren – denn die verlängerte Frist gilt erst für alle Aufnahmen, deren Schutz am 1.11.2013 noch nicht erloschen war) nach dem Erscheinen eines Bild- oder Tonträgers, § 82 S. 1 UrhG, bzw. bei Nichtveröffentlichung 50 Jahre nach der Darbietung, § 82 S. 2 UrhG exklusiv verwerten kann (siehe Frage 51). Nach Ablauf der Schutzdauer, bleibt dem Produzenten eine weitere Nutzung unbenommen, d. h. der Produzent kann die Aufnahmen weiter auswerten, aber der ursprünglich urheberrechtlich gewährte Schutz findet keine Anwendung mehr, d. h. auch Dritte können die Aufnahmen auswerten. Problematisch kann dabei aber (vor dem Hintergrund von Eigentums- und Künstlerpersönlichkeitsrechten) die Nutzung von Fotos oder bestehendem Artwork sein.

- inhaltlich

Grundsätzlich fallen alle unter dem Vertrag produzierten Aufnahmen unter die Regelungen des Vertrages. Das Gesetz sieht die Möglichkeit von sog. quantitativen und qualitativen/sachlichen Einschränkungen vor, die in einem KEV nur sehr eingeschränkt verwendet werden, weil dies in der Regel das Ziel der geplanten Auswertungen konterkariert.

Beispiele:

- Eine quantitative Einschränkung ist z. B. eine Auflagenzahlbeschränkung. Eine solche Regelung findet sich in einem KEV in der Regel nicht.
- Eine qualitative Einschränkung wäre etwa die Abspaltung von Nutzungsarten. Diese können theoretisch einzeln eingeräumt werden. Regelmäßig werden unter einem KEV jedoch alle bekannten und künftigen Nutzungsarten eingeräumt.

56. Räume ich als Künstler im KEV mehr ein als bloß die Nutzungsrechte?

Neben den Nutzungsrechten an den Aufnahmen räumt der Künstler den Musikfirmen in der Regel weitere Rechte ein:

- Erstveröffentlichungsrecht (§ 12 UrhG)

Wir wissen bereits aus dem oben Geschilderten, dass wir Urheberrechte und verwandte Schutzrechte (Leistungsschutzrechte) streng auseinanderhalten müssen (vgl. Frage 39). Bei dem Erstveröffentlichungsrecht handelt es sich darüber hinaus um ein sog. Urheberpersönlichkeitsrecht, wie wir bereits oben erfahren haben. Wir wissen auch bereits, dass sich der Urheber solcher Rechte nicht entäußern kann.

Wenn also ein solches Recht in einem KEV Erwähnung findet, mutet das wie ein Fremdkörper an. Der Hintergrund ist jedoch der Folgende: Sofern es sich bei einem Künstler, der mit dem KEV unter Vertrag genommen werden soll, zugleich um einen Komponisten/Texter handelt (Singer/Songwriter), steht ihm das vorgenannte Erstveröffentlichungsrecht zu. Er kann damit also im Zweifel eine Veröffentlichung seines Werks durch einen Dritten verhindern. Für diese Fälle sehen einige Künstlerverträge einen entsprechenden Passus vor, nach dem der Künstler von einer entsprechenden Geltendmachung seines Rechts absieht, bzw. der Erstveröffentlichung durch den Vertragspartner im Rahmen des Zumutbaren (Grenze: Urheberpersönlichkeitsrecht) zustimmt. Alles andere wäre auch für den Vertragspartner schlecht verständlich, da er im Zweifel in eben diese musikalische Umsetzung des Werks investiert hat und seine Investition nur durch die Veröffentlichung wieder erwirtschaften kann.

- Namensrechte, Rechte am Bild, ggf. Logos

Die wirtschaftliche Verwendung eines persönlichen Namens oder eines Künstlernamens, ebenso wie eine solche Verwendung persönlicher Bilder können nicht einfach von einem Vertragspartner vorgenommen werden. Er muss sich dafür die entsprechenden Rechte einräumen lassen. Dies geschieht regelmäßig in einem KEV, denn es macht oft wenig Sinn, über Ton- und/oder Bildtonaufnahmen zu verfügen, die man nicht mit den entsprechenden Künstlernamen und -bildern bewerben kann. Das gleiche gilt für etwaige Logos, die der Künstler ggf. schon länger verwendet. Alle vorgenannten Rechte werden in der Regel analog zu den Leistungsschutzrechten aber auch meist nur für die Dauer und im Zusammenhang mit der Auswertung oder für die Bewerbung der Ton- und/oder Bildtonaufnahmen eingeräumt.

Die Rechte des Künstlers an seinem persönlichen Namen sind in § 12 BGB festgelegt. Danach kann jeder Namensträger die unbefugte Verwendung seines Namens abwehren.

Die Rechte am eigenen Bild sind im Wesentlichen im Kunsturhebergesetz (KUG) in den §§ 22 ff. KUG geregelt. Da auch diese Rechte ihren Ursprung im allgemeinen Persönlichkeitsrecht haben, ist das

Recht zunächst ebenfalls ein Abwehrrecht. Das Gesetz sieht jedoch außerdem vor, dass das Recht am eigenen Bild ein Vermögensrecht und die Nutzung des Bildnisses der eigenen Person gegen Entgelt genehmigt werden können. Damit wird auch in diesem Bereich deutlich, dass das Gesetz sowohl ideelle als auch kommerzielle Interessen schützen will (Wandtke/Bullinger/*Fricke*, § 22 KUG Rn. 3, 4).

Vertiefung:

In der BGH-Entscheidung „Bob Dylan" ging es um die Frage, ob der Künstler es hinnehmen musste, dass sein Bildnis in einem CD-Einlegeblatt genutzt wurde. Die CD selbst, die einen Mitschnitt eines Konzertes des Musikers in den USA enthielt, wurde in Deutschland ohne seine Zustimmung vertrieben, was er jedoch aufgrund einer seinerzeit existenten urheberrechtlichen Schutzlücke hinnehmen musste. Bob Dylan gilt wegen seiner allgemeinen Bekanntheit als sog. absolute Person der Zeitgeschichte im Sinne des § 23 Abs. 1 Nr. 1 KUG, die ihre Abbildung grundsätzlich dulden muss, weil dadurch das Informationsinteresse der Öffentlichkeit befriedigt wird. In diesem Fall befand der BGH jedoch, dass ein als absolute Person der Zeitgeschichte anzusehender Künstler die Beifügung seines Bildnisses zu ohne seine Einwilligung vertriebenen Tonträgern mit seiner Musik auch dann nicht dulden müsse, wenn er sich gegen die Verbreitung der Tonträger als solche nicht wehren kann. Ansonsten würde die urheberrechtliche Schutzlücke in unzulässiger Weise auf das Recht am eigenen Bild erweitert (BGH, GRUR 1997, 125 ff.).

In einer anderen Entscheidung befasste sich das Landgericht München mit der Frage, ob die Rechte, die der Fotograf, der einen Künstler fotografiert hatte, nur für die Nutzung des Bildes als LP-Cover eingeräumt hatte, oder ob in der entsprechenden Rechteeinräumung die Nutzung für das Cover einer CD automatisch enthalten ist. Das Gericht war der Ansicht, dass es sich bei der Nutzung von Tonaufnahmen auf einer CD statt auf einer LP nicht um eine zusätzliche (technisch neue) Nutzung handele, sondern nur um lediglich um eine technisch neue Nutzungsvariante und gewissermaßen die Fortsetzung der LP. Insofern sei die Nutzung eines Fotos auf einem CD-Cover vom ursprünglichen Vertragszweck, nämlich der Nutzung für ein LP-Cover, gedeckt (LG München I, Urt. v. 6.5.2009 – 21 O 5302/09).

Die Rechte an einem Logo, das ein Künstler bereits im Vorfeld des Vertragsabschlusses genutzt hat, beispielsweise im Rahmen von Live-Auftritten etc. ergeben sich in der Regel aus § 5 MarkenG. Es handelt sich dann in der Regel um ein sog. Unternehmenskennzeichen, wenn nämlich der Künstler das Logo bereits im gewerblichen Umfeld genutzt hat. In selteneren Fällen hat der Künstler sein Logo auch bereits als Marke beim Deutschen Patent- und Markenamt angemeldet. In solchen Fällen liegt ein Markenschutz aus §§ 3, 4 MarkenG vor.

Vertiefung:

In der oben in Frage 31 abgewandelten Entscheidung des Landgerichts München ging es um die Frage der Rechte an der Bezeichnung „Anton aus Tirol". Der Unterhaltungskünstler DJ Ötzi, Interpret des Stückes „Anton aus Tirol" und dessen Manager, der Inhaber einer im Juli 2000 registrierten gleichlautenden Wortmarke war, waren gegen die Betreiber eines Oktoberfest-Zeltes vorgegangen. In dem Zelt war der aus Tirol stammende österreichische Staatsbürger Anton Harald Sch. ebenfalls unter der Bezeichnung „Anton aus Tirol" aufgetreten, wogegen DJ Ötzi und sein Manager sich mit einer einstweiligen Verfügung wehrten. Der Österreicher Anton Harald Sch. konnte jedoch darlegen, dass er unter der Bezeichnung „Anton aus Tirol" bereits vor dem Jahr 2000 in Deutschland aufgetreten war und auch CDs mit dem gleichlautenden Titel in Deutschland beworben worden waren. Das Gericht kam zu dem Ergebnis, dass diesem somit ältere Namensrechte zustünden, die sowohl gegenüber etwaigen Namensrechten des Interpreten DJ Ötzi als auch gegenüber der eingetragenen Marke „Anton aus Tirol" Priorität hätten. Entsprechend wurde die erwirkte einstweilige Verfügung aufgehoben (LG München I, ZUM 2001, 725 ff.)

Daneben existiert ein einprägsamer Fall zum Therma Namensrecht: Die Künstlergruppe Sportfreunde Stiller veröffentlichte ihre ersten Aufnahmen unter dem Namen „Stiller", wobei der Bandname in Anlehnung an ihren Fußballtrainer Hans Stiller gewählt wurde. Eine Hamburger Band mit demselben Namen (hergeleitet von dem Buch Stiller des Autors Max Frisch) konnte vor dem LG Hamburg ältere Namensrechte geltenden machen. Dies führte letztlich zu einem gerichtlichen Vergleich, nach dem sich die Münchner Band zukünftig „Sportfreunde Stiller" nennen sollten.

57. Wie lange bindet man sich durch einen KEV?

Der KEV – wie auch die meisten anderen Lizenzverträge – unterscheidet zwischen der Vertragsdauer und der Auswertungsdauer.

Diese Unterscheidung ist sehr wichtig und wird gerne übersehen.

Die **Vertragsdauer** endet regelmäßig nach einer von den Parteien zu bestimmenden Frist nach Veröffentlichung des letzten Produkts unter dem Vertrag. Während der **Vertragsdauer** ist der Künstler exklusiv an den Vertragspartner gebunden. Während der **Auswertungsdauer** hat der Vertragspartner des Künstlers das Recht, sämtliche unter dem Vertrag geschaffenen Aufnahmen exklusiv auszuwerten/auswerten zu lassen.

- **Vertragsdauer**

Die Vertragsdauer kann laufzeitbezogen oder produktbezogen ausgestaltet sein. Eine unbegrenzte Laufzeit ist nicht zulässig (vgl. § 40 UrhG).

Laufzeitbezogen bedeutet: Es werden Vertragsperioden mit Anlieferungsverpflichtungen für Aufnahmen pro Periode festgelegt.

Beispiel:

Feste Laufzeit 3 Jahre, Optionale Vertragsperioden jeweils 1 Jahr.

Produktbezogen bedeutet: Die Vertragsdauer endet binnen einer bestimmten Frist nach der Veröffentlichung des letzten Produkts unter dem Vertrag. Diese Regelung ist geläufiger.

Beispiel:

Vertragsdauer endet 12 Monate nach Veröffentlichung des letzten Produkts unter dem Vertrag. Auch hier wird regelmäßig eine Veröffentlichungsfiktion vereinbart, damit es nicht zu einer unangemessenen Verlängerung der Laufzeit des Vertrages kommt.

- **Auswertungsdauer**

Die Auswertungsdauer an den während der Vertragslaufzeit hergestellten Aufnahmen ist in der Regel unbeschränkt und läuft also bis zum Ende der gesetzlichen Schutzfrist nach § 82 UrhG.

Beispiel: Der Vertrag zwischen Künstler und Musikfirma ist beendet; die Musikfirma darf aber die unter dem Vertrag hergestellten Aufnahmen weiter exklusiv auswerten.

58. Was ist Exklusivität im KEV konkret?

Es bestehen drei verschiedene Arten von Exklusivität bei Auswertungsverträgen (siehe Frage 51). Bei Künstlerverträgen ist die sog. Aufnahmeexklusivität nicht von Relevanz, sie wird hier allerdings der Vollständigkeit halber bereits erwähnt.

- Aufnahmeexklusivität

Diese Art der Exklusivität ist relevant bei Verträgen zwischen künstlerischen Produzenten und auswertenden Firmen. Es handelt sich dabei um eine Regel, nach der unter dem Vertrag gefertigte Aufnahmen während der Auswertungsdauer nicht an Dritte zur Auswertung weitergegeben werden dürfen.

- Persönliche Exklusivität

Der Künstler ist während der Vertragsdauer exklusiv an den Vertragspartner gebunden. Diese Exklusivität umfasst regelmäßig sämtliches (künstlerisches Wirken des Künstlers hinsichtlich musikalischer Darbietungen, also für sämtliche Ton- und/oder Bildtonaufnahmen. Hintergrund dieser Bindung ist, dass der Künstler über die Vergütungsregelungen im Rahmen des Vertrages abgegolten wird, dauerhaft an der Auswertung partizipiert und der Produzent sich über die alleinige Verfügung über die Leistungen des Künstlers eine profitable Auswertung absichern will.

Beispiel 1:

Ein Künstler ist nicht nur Sänger, sondern auch Schauspieler und Synchronsprecher. Typischerweise werden solche Tätigkeiten von der Exklusivität im Rahmen eines auf Musikaufnahmen ausgerichteten Vertrages ausgenommen. Die Bindung des Künstlers soll sich nicht auf alle Bereiche seines darbietenden Handelns erstrecken. Allerdings wird beispielsweise der Gesangs-Auftritt des Künstlers im Rahmen einer TV-Show noch unter die Exklusivität fallen.

Beispiel 2:

Ein Künstler hat einen KEV mit einem Produzenten abgeschlossen. Unter dem Vertrag hat er eine Single eingesungen. Weitere eingeräumte Optionen hat der Produzent nicht gezogen. Die Single wurde vor 6 Monaten veröffentlicht. Die Vertragsdauer war im Falle lediglich einer Single auf 6 Monate nach Veröffentlichung des Produkts festgesetzt. Der Künstler hat inzwischen ein Angebot von einem anderen Produzenten über die Zusammenarbeit bei einer neuen Tonaufnahme. Er nimmt das Angebot an, weil er nicht mehr exklusiv an den ursprünglichen Produzenten gebunden ist. Dieser darf jedoch selbstverständlich die Single weiter bis zum Ablauf der Auswertungsdauer auswerten.

Beispiel 3:

Die gleiche Konstellation wie in Beispiel 1 oben. Allerdings wurde die Single erst vor 4 Monaten veröffentlicht. Der Künstler, der „sich in Rechtsdingen nicht so auskennt“, nimmt das Angebot des neuen Produzenten an und dieser veröffentlicht sofort die Aufnahme.

Der ursprüngliche Produzent kann sowohl gegen den Künstler als auch gegen dessen neuen Vertragspartner auf Unterlassen, Auskunft und Schadensersatz vorgehen.

Beispiel 4:

Der Künstler ist Studiomusiker und wird von verschiedenen Produzenten wegen der Einspielung jeweils einer Tonaufnahme angefragt.

Der Studiomusiker darf für alle Produzenten im gleichen Zeitraum tätig werden, da er bei jedem Produzenten lediglich eine Künstlerquittung unterzeichnet, die keine persönliche Exklusivität vorsieht.

- Titelexklusivität

In der Regel darf der Künstler während der Auswertungsdauer die vertragsgegenständlichen Aufnahmen nicht erneut aufnehmen und Dritten zur Auswertung anbieten. Die Titelexklusivität ist auch als sog. „Re-Recording restriction“ bekannt. Hintergrund der Regelung ist, dass der Vertragspartner ggf. nicht nur in die Aufnahme selbst, sondern auch in deren Vermarktung investiert hat. Er möchte daher dafür sorgen, dass es nach Ablauf der Vertragslaufzeit keine Trittbrettfahrer gibt, die mit „seinem“ Künstler auf der Welle des Erfolgs des u. a. von ihm etablierten Produkts reiten. In der Praxis werden entsprechende Probleme oft durch die Gewährung einer geringfügigen Beteiligung („Override“) für den ursprünglichen Vermarkter als Gegenleistung für die Freistellung von der Titelexklusivität gelöst.

Vertiefung:

In dem vom BGH entschiedenen Fall „Titelexklusivität“ hatte sich eine Band schadensersatzpflichtig gemacht, weil sie eine Vertragsbestimmung zur Titelexklusivität verletzt hatte. Die Band hatte in einem Vertrag mit einer Musikfirma, der von 1990 bis 1993 lief, vereinbart, dass es ihr auch nach Ende der Vertragslaufzeit innerhalb eines Zeitraums von 10 Jahren untersagt ist, die während der Laufzeit aufgenommenen Titel neu einzuspielen und von einem Dritten auswerten zu lassen. Im Jahre 1996 ließ die Band ein Konzert auf eigene Kosten mitschneiden. Die daraus entstandene Live-CD, auf der 9 von insgesamt 27 Titeln ursprünglich unter dem alten Vertrag eingespielt worden waren, wurde vom neuen Vertragspartner der Band ab Mitte 1997 vertrieben. Dagegen hatte die alte Musikfirma geklagt und der BGH gestand ihr einen Schadensersatzanspruch wegen Vertragsverletzung zu (BGH, GRUR 2002, 795 ff.).

59. Wie wird der Künstler im Rahmen eines KEV vergütet?

Der Künstler erhält als Vertragspartner eines KEV eine Umsatzbeteiligung, auch Lizenzbeteiligung genannt. In der Regel wird dem Künstler zunächst eine Vorauszahlung auf diese Umsatzbeteiligung gezahlt. Wir wollen uns die Einzelheiten hinsichtlich der Umsatzbeteiligung ansehen.

Bei der Feststellung der tatsächlichen Umsatzbeteiligung muss zwischen 3 wesentlichen Elementen unterschieden werden:

- Lizenz- oder Umsatzbeteiligung

Die Lizenz- oder Umsatzbeteiligung ist die prozentuale Beteiligung des Künstlers am Umsatz. Die prozentuale Höhe divergiert stark je nach Auswerter und nach Bekanntheit des Künstlers.

Beispiel:

Ein Produzent schließt mit einem Künstler einen KEV ab. Der Künstler ist ein Newcomer. Die prozentuale Beteiligung wird auf 7 Prozent festgesetzt.

Vereinzelt kommt es vor, dass dem Künstler eine Staffellizenz eingeräumt wird. Dabei handelt es sich um eine Bonusvergütung für besonders erfolgreiche Veröffentlichungen.

Beispiel:

In dem vorgenannten Beispiel vereinbaren Künstler und Produzent, dass K bei einem Verkauf von mehr als 10.000 physischen CDs eine Beteiligung von 7,5 Prozent erhalten soll, bei einem Verkauf von mehr als 30.000 physischer CDs 8,5 Prozent.

Da inzwischen der Großteil der Umsätze durch digitale Auswertungen, vor allem Audio- und Videostreaming erwirtschaftet werden, gibt es verschiedene Möglichkeiten diese Umsätze in die Berechnung einer sog. „Erfolgsstaffel“ zu berücksichtigen:

Entweder ab dem Vorliegen einer bestimmten Anzahl von Streams (hier kann man noch zwischen Premium-Streams, also tatsächlich vom Konsumenten bezahlten Streams oder Ad-Supported Streams, also Streams welche durch die Einspielung von Werbung finanziert werden, unterscheiden.

Beispiel:

Lizenzerhöhung um plus 1 Prozent für Track X bei Vorliegen von 100 Millionen Premium Streams dieses Tracks. 10 Ad-Supported Streams zählen dabei als ein Premium Stream.

Dabei können aber oft gegenüber dem Auswerter pauschal abgegoltene Umsätze (wie z. B. Tik Tok oder Instagram) nicht entsprechend berücksichtigt werden, sodass man auch erhöhte Beteiligungen bei Vorliegenden von gewissen Gesamt-Umsatzzahlen gewährt.

Beispiel:

Lizenzerhöhung um plus 1 Prozent für Track X bei Vorliegen eines Gesamtumsatzes von 500.000 EUR für Track x.

Die Regelungen eines KEV zur Abrechnungshöhe können daneben noch weitere Definitionen berücksichtigen. Es kann beispielsweise eine separate Lizenz für Verwertungen im Ausland geregelt sein. Es können Reduzierungen wegen TV-Bewerbung vorhanden sein, wegen Abgabe der Produkte zu sog. „Midprice"- oder „Lowprice"-Konditionen an den Handel oder wegen Abgabe der Produkte an einen Club. Natürlich kann man sich die Frage stellen, weshalb solche Reduktionen überhaupt nötig sind und man nicht lieber eine einfache und feststehende Summe verwendet. Eine Anpassung der Beteiligung ist jedoch flexibler: In der heutigen wirtschaftlichen Landschaft der Musikverwertung müssen die Auswerter in der Lage sein, auf die immer schneller werdenden Zyklen und Strömungen zu reagieren. Es kann beispielsweise sein, dass es in einem Monat erforderlich ist, eine große TV-Kampagne für das Künstlerprodukt zu schalten – in diesem Zeitraum wird die Lizenz des Künstlers verringert, da der Künstler auch durch die ggf. höheren Abverkäufe profitiert – dann wieder wird es vielleicht schnell erforderlich, Produkte an einen besonderen Vertriebsweg abzugeben; auch hier folgen vordefinierte Anpassungen der Lizenz. Diese Feststellung gilt überwiegend noch für die physische Auswertung. Bei der digitalen Auswertung geht der Trend dagegen in die Richtung einer einheitlichen Lizenzbeteiligung, auch aus Praktikabilitätsgründen, da die Auswertungsformen in diesem Bereich sehr stark divergieren.

- Abrechnungsbasis

Unter der Abrechnungsbasis versteht man in der Regel die tatsächliche Geldsumme, an der die prozentuale Umsatzbeteiligung bemessen wird. Das ist für den physischen Bereich in der Regel der jeweilige sog. Händlerabgabepreis (nachfolgend: „HAP“), also der Abgabepreis an den Handel.

Von der Abrechnungsbasis abgezogen werden allerdings regelmäßig noch die Herstellungskosten der Produkte (sog. Technikkosten) und natürlich produktfremde Geldanteile, wie beispielsweise die Mehrwertsteuer.

Im digitalen Bereich werden als Abrechnungsbasis meist die Netto-Erlöse, welche an der jeweiligen Quelle entstehen, herangezogen. Dies meint den Betrag den der Rechteinhaber von dem Auswerter (Streaming-Dienst) „at source“ („an der Quelle“) tatsächlich erhält.

- Abrechnungsmenge

Bei der Abrechnungsmenge schließlich wird genau definiert, auf welche Menge abgegebener Produkte eine Lizenz zu zahlen ist.

Dabei macht es Sinn, das Vertriebssystem bei physischen CDs zu betrachten. In der Regel haben die Händler, die die Produkte vom Tonträgerhersteller abnehmen und an Endkunden verkaufen, ein Retourenrecht. Bis zu einer gewissen Prozentzahl dürfen diese Händler dann innerhalb eines genau bestimmten Zeitraums nicht verkaufte Produkte wieder an den Tonträgerhersteller retournieren und erhalten ihr Geld zurück. Solche retournierten Produkte sind aber konsequenterweise auch nicht Gegenstand der Lizenz des Künstlers – also dessen Beteiligung am Abverkauf. Sie werden aus der Abrechnungsmenge herausgerechnet.

Ein weiteres Beispiel sind sog. Promotiontonträger. Dabei handelt es sich beispielsweise um CDs, die an Journalisten oder Radiosender abgegeben werden. Solche Produkte können ebenfalls nicht Gegenstand einer Künstlerlizenz sein, weil sie kostenlos abgegeben werden und in erster Linie der Steigerung des Abverkaufs dienen sollen. An diesem profitieren dann alle Parteien des KEV. Promotiontonträger werden ebenfalls in der Regel aus der Abrechnungsmenge herausgerechnet.

Im digitalen Bereich haben sich diese Thematiken faktisch weitestgehend erledigt. Allerdings ergibt sich durch die Bezugnahme der Lizenzen auf die von den Streaming-Diensten ausgezahlten Erlöse eine andere Thematik, da die Höhe der an die Rechteinhaber ausgekehrten Erlöse vielfach als zu niedrig oder „unfair aufgeteilt“ kritisiert wird.

Vertiefung:

Das Urheberrechtsgesetz sieht hinsichtlich der Vergütung Schutzmechanismen vor, damit gewisse Grundstandards nicht unterschritten werden. Künstlern und Urhebern wird nach § 32 UrhG ein Anspruch auf angemessene Vergütung zugestanden. Vereinfacht wollen wir an dieser Stelle nur von dem Künstler (und nicht dem Urheber) sprechen. Insbesondere hat nach der Vorschrift der Künstler das Recht, im Zweifel eine Vertragsanpassung zu verlangen, § 32 Abs. 1, S. 3 UrhG. Was unangemessen ist, entscheidet sich nach § 32 Abs. 2 UrhG. Danach versucht man zunächst anhand möglicherweise vorliegender tarifvertraglicher oder gemeinsamer Vergütungsregeln einen Vergleich zu finden. Im Zweifel muss die sog. „redliche Branchenübung" als Maßstab herhalten oder die Gerichte müssen je nach Einzelfallbetrachtung entscheiden (Wandtke/Bullinger/*Wandtke*, § 32 Rn. 32 ff.).

Ein Beispiel aus der jüngeren Rechtsprechung, welches jedoch nicht aus der Musikbranche stammt:

Der BGH hat in seinem Urteil vom 7.10.2009 (Aktenzeichen I ZR 38/07) entschieden, dass die Übersetzer am Erfolg eines von ihnen übersetzten Werkes zu beteiligen sind.

Die Klägerin, eine Übersetzerin, begehrte in dem Verfahren die Anpassung des ursprünglich geschlossenen Übersetzungsvertrags nach § 32 UrhG. Übersetzungen stellen selbständige, dem UrhG unterliegende Bearbeitungen der Werke eines anderen dar. Die wirtschaftliche Nutzung ihrer Urheberrechte an der Übersetzung hatte die Klägerin im Wege eines Buy-Out Vertrages an den Verlag übertragen. Der BGH entschied, dass das von den Parteien zur Abgeltung sämtlicher Rechte vereinbarte Pauschalhonorar von etwa 15 EUR je Seite zum Zeitpunkt des Vertragsschlusses zwar branchenüblich gewesen sei. Die fehlende Beteiligung der Übersetzerin am Erfolg des Werkes sei im Grundsatz jedoch unangemessen, weil sie das berechtigte Interesse der Klägerin nicht wahre, an jeder wirtschaftlichen Nutzung ihrer Werke beteiligt zu werden. Zum Zeitpunkt des Vertragsschlusses sei nicht absehbar gewesen, dass die Übersetzung bis zum Erlöschen des Urheberrechts siebzig Jahre nach dem Tode der Klägerin (§ 64 UrhG) nur in einem Umfang genutzt werde, der dem vereinbarten Pauschalhonorar angemessen sei.

Diese Rechtsprechung hat der BGH in seiner Entscheidung vom 20.01.2011 (Aktenzeichen I ZR 19/09) bestätigt, wonach der Übersetzer eines belletristischen Werkes oder Sachbuches, dem für die umfassende Einräumung sämtlicher Nutzungsrechte an seiner Übersetzung lediglich ein für sich genommen übliches und angemessenes Seitenhonorar zugesagt wurde, daneben ab einer bestimmten Auflagenhöhe am Erlös der verkauften Bücher prozentual zu beteiligen ist.

An dieser Stelle wollen wir uns noch einmal den Unterschied zu den sog. Künstlerquittungen vergegenwärtigen (siehe Frage 49). Wegen der nicht-exklusiven Bindung und der Erbringung der Leistung eines Studiomusikers für lediglich ein Projekt, wird hier eine Pauschalabgeltung in der Regel unproblematisch sein.

60. Was genau ist eine Vorauszahlung?

Der Künstler erhält in der Regel eine mit allen Umsatzbeteiligungen verrechenbare Vorauszahlung, die im Falle ordnungsgemäßer Vertragserfüllung nicht rückzahlbar ist. In der Regel sind alle Vorauszahlungen mit allen Umsatzbeteiligungen verrechenbar.

Beispiel:

Der Künstler erhält unter seinem KEV mit dem Produzenten eine Vorauszahlung in Höhe von 5.000 EUR für die erste Single und dann nach Optionsziehung weitere 15.000 EUR für das erste Album. Die Fälligkeiten der Vorauszahlungen richten sich dabei meist nach dem Produktionsstand, d. h. oftmals wird 50 Prozent der vereinbarten Vorauszahlung bei nachgewiesenem Produktionsbeginn der relevanten Aufnahmen und 50 Prozent mit Fertigstellung oder Abnahme der vereinbarten Anzahl an Aufnahmen fällig.

Die Umsatzbeteiligungen des Künstlers unter dem Vertrag sowohl für die Abverkäufe der Single wie auch des Albums sind vollständig gegen beide Vorauszahlungen (quer)verrechenbar, d. h. es können z. B. Einnahmen aus dem Verkauf des Albums mit dem Vorschuss für die Single verrechnet werden.

Die auswertende Firma führt für den Künstler in der Regel ein sog. Lizenzkonto und erstellt in regelmäßigen Zyklen (meist ½-jährlich) Abrechnungen für den Künstler.

Beispiel:

In dem obigen Beispielsfall sind die Fälligkeitsregelungen hinsichtlich des Vorschusses in dem Vertrag zwischen Künstler und Produzent wie folgt gestaffelt:

Single: 50 Prozent mit Unterzeichnung des Vertrages und weitere 50 Prozent nach Fertigstellung oder Abnahme der Aufnahmen.

Options-Alben: 33,33 Prozent unmittelbar nach Optionsziehung, 33,33 Prozent bei Produktionsbeginn, 33,33 Prozent mit Fertigstellung oder Abnahme der Aufnahmen.

61. Was bedeutet es für eine Künstler, dass sie für Promotion zur Verfügung stehen muss?

Die üblichen KEV beinhalten regelmäßig klare Regelungen hinsichtlich der Promotion-Anforderungen an den Künstler. Eine der wesentlichsten Aufgaben des Künstlers kann es sein, auch im Markt für sein eigenes Produkt bzw. in einem gewissen Sinne selbst als Produkt wahrgenommen zu werden. Es ist in der Regel im Interesse des Künstlers, sein Produkt bekannt zu machen, da er an den Abverkäufen partizipiert. Die Möglichkeiten der Promotion sind vielfältig und sollen dabei in angemessenem Umfang stattfinden. Klassische Möglichkeiten der Promotion sind noch immer Radio und TV-Auftritte, bzw. ein entsprechendes Engagement im Internet vor allem im Social Media Bereich. Letzteres gewinnt immer mehr an Bedeutung und ein entsprechendes Engagement seitens des Künstlers ist inzwischen unabdingbar.

Senderechtsverträge

Für die Mitwirkung an Promotionauftritten bei Radio- und TV-Sendern werden zwischen dem ausstrahlenden Sender und dem über den KEV mit dem Künstler verbundenen Vertragspartner sog. „Senderechtsverträge" direkt abgeschlossen.

Beispiel:

Ein Künstler hat einen KEV mit einem Tonträgerhersteller abgeschlossen. Ein TV-Sender möchte, dass der Künstler in einer seiner Sendungen live auftritt.

In der Regel sehen die KEV eine entsprechende Ermächtigung des Tonträgerherstellers vor. Denn bei dem Auftritt z. B. in einer TV-Show und deren Aufnahme handelt es sich strenggenommen in der Regel nicht um Aufnahmen, die im Rahmen des KEV klassischerweise vereinbart sind. Betroffen sind bei der neuen Darbietung neu entstehende Leistungsschutzrechte des Künstlers, die von dem Tonträgerhersteller an den TV-Sender zur TV-Ausstrahlung übertragen werden. Der TV-Sender muss allerdings in der Regel die Rechte der Künstlers wegen separater Interviews oder Fotos von dem Künstler bei diesem oder seinem Management direkt anfragen, weil solche Rechte oft nicht von der Ermächtigung des Tonträgerherstellers im Rahmen des KEV erfasst sind.

Vergütung für Promotion-Auftritte

Zusätzliche Vergütungen an den Künstler für Promotion-Auftritte werden selten gezahlt, auch weil die Kosten meist die erhaltenen Vergütungen übersteigen.

Beispiel:

In dem obigen Beispiel erhält der Tonträgerhersteller 1.000 EUR für den Auftritt des Künstlers in der TV-Sendung. Er bezahlt jedoch für Anreise, Unterkunft und Verpflegung des Künstlers Kosten in Höhe von 1.100 EUR Es stellt sich die Frage, ob der Künstler an den 1.000 EUR beteiligt wird.

In der Regel werden von der Firma, die den Künstler bereitstellt, Anreise, Unterkunft und Verpflegung des Künstlers bzw. der Band gezahlt. Oft erhalten die Firmen dabei keinerlei Aufwandsentschädigungen von den Promotion-Plattformen, wie z.B. dem TV-Sender. Sofern eine solche gezahlt wird, wird diese wie im Beispielsfall zumeist durch die Kosten für Anreise, Unterkunft und Verpflegung des Künstlers aufgebraucht, bzw. meist überschritten. In Folge wird der Künstler nicht an den 1.000 EUR beteiligt, ihm entstehen andererseits aber auch keine Ausgaben durch den Auftritt.

b) Die GVL – Gesellschaft zur Verwertung von Leistungsschutzrechten *(Burkhard Sehm)*

62. Was ist eigentlich die GVL?

Die GVL, die Gesellschaft zur Verwertung von Leistungsschutzrechten mbH, nimmt als Verwertungsgesellschaft treuhänderisch und kollektiv bestimmte Rechte der ausübenden Künstler, Tonträgerhersteller und Veranstalter wahr. Hierzu gehören unter anderem das Recht zur Sendung erschienener Tonträger oder das Recht der öffentlichen Wiedergabe oder der Privatkopie. Nicht von der GVL kollektiv wahrgenommene Rechte werden von den Rechteinhabern in der Regel individuell lizenziert. Zu den Berechtigten der GVL im Musikbereich gehören insbesondere Musiker (Instrumentalisten, Sänger, Dirigenten, künstlerische Produzenten) und Tonträgerhersteller (Majors und Indies). Im Wortbereich vertritt die GVL die Rechte der Schauspieler, Synchronschauspieler sowie der Wort- und Theaterregisseure.

Derzeit sind etwa 170.000 ausübende Künstler und etwa 15.000 Hersteller durch einen direkten Wahrnehmungsvertrag mit der GVL verbunden. Unter Einbeziehung der Mitglieder von ausländischen Schwestergesellschaften, mit denen die GVL Repräsentationsvereinbarungen unterhält, vertritt die GVL über eine Million Rechteinhaber gegenüber ihren Nutzern und kann diesen damit für die vertretenen Rechte Zugang zum Weltrepertoire aus einer Hand verschaffen. Gleichzeitig räumt die GVL ihren ausländischen Schwestergesellschaften die Rechte ihrer direkt angeschlossenen Wahrnehmungsberechtigten ein.

Die GVL wurde 1959 gegründet und ist als GmbH organisiert. Ihre Gesellschafter sind die unisono Deutsche Musik- und Orchestervereinigung e. V., der Bundesverband Musikindustrie e. V. (BVMI), der Bundesverband Schauspiel BFFS e. V. und der Verband Unabhängiger Musikunternehmer*innen e. V. (VUT).

Rechtlicher Rahmen

Den Rechtsrahmen für die Tätigkeit der GVL bilden in erster Linie das Urheberrechtsgesetz und das Verwertungsgesellschaftengesetz. Dabei bestimmt das Urheberrechtsgesetz unter anderem die Voraussetzungen für die Entstehung von Leistungsschutzrechten, die den Rechteinhabern zufallenden Verwertungsrechte und weist bestimmte Verwertungsarten der kollektiven Rechteverwertung zu.

Das Verwertungsgesellschaftengesetz setzt die Rahmenbedingungen für die Tätigkeit von Verwertungsgesellschaften und stellt sicher, dass die Rechtewahrnehmung effektiv, zu wirtschaftlich angemessenen Bedingungen, willkürfrei, zuverlässig und transparent stattfindet.

Das Verwertungsgesellschaftengesetz regelt dabei sowohl das Verhältnis der Verwertungsgesellschaften zu ihren Berechtigten als auch zu den Nutzern. So sieht das Gesetz einen Wahrnehmungszwang gegenüber Rechteinhabern und einen Kontrahierungszwang gegenüber Nutzern vor (sog. doppelter Kontrahierungszwang). Auch werden die Gremienstruktur von Verwertungsgesellschaften, Mitwirkungsrechte an Entscheidungen und auch Pflichten der Berechtigten im Zusammenhang mit der Wahrnehmung der Rechte sowie Transparenzpflichten geregelt. Ebenso trifft das Gesetz Regelungen zur Aufstellung von Verteilungsplänen und zur Durchführung von Verteilungen. In Bezug auf die Nutzer setzt das Gesetz unter anderem den Rahmen für die Aufstellung von Tarifen und die Verhandlung von Gesamtverträgen mit Nutzerverbänden. Der Rahmen der Tätigkeit der GVL ist somit weitgehend reglementiert. Die GVL steht unter der Aufsicht des Deutschen Patent- und Markenamts.

Organisation und Gremien

In der Gremienstruktur der GVL, die die Mitwirkung der Berechtigten sicherstellt, ist die Gesellschafter- und Delegiertenversammlung zentrales Entscheidungsgremium. Hier versammeln sich mindestens einmal, in der Regel aber zweimal jährlich die derzeit vier Gesellschaftervertreter und 22 Delegierten der GVL.

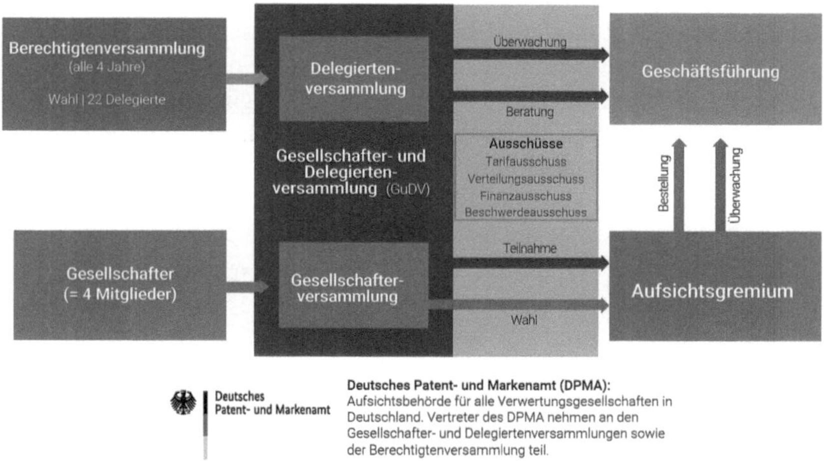

Abbildung 9: Die Gremien der GVL (Quelle: GVL)
Beschreibung: Die Grafik stellt die Gremien und Aufsicht der GVL dar.

Die Delegierten werden mindestens alle vier Jahre von den Berechtigten in 15 berufsbildspezifischen Gruppenversammlungen gewählt (z. B. Instrumentalsolisten, Studiomusiker, Schauspieler, Tonträgerhersteller, Veranstalter). Durch die Besetzung der Delegiertenpositionen aus jeder Berechtigtengruppe wird sichergestellt, dass die vielschichtigen Interessen aller Berechtigtengruppen in der Gesellschafter- und Delegiertenversammlung repräsentativ abgebildet sind und berücksichtigt werden. Die Gesellschafter- und Delegiertenversammlung trifft unter anderem Entscheidungen über die Ausgestaltung der Verteilungspläne, die Wahrnehmungsbedingungen und die wahrzunehmenden Rechte. Angesichts der Vielzahl der von der Gesellschafter- und Delegiertenversammlung zu behandelnden, mitunter komplexen Themen kann sie zur Vorbereitung von Entscheidungen Ausschüsse aus Berechtigten, Vertretern von Berechtigten und Delegierten einsetzen. Regelmäßig tagen so der Tarifausschuss, der Finanzausschuss und der Verteilungsausschuss.

63. Welche Aufgabe hat die GVL?

Die Aufgabe der GVL konzentriert sich in erster Linie auf die Wahrnehmung sogenannter Zweitverwertungsrechte. Während Künstler und Tonträgerhersteller ihre Erstverwertungsrechte – etwa das ausschließliche Recht an der Aufnahme einer künstlerischen Darbietung und an der Vervielfältigung und Verbreitung eines Tonträgers oder deren öffentliche Zugänglichmachung – selbst gegenüber ihren Vertragspartnern ausüben, sieht der Gesetzgeber für bestimmte Verwertungsarten die Wahrnehmung der Vergütungsansprüche und Rechte durch eine Verwertungsgesellschaft vor. Hierunter fallen im Bereich der Leistungsschutzrechte insbesondere die Ansprüche für die Sendung erschienener Tonträger, deren öffentliche Wiedergabe oder private Vervielfältigung. Diese Rechte nimmt die GVL treuhänderisch für die ihr angeschlossenen Berechtigten gegenüber den Nutzern kollektiv wahr. Über die gesetzlichen Vergütungsansprüche hinaus vertritt die GVL auch bestimmte Ausschließlichkeitsrechte wie etwa das Einstellen von Inhalten in Mediatheken durch Sendeunternehmen. Der genaue Wahrnehmungsumfang für Künstler, Tonträgerhersteller und Veranstalter ergibt sich aus den Wahrnehmungsverträgen, die in der jeweils aktuellen Fassung auf der Website der GVL zu finden sind.

Hintergrund der kollektiven Rechtewahrnehmung durch die GVL ist unter anderem, dass den Rechteinhabern eine individualvertragliche Verhandlung von Lizenzverträgen in dem Bereich von Massennutzungen mit einer Vielzahl von Nutzern in der Regel nicht möglich ist. Gerade bei der öffentlichen Wiedergabe liegt dies angesichts der hunderttausenden Nutzungsorte, an denen Musik wiedergegeben wird, auf der Hand.

Auf Grundlage von Wahrnehmungsverträgen mit den Rechteinhabern und von Repräsentationsvereinbarungen mit ausländischen Schwestergesellschaften bündelt die GVL daher diese Rechte und kann sie so kollektiv im Interesse der Rechteinhaber gegenüber Nutzern effektiv vertreten. Dabei agiert die GVL als Schnittstelle zwischen Rechteinhabern und Rechtenutzern: Die Rechteinhaber räumen der GVL die Rechte ein, die GVL verhandelt Tarife und Nutzerverträge, überträgt die Rechte im Rahmen der Nutzerverträge, zieht die Vergütungen ein und leitet sie nach allgemein verbindlichen Verteilungsplänen an die Rechteinhaber weiter.

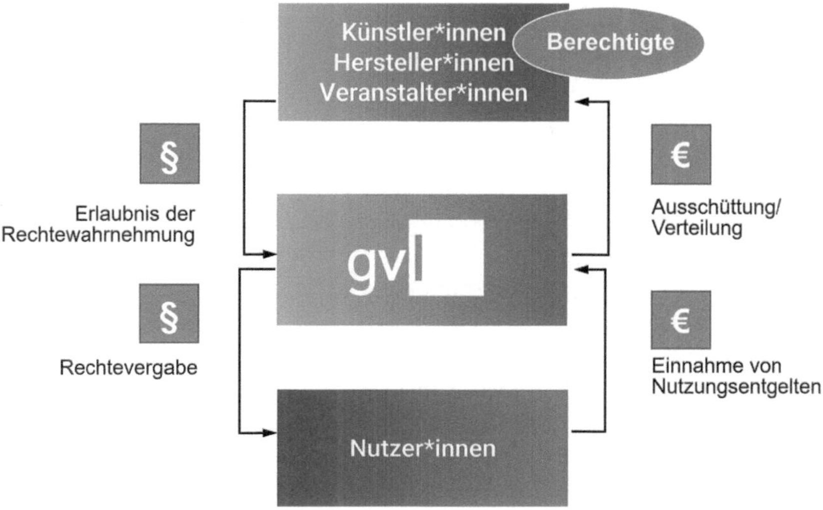

Abbildung 10: System der kollektiven Rechtewahrnehmung (Quelle: GVL)
Beschreibung: Die Grafik stellt schematisch den Weg der Rechteinbringung und Lizenzierung bis zur Verteilung dar.

Tarife und Gesamtverträge

Das Gesetz sieht vor, dass Verwertungsgesellschaften Tarife über die Vergütung der von ihnen wahrgenommenen Rechte aufstellen. Dies erfolgt in der Regel im Zuge von Verhandlungen mit Nutzervereinigungen, die durch ihre Mitglieder eine repräsentative Anzahl von Nutzern vertreten. Für Vergütungssätze, die im Rahmen eines verhandelten und abgeschlossenen Gesamtvertrags mit Nutzervereinigungen bestimmt wurden, sieht das Gesetz ausdrücklich Tarifgeltung vor, § 38 S. 2 VGG. Damit gelten diese Tarife für alle gleich gelagerten Nutzungssachverhalte. Wirtschaftlich müssen die Tarife die geldwerten Vorteile, die die Nutzer aus der Verwertung erzielen, angemessen und willkürfrei abbilden. Auch die weiteren Bedingungen der Rechteeinräumung müssen angemessen sein, indem Rechte und Pflichten (etwa die Verpflichtung zum Beibringen von Nutzungsmeldungen) in einem ausgewogenen Verhältnis zueinanderstehen.

Mit den öffentlich-rechtlichen Hörfunk- und Fernsehsendern (ARD, ZDF, Deutschlandradio und Deutsche Welle) und privaten Hörfunk-

und Fernsehverbänden (VAUNET und APR) verhandelt die GVL die Tarif- und Nutzungsbedingungen selbst und besorgt auch den Einzug der Vergütungen. Die Tarife legen die Vergütungshöhe in der Regel als prozentualen Anteil an den Rundfunkbeiträgen und Erlösen der Sender fest. Auch im Bereich der öffentlichen Wiedergabe, in dem in erster Linie die Bundesvereinigung der Musikveranstalter e. V. Gesamtvertragspartnerin ist, verhandelt die GVL die Tarife selbst. Für den Einzug der Vergütungen aus der öffentlichen Wiedergabe etwa in Clubs, in Gaststätten, im Einzelhandel oder in Hotels sorgt die GEMA im Auftrag der GVL. Für Vergütungen aus der privaten Vervielfältigung hat sich die GVL mit acht weiteren deutschen Verwertungsgesellschaften in der Zentralstelle für private Überspielungsrechte (ZPÜ) zusammengeschlossen. Einer der maßgeblichen Gesamtvertragspartner in diesem Bereich ist der BITKOM e. V. Auch in weiteren Nutzungsbereichen wie der Vermietung und dem Verleih gibt es Zusammenschlüsse von Verwertungsgesellschaften, die Vergütungs- und Nutzungsbedingungen gemeinsam zentral verhandeln. Im Verbund erzielte Vergütungen werden nach verabschiedeten Verteilungsschlüsseln den jeweils beteiligten Verwertungsgesellschaften zugewiesen und an die Berechtigten verteilt.

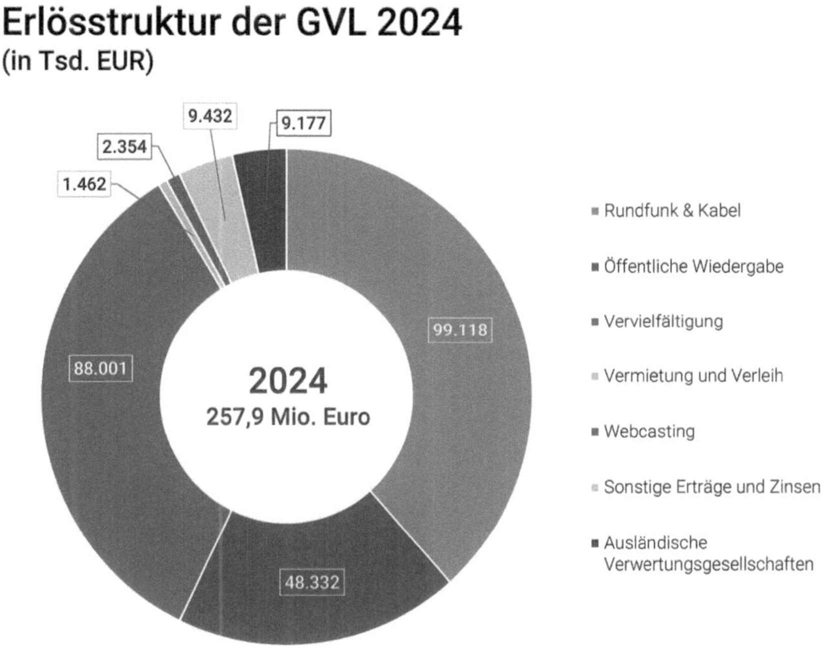

Abbildung 11: Erlösstruktur der GVL (Quelle: GVL)
Beschreibung: Die Grafik stellt die Erlösstruktur der GVL in einzelnen Erlössegmenten im Jahr 2024 dar.

Verteilungsgrundlagen

Die Verteilung der eingezogenen Vergütungen durch die GVL folgt den von der Gesellschafter- und Delegiertenversammlung der GVL verabschiedeten Verteilungsplänen. Diese müssen feste Regeln über die Verteilung von Einnahmen vorsehen. Für die Verteilungspläne gilt das Gebot der Transparenz und Klarheit sowie das Willkürverbot. Das bedeutet, dass die Verteilungspläne für alle Berechtigten gleichermaßen gelten und die Verteilungen auf Basis hinreichend konkreter und bestimmter Verteilungspläne durchgeführt werden. Das Gleichbehandlungsgebot erstreckt sich auch auf die Beteiligung von Mitgliedern von ausländischen Verwertungsgesellschaften.

Die Verteilung der GVL an die Berechtigten erfolgt – nach Abzug von Verwaltungskosten – unter anderem auf Grundlage von Nutzungsmeldungen der Hörfunk- und Fernsehsender und auf Grundlage der Informationen über Aufnahmen, an denen die Berechtigten als ausübende Künstler, Tonträgerhersteller oder Veranstalter mitgewirkt und Rechte innehaben. Da die Rechtewahrnehmung und Verteilung dem Leistungsprinzip, also dem Gebot der wirtschaftlichen Verhältnismäßigkeit von Einnahmen und Kosten unterliegen, haben Verwertungsgesellschaften dafür zu sorgen, dass kein Missverhältnis zwischen Einnahmen und Kosten auch mit Blick auf die Verteilung entsteht. Denn die Wahrnehmung der Rechte einer Vielzahl von Rechteinhabern gegenüber einer Vielzahl von Nutzern erfordert technisch aufwändige und kostenintensive Strukturen, die nicht für alle Nutzungsbereiche unter Wahrung der wirtschaftlichen Verhältnismäßigkeit aufgebaut und vorgehalten werden können. Hieraus ergibt sich, dass die GVL die eingezogenen Erlöse nicht in allen von ihr vertretenen Nutzungsbereichen auf Grundlage konkreter Nutzungsmeldungen verteilen muss, sondern auch stellvertretend Nutzungsmeldungen aus anderen Nutzungsbereichen heranziehen kann.

Neben der regulären Verteilung an die Berechtigten stellt die GVL bis zu fünf Prozent des Verteilungsvolumens für kulturelle Förderungsmaßnahmen und soziale Zwecke als Zuwendungen zur Verfügung. Die kulturellen und sozialen Zuwendungen kommen den Berechtigten direkt zugute und richten sich besonders auch auf die individuelle Förderung des Nachwuchses oder auf nationale und internationale Projekte für junge Talente. Über kulturelle Projektfördermaßnahmen entscheidet die Gesellschafter- und Delegiertenversammlung.

Auslandswahrnehmung

Die GVL vertritt die Rechte der ihr angeschlossenen Berechtigten auch im Ausland. Grundlage hierfür sind sogenannte Repräsentationsvereinbarungen, unter denen die Ansprüche der Berechtigten für die Nutzung ihres Repertoires im Ausland geltend gemacht werden. Die Zuweisung von Vergütungen durch ausländische Schwestergesellschaften erfolgt auf Grundlage der dort jeweils geltenden Verteilungspläne. Diese Vergütungen werden von der GVL ohne Abzüge an die ihr direkt angeschlossenen Berechtigten weitergeleitet. Derzeit unterhält die GVL über 80 Repräsentationsvereinbarungen für ausübende Künstler und Tonträgerhersteller in über 30 Ländern weltweit.

64. Wie werde ich Berechtigte:r der GVL und welche Vorteile bietet die GVL den Künstlern, Lables und Veranstaltern?

Der Prozess ist denkbar einfach: Der GVL werden die Rechte zur Wahrnehmung durch den Abschluss eines Wahrnehmungsvertrags übertragen. Dieser Abschluss kann online über die Website der GVL eingeleitet werden und ist nicht mit Kosten verbunden. Bei Abschluss des Wahrnehmungsvertrags können Berechtigte die GVL auch zur Wahrnehmung ihrer Rechte in anderen Ländern beauftragen, mit denen die GVL Repräsentationsvereinbarungen unterhält. Entsprechende Informationen sind auf der Website der GVL zu finden.

Mit Abschluss des Wahrnehmungsvertrags erhalten die Berechtigten Zugang zu den Berechtigtenportalen, um dort der GVL ihre Aufnahmen und ihre Mitwirkungen zu melden. Für ausübende Künstler und Veranstalter steht das Portal meine.GVL, für Tonträgerhersteller das Portal label.gvl zur Verfügung. Dort sind auch Informationen zu den für die Meldung erforderlichen Angaben verfügbar.

Nach Meldung und Verarbeitung von Repertoire und Mitwirkungen werden die Aufnahmen ohne weiteres Zutun der Berechtigten mit den der GVL unter anderem von den Sendern zur Verfügung gestellten Nutzungsdaten abgeglichen und für die Verteilung und Ausschüttung vorbereitet.

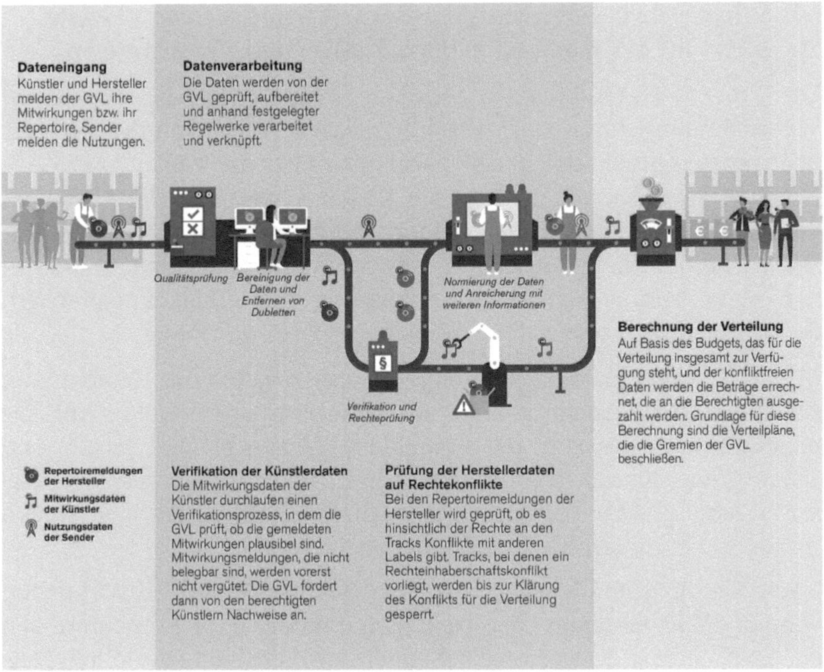

Abbildung 12: Datenprozess der GVL (Quelle: GVL)
Beschreibung: Die Grafik illustriert schematisch die Daten- und Bearbeitungsprozesse vom Dateneingang bis zur Verteilung.

Die in den Portalen registrierten Aufnahmen und Mitwirkungen werden gleichzeitig für die Geltendmachung von Ansprüchen bei den ausländischen Schwestergesellschaften der GVL herangezogen. Damit steht die GVL den Berechtigten als One-Stop-Shop für inländische und ausländische Vergütungen zur Verfügung.

Die GVL verteilt und schüttet die Vergütungen in einem regelmäßigen Turnus aus: Die Erstverteilung für ein Nutzungsjahr findet spätestens im darauffolgenden September statt. Hierauf folgen in der Regel weitere Verteilungen bis zur Schlussverteilung im vierten Jahr nach dem jeweiligen Nutzungsjahr.

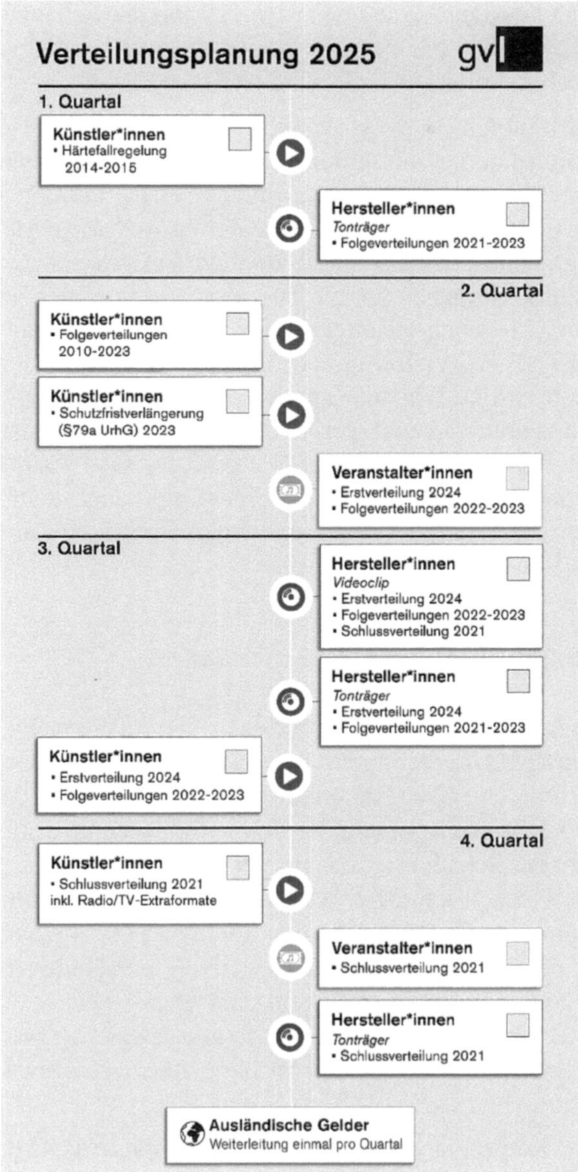

Abbildung 13: Beispiel: Verteilungsplanung 2025 (Quelle: GVL)
Beschreibung: Die Grafik bildet die Verteilungsplanung und Verteilereignisse des Jahres 2025 ab.

Vergütungen aus dem Ausland werden viermal jährlich an die Berechtigten weitergeleitet, die der GVL einen entsprechenden Auftrag zur Auslandswahrnehmung ihrer Rechte erteilt haben.

Zu den Verteilungen und Ausschüttungen stehen den Berechtigten der GVL transparente Auszahlungsmitteilungen und sogenannte Detailreports in den Portalen zur Verfügung. Diese enthalten Informationen zu vergütungsrelevanten Aufnahmen und Mitwirkungen, der Nutzungsintensität und den individuellen Verteilerlösen. Weiterhin finden sich dort Angaben zu der Zusammensetzung der Vergütungen aus den verschiedenen Rechtekategorien Sendung, öffentliche Wiedergabe, private Vervielfältigung, Vermietung und Verleih, Weitersendung und Online-Nutzung sowie Angaben zu Zinsen und Abzügen aus Zuwendungen und Verwaltungs- und Inkassokosten. Neben den in den Portalen und auf der Website der GVL bereitgestellten Informationen steht die GVL den Berechtigten auch telefonisch und per Chat zur Verfügung. Die Kontaktdaten finden sich auf der Website der GVL.

IV. Rechtsdurchsetzung *(René Houareau)*

Im Falle von Rechtsverletzungen stehen den ausübenden Künstlern als Leistungsschutzberechtigten die gleichen Rechte zu wie den Urhebern. Die zivilrechtlichen Ansprüche sind in den §§ 97–105 UrhG geregelt. Die wichtigsten Ansprüche sind auch für den Leistungsschutzberechtigten der Schadensersatz- und der Unterlassungsanspruch nach § 97 UrhG. Danach kann der Rechteinhaber unter bestimmten Voraussetzungen eine Unterlassung der Rechtsverletzungshandlung und den Ersatz des ihm aus der Rechtsverletzung entstandenen Schadens verlangen. Generell ist anzumerken, dass ebenso wie bei der Entstehung der Rechte auch bei der Durchsetzung jeweils zu betrachten ist, welches Recht konkret betroffen ist bzw. welcher Anspruch geltend gemacht wird.

Neben dem Zivilrecht dient das sog. Urheberstrafrecht der §§ 106–111a UrhG dem Schutz der Rechteinhaber, in dem es bestimmte Verletzungshandlungen als Ordnungswidrigkeiten einstuft oder sogar strafrechtlich sanktioniert (siehe Frage 32).

V. Die Band – Rechts- und Haftungsfragen *(Carsten Senger)*

65. Was bedeutet der Zusammenschluss als Band/Musikprojekt rechtlich und was für Folgen hat das?

Im Rechtsverkehr wird zwischen juristischen und natürlichen Personen unterschieden (siehe dazu auch Frage 45 oben). Bei dem Zusammenschluss einer Band bzw. eines Musikprojektes (im Folgenden wird zur Vereinfachung nur von der „Band“ gesprochen) geht man in der Regel von der Gründung einer sog. Gesellschaft bürgerlichen Rechts aus (nachfolgend GbR). Die GbR ist als Personengesellschaft keine juristische Person (siehe auch bei *Servatius*, § 713 Rn. 3). Die Regelungen zur GbR finden sich im Bürgerlichen Gesetzbuch (BGB) in den §§ 705 ff. BGB. Mit dem 1.1.2024 sind neue gesetzliche Regelungen für die GbR in Kraft getreten, die zum einen gänzlich neu waren, zum anderen aber auch in der Vergangenheit durch Rechtsfortbildung entstandene Regelungen kodifizierten (Überblick bei *Servatius*, § 705 Rn. 1 ff.). Unter anderem wird nach der seit dem 1.1.2024 geltenden Rechtslage zwischen der rechtsfähigen und der nicht rechtsfähigen GbR unterschieden, zudem kann (und gegebenenfalls muss) sich die GbR in das mit der Reform neugeschaffene Gesellschaftsregister eintragen lassen. Eine ausführliche Darlegung der aktuellen Rechtslage oder der mit ihr einhergehenden Änderungen würde den Rahmen dieses Beitrages sprengen und auch der Vielzahl der denkbaren Lebenssachverhalte nicht gerecht werden können. Anspruch dieses Beitrages ist, ein grundsätzliches Problembewusstsein zu wecken. Im Folgenden wird sich daher auf eine Skizzierung einiger wesentlicher Regelungen des aktuellen Rechts beschränkt, die auf eine typische Bandkonstellation zur Anwendung gelangen können. Jeder Band ist ausdrücklich angeraten, sich zu den relevanten Fragstellungen von einem versierten Rechtsanwalt beraten zu lassen und einen schriftlichen Gesellschaftsvertrag abzuschließen. Dies idealerweise gleich im Zusammenhang mit der Gründung der Band. Wenn dieses wichtige Thema im Rahmen der Gründung „übersehen“ wurde (was nicht ungewöhnlich ist), dann sollte es in jedem Fall bei der nächstbesten Gelegenheit aufgegriffen werden, denn spätestens dann, wenn es zu Konflikten innerhalb der Band kommt, kann es schon zu spät sein, die sich stellenden Fragen

„vernünftig auf Augenhöhe“ zu klären. Vor dem 1.1.2024 abgeschlossene Verträge sollten im Hinblick auf die seit dem 1.1.2024 geltenden Neuerungen überprüft und gegebenenfalls angepasst werden.

Ob und ab welchen Zeitpunkt eine GbR entsteht und welche Folgen das unter anderem haben kann, wollen wir anhand des nachfolgenden Beispiels näher beleuchten.

Beispiel:

Drei Musiker entscheiden sich, eine Band zu gründen, in dieser Eigenschaft wollen sie insbesondere zusammen in Clubs und auf Festen auftreten. Sie denken sich zusammen einen Bandnamen aus und mieten zusammen einen Proberaum an. Für den Proberaum kaufen Sie zusammen einen Kühlschrank und nach einer Weile einen neuen Verstärker. Nach einigen Monaten haben sie dann schließlich auch einen Auftritt in einem Club, mit dem sie ihr erstes Geld als Band verdienen.

<u>Gründung</u>

Das häufigste Problem in der Praxis ist, dass eine GbR einfach entsteht und gelebt wird, ohne dass sich die Parteien zuvor und währenddessen Gedanken über die Hintergründe machen. In unserem obigen Beispiel etwa können möglicherweise erst ab dem Zeitpunkt Fragen zur rechtlichen Qualifizierung der Beziehungen der Bandmitglieder untereinander auftauchen, an dem eines der Mitglieder die Band verlässt, aber seinen „Anteil“ an dem Band-Kühlschrank und dem Verstärker zurückfordert (siehe dazu auch Frage 66 unten).

Nach § 705 Abs. 1 BGB reicht es für die Gründung einer GbR aus, einen gemeinsamen Zweck zu verfolgen, der inhaltlich nicht vorgegeben ist und daher auch ideellen Interessen folgen kann (zur Vertiefung *Servatius*, § 705 Rn. 8 f.).

Wir haben bereits oben erfahren (Frage 45), dass Verträge nicht unbedingt aufgeschrieben werden müssen, sondern auch mündlich abgeschlossen werden können. Denkbar sind auch sog. konkludente Abschlüsse, bei denen das Gewollte nicht einmal ausdrücklich ausgesprochen wird, sondern lediglich zwischen den Parteien durch Handlungen zum Ausdruck gebracht wird (BeckOK BGB/*Wendtland*,

§ 133 BGB Rn. 8, 9). Diese Grundsätze gelten auch für die im Rahmen eines GbR Gesellschaftsvertrages erforderlichen Willenserklärungen. Und so ist es oft auch bei einer Band: Man bespricht nicht die Gründung einer GbR, sondern, dass man zusammen Musik machen, einen Proberaum mieten und Auftritte haben will. Damit aber schließen die Bandmitglieder bereits einen GbR Vertrag ab, mit all seinen Folgen, insbesondere hinsichtlich der Gewinn- und Verlustverteilung und der Haftung der einzelnen Mitglieder.

Rechtsfähigkeit

Oben wurde bereits angesprochen, dass zwischen der rechtsfähigen und der nicht rechtsfähigen GbR zu unterscheiden ist. Während die nichts-rechtsfähige GbR lediglich dazu dient, die Beziehung ihrer Gesellschafter untereinander auszugestalten (so bspw. regelmäßig bei den sog. Tippgemeinschaften), nimmt die rechtsfähige GbR am Rechtsverkehr teil, § 705 Abs. 2 BGB.

Unsere Band beabsichtigt unter anderem Auftritte durchzuführen und einen Proberaum zu mieten. Damit will sie am Rechtsverkehr teilnehmen. Spätestens mit Unterzeichnung des Mietvertrages für den Proberaum durch alle Mitglieder tut sie das auch und ist als rechtsfähige GbR zu qualifizieren, § 719 Abs. 1 BGB. Die rechtsfähige GbR ist in den §§ 706–739 BGB geregelt.

Beitragspflicht

Aus § 705 Abs. 1 ergibt sich die Verpflichtung der Gesellschafter, den gemeinsam verfolgten Zweck auch zu fördern. Das entspricht dem allgemeinen Gerechtigkeitsempfinden: Jedes Bandmitglied hat seinen Beitrag zu leisten, sei es bei der Getränkebeschaffung für den Proberaum oder zu der monatlichen Miete. Gleiches gilt für größere Anschaffungen, wie Kühlschrank und Verstärker. Der konkrete Beitrag eines jeden Gesellschafters kann wiederum in jeder Förderung des gemeinsamen Zweckes liegen (§ 709 Abs. 1 BGB), sind zwischen den Gesellschaftern keine anderen Regelungen getroffen, haben alle Gesellschafter die gleichen Beiträge zu leisten (§ 709 Abs. 2 BGB). In unserem Beispiel werden alle Bandmitglieder sicherlich die gleiche

Einlage in die Bandkasse leisten, hinsichtlich des jeweiligen Einkaufes im Getränkemarkt wird man sich wahrscheinlich abwechseln.

Beteiligungsverhältnisse

Gemäß § 709 Abs. 3 BGB richten sich Stimmkraft der einzelnen Gesellschafter sowie ihr jeweiliger Anteil an Gewinn und Verlust vorrangig nach den vereinbarten Beteiligungsverhältnissen, in Ermangelung solcher Vereinbarungen nach dem Wert der jeweiligen Beiträge der Gesellschafter. Subsidiär gelangt das sog. „Kopfprinzip“ zur Anwendung, nach dem alle Gesellschafter schematisch gleichbehandelt werden. Solange sich die Gesellschafter über eventuell unterschiedliche Anteilsquoten oder zumindest über den unterschiedlichen Wert ihrer Beiträge oder eben über die Aufteilung nach Köpfen einig sind, ergeben sich aus dieser Regelung regelmäßig keine Probleme. In unserem Fall ist davon auszugehen, dass alle Bandmitglieder gleichbehandelt werden sollen, also das Kopfprinzip gilt. Da jedoch kein schriftlicher Gesellschaftsvertrag existiert, könnte innerhalb der Band ein (möglicherweise vermeidbarer) Konflikt entstehen, falls sich irgendwann unerwartet herausstellt, dass man sich über diesen Punkt doch nicht einig war. Auch an diesem Beispiel werden wieder die Vorteile eines sorgsam abgewogenen und schriftlich niedergelegten Gesellschaftsvertrages deutlich, der hiermit einmal mehr angeraten werden soll.

Gesellschaftsvermögen

Das Vermögen der Gesellschaft gehört mit allen Aktiva und Passiva allein der Gesellschaft (§ 713 BGB). Die Gesellschafter verfügen daher über keine unmittelbare Beteiligung am Gesellschaftsvermögen, sondern „nur“ über ihren Gesellschaftsanteil (siehe dazu auch Frage 66 unten). Dies bedeutet jedoch nicht, dass im Falle von Forderungen Dritter gegen die Gesellschaft nur die Gesellschaft mit ihrem Vermögen haftet (siehe dazu den nachstehenden Unterpunkt „Gesamtschuld, Haftung“).

Geschäftsführung

Wir bleiben bei unserem obigen Beispiel, allerdings macht die Sängerin der Band alle wesentlichen Besorgungen, inkl. Kühlschrank- und

Verstärker-Kauf für alle und kümmert sich um die Auftritte sowie die (Auftritts-)Verträge mit den entsprechenden Lokalitäten. Das hat sie seit Gründung der Band getan.

Die Geschäftsführung der Gesellschaft steht gemäß § 715 Abs. 1 BGB allen Gesellschaftern grundsätzlich nur gemeinschaftlich zu, sie sind also nur gemeinsam zum Handeln berechtigt (sog. Selbstorganschaft). Die Geschäftsführung kann jedoch auch exklusiv auf einen oder einzelne Gesellschafter übertragen werden; zudem kann vereinbart werden, dass jeder geschäftsführende Gesellschafter allein für die Gesellschaft Geschäfte betreiben kann, in diesem Fall steht den anderen geschäftsführenden Gesellschaftern aber gem. § 715 Abs. 4 S. 1 BGB ein Widerspruchsrecht zu (zur Vertiefung *Servatius*, § 715 Rn. 1, 18 f. und 35 ff.).

In unserem Beispiel kann man davon ausgehen, dass die Bandmitglieder wollten, dass die Sängerin die Geschäfte der Band führt, allerdings ist sehr wahrscheinlich, dass größere Anschaffungen und die Zusage von Auftrittsterminen unter einem Rücksprachevorbehalt stehen sollen. Sie durfte also Kühlschrank und Verstärker nur dann mit Wirkung für alle anderen Bandmitglieder kaufen, wenn dies vorher besprochen war. Dasselbe gilt für die Zusage von Auftritten der Band.

Gesamtschuld, Haftung

Gemäß § 721 S. 1 BGB haften alle Gesellschafter einer rechtsfähigen GbR als Gesamtschuldner für die Verbindlichkeiten der Gesellschaft, das heißt, jeder einzelne Gesellschafter haftet für die gesamte gegen die Gesellschaft bestehende Forderung vollständig und auch mit seinem persönlichen Vermögen. Dabei kann ein Gläubiger ohne Umweg über die Gesellschaft direkt auf einen oder mehrere Gesellschafter zugehen.

Hinsichtlich unseres Beispiels hat das wesentliche Folgen: Da die Band den Proberaum gemeinsam angemietet hat, sind alle Bandmitglieder Schuldner der Mietforderung. Sofern die Miete von der Band nicht gezahlt wird, kann sich der Vermieter an jedes Bandmitglied einzeln wenden (dabei wird er sich im Zweifel das solventeste aussuchen), dem in Anspruch genommenen Bandmitglied stehen dann allerdings dann Regressansprüche zu gegen die Band (also die GbR) zu (die anderen Bandmitglieder können subsidiär in Anspruch genommen werden; zur Vertiefung *Servatius*, § 721 Rn. 21 ff.).

66. Was passiert, wenn ein Künstler die Band verlässt?

Sofern die Gesellschaft nicht für eine bestimmte Zeit (also beispielsweise für 3 Jahre) eingegangen wurde, kann jeder Gesellschafter seine Mitgliedschaft unter Einhaltung einer Frist von drei Monaten zum Ablauf des Kalenderjahres kündigen (§ 725 Abs. 1 BGB). Nach dem bis 31.12.2023 geltenden Recht bestand ebenfalls eine Möglichkeit des Gesellschafters zur Kündigung, Rechtsfolge einer solchen Kündigung war (sofern im Gesellschaftsvertrag nicht abweichend vereinbart) die Auflösung der Gesellschaft, was weitreichende Folgen für die Band haben konnte. Aber auch die ordentliche Kündigung nach dem seit 1.1.2024 geltendem Recht kann weitreichende Folgen für die Band haben. Sofern im Gesellschaftsvertrag nichts anderes vereinbart wurde, ist die Gesellschaft verpflichtet, den ausgeschiedenen Gesellschafter von der Haftung für die Verbindlichkeiten der Gesellschaft zu befreien und dem ausgeschiedenen Gesellschafter eine dem Wert seines Anteils angemessene Abfindung zu zahlen (§ 728 Abs. 1 S. 1 BGB). Der Anspruch des ausscheidenden Gesellschafters richtet sich gegen die Gesellschaft. Nach überwiegender Meinung liefert § 721 BGB in diesem Fall die Grundlage für eine persönliche Inanspruchnahme der (verbliebenen) Gesellschafter (zur Vertiefung BeckOK BGB/*Schöne*, § 728 BGB Rn. 2). Nach § 728 Abs. 2 BGB ist der Wert des Gesellschaftsanteils, soweit erforderlich, im Wege der Schätzung zu ermitteln. § 728b Abs. 1 BGB legt wiederum für bestimmte Verbindlichkeiten eine auf 5 Jahre beschränkte Nachhaftung des ausscheidenden Gesellschafters fest.

Beispiel:

Der Gitarrist unserer Band aus Frage 65 will die Band verlassen. Er kündigt seine Mitgliedschaft in der Gesellschaft, was formlos gegenüber allen anderen Bandmitgliedern erfolgen kann. Da keine andere Abrede zwischen den Bandmitgliedern getroffen wurde, wird die Gesellschaft, und damit auch die Band, nach seinem Ausscheiden fortgeführt. Der Gitarrist scheidet zum Ende des Jahres, in dem er gekündigt hat, aus. Zu diesem Zeitpunkt erlischt sein Gesellschaftsanteil, dieser

„wächst" den anderen Gesellschaftern zu (§ 712 Abs. 1 BGB). Der Gitarrist hat jedoch den Abfindungsanspruch aus § 728 Abs. 1 S. 1 BGB. Auf die konkrete Ausgestaltung des Abfindungsanspruches kann an dieser Stelle nicht eingegangen werden, zu bemerken ist jedoch, dass im Rahmen der Bemessung auch die Interessen der verbleibenden Gesellschafter an dem Fortbestand der Gesellschaft eine Rolle spielen, die durch mit der Abfindung zusammenhängende finanzielle Belastungen beeinträchtigt werden können (zur Vertiefung BeckOK BGB/*Schöne*, § 728 BGB Rn. 3–17, und *Servatius*, § 728 Rn. 2 ff.). Auf der anderen Seite unterliegt der Gitarrist dem bereits erwähnten Nachhaftungsanspruch aus § 728b Abs. 1 BGB, was beispielsweise dazu führt, dass er für 5 Jahre weiterhin gegenüber dem Vermieter des Proberaums für die Miete haftet.

Neben dem Ausscheiden aus der Gesellschaft ist selbstverständlich auch der Beitritt zur Gesellschaft möglich, in diesem Falle entsteht ein neuer Gesellschaftsanteil, die Gesellschaftsanteile der bisherigen Gesellschafter verringern sich entsprechend (§ 712 Abs. 2 BGB). Findet unsere Band also einen neuen Gitarristen, der als Ersatz für den ausgestiegenen Gitarristen in die Band einsteigen soll, dann müssen mit ihm die Bedingungen seines Beitritts vereinbart werden (was sicherlich ein guter Zeitpunkt für den Abschluss eines schriftlichen Gesellschaftsvertrages zwischen allen Bandmitgliedern ist, sofern ein solcher noch nicht vorliegt).

Eine weitere Vertiefung an dieser Stelle wäre zu weitführend. Entscheidend ist auch hier, ein Problembewusstsein geweckt zu haben.

67. Ein Musiker verlässt unsere Band, was geschieht mit dem Bandnamen?

Stand der Name im Eigentum der Gesellschaft (andere Konstellationen sind denkbar, können aber an dieser Stelle nicht vertieft werden) und ist im Gesellschaftsvertrag der Band nichts Abweichendes geregelt, steht der Name auch weiterhin im Eigentum der Gesellschaft. Dies ergibt sich aus dem oben (Frage 66) bereits erwähnten § 712 Abs. 1 BGB. Mit Ausscheiden des Gesellschafters wächst sein Anteil an der Gesellschaft (und damit auch sein indirekter Anteil am Namen der Band) den anderen Gesellschaftern zu.

In unserem unter Frage 66 beschriebenen Fall sind für den Fall des Ausscheidens eines Bandmitgliedes keine besonderen Vereinbarungen getroffen worden. Damit kann die restliche Band auch nach Ausscheiden des Gitarristen den Bandnamen weiterhin benutzen. Im Gegensatz zum ausgeschiedenen Gitarristen – dieser darf den Bandnamen nicht für seine weiteren Aktivitäten verwenden.

68. Was passiert, wenn ein Bandmitglied die Band verlassen soll?

Nach § 727 BGB kann ein Gesellschafter durch Beschluss der anderen Gesellschafter aus der Gesellschaft ausgeschlossen werden, wenn ein wichtiger Grund vorliegt. Als wichtige Gründe werden exemplarisch genannt, dass der betreffende Gesellschafter eine ihm nach dem Gesellschaftsvertrag obliegende wesentliche Verpflichtung vorsätzlich oder grob fahrlässig verletzt hat oder ihm die Erfüllung einer solchen Verpflichtung unmöglich wird. Der Ausschluss eines Gesellschafters ist ultima ratio, also das allerletzte Mittel zur Problemlösung, bei der Prüfung ist ein strenger Prüfungsmaßstab geboten (vgl. BeckOK BGB/*Schöne*, § 727 BGB Rn. 5).

Selbst dann, wenn im Einzelfall die Anforderungen an einen den Ausschluss eines Gesellschafters rechtfertigenden wichtigen Grund erfüllt sein sollten, ist das mit einem solchen Ausschluss zusammenhängende Prozedere für alle Beteiligten nervenaufreibend und im Zweifel langwierig. Solche Situationen wirken sich erfahrungsgemäß negativ auf die Band aus. Bei unserer Band aus Frage 65 ist es beispielsweise unwahrscheinlich, dass bis zur endgültigen Klärung ihres Konfliktes weiterhin Auftritte durchgeführt werden. Auftritte sind jedoch ihre primäre Einnahmequelle als Band, aus der auch die laufenden Kosten wie bspw. die Miete für den Proberaum beglichen werden. Sobald die Bandkasse also leer ist, müssen die einzelnen Bandmitglieder ihren Anteil an der Miete aus privater Tasche bezahlen, was möglicherweise nicht für jedes Bandmitglied ohne weiteres möglich ist. Wir sehen also, ein Konflikt innerhalb einer Band kann erhebliche negative finanzielle Folgen für die Band selbst, aber auch für ihre einzelnen Mitglieder haben.

Nachhaltige und/oder (scheinbar) unüberbrückbare Konflikte innerhalb einer Band können sich aber möglicherweise durch eine Mediation lösen lassen. Die Mediation ist ein vertrauliches und strukturiertes Verfahren, bei dem die Parteien mithilfe eines Mediators freiwillig und eigenverantwortlich eine einvernehmliche Beilegung ihres Konfliktes anstreben, § 1 Abs. 1 MediationsG. Diese Verfahren hat das Ziel, eine für alle Parteien gewinnbringende Lösung des Konfliktes zu finden („Win-Win-Situation"). Vereinfacht lässt sich sagen, dass die Parteien mit Hilfe des Mediators einen besonderen Verhandlungsprozess durchlaufen, der es ihnen ermöglicht, verdeckte Einigungsspielräume aufzudecken und eine ihren jeweiligen spezifischen Interessen gerecht werdende Lösung zu finden. Eine solche von den Parteien gemeinsam gefundene Lösung ist im Regelfall deutlich belastbarer als ein Vergleich oder ein Gerichtsurteil. Ein Mediationsverfahren ist zudem vertraulich und zumeist schnell. Eine Mediation ist ergebnisoffen, sie kann sowohl scheitern als auch unerwartete positive Ergebnisse haben (wie bspw. die langfristige Wiederherstellung des Bandfriedens durch Aufdeckung von bis dato unerkannten hinter der äußeren Schale eines „quertreibenden" Bandmitgliedes liegenden Interessen). Aufgrund ihrer besonderen Eigenschaften kann eine Mediation insbesondere den spezifischen Aspekten von Konflikten unter Kreativen gerecht werden und sollte daher regelmäßig als Alternative zu rechtlichen Mitteln in Betracht gezogen werden (zur Vertiefung: *Senger*, in: Moser/Scheuermann/Drücke, Handbuch der Musikwirtschaft, § 55). Insoweit empfiehlt es sich, bereits im Gesellschaftsvertrag eine sog. weiche Mediationsklausel aufzunehmen, dies macht die Parteien bereits im Vorfeld eines etwaigen Konfliktes mit diesem (noch) speziellen Verfahren vertraut und ermöglicht ihnen, im Konfliktfall direkt in ein solches Verfahren einzusteigen.

69. Ich habe gehört, dass es Programme gibt, die mir als Band oder Künstler finanziell helfen können. Was kann ich an Unterstützung erwarten?

Mittlerweile gibt es eine erhebliche Anzahl von Förderprogrammen im Bereich der Musik, die sich mit unterschiedlichen Förderungen an unterschiedlichste Empfängerkreise richten. Eine der sicherlich bekanntesten Förderungen erfolgt durch die Initiative Musik, bei der es sich um die zentrale Fördereinrichtung der Bundesregierung für die deutsche Musikwirtschaft handelt; Einzelheiten zu den verschiedenen

Förderprogrammen der Initiative Musik können der Website der Initiative entnommen werden (www.initiative-musik.de). Auch viele Bundesländer und Kommunen haben eigene Musikförderprogramme wie bspw. das Land Berlin mit dem Musicboard Berlin (www.musicboard-berlin.de) oder die Pop-Büros Baden-Württemberg, ein Netzwerk der Förderung für Popkultur und Popularmusik in Baden-Württemberg (www.bw.popbuero.de). Zudem fördern andere private und öffentliche Stiftungen Musikprojekte, wie bspw. die Ernst von Siemens Musikstiftung (https://evs-musikstiftung.ch/) oder die Deutsche Stiftung Musikleben (www.deutsche-stiftung-musikleben.de). Mit etwas Recherche und dem richtigen Ansatz lässt sich aus der Vielzahl der Angebote mit ihren unterschiedlichen Förderkriterien und etwaigen thematischen oder regionalen Schwerpunkten sicherlich für jeden Musiker das passende Förderprogramm finden.

Teil 3 – Musik bekannt machen: Die Auswertung

Die beiden ersten Teile dieses Bandes haben gezeigt, dass eine Tonaufnahme (in der Regel) unter Mitwirkung einer Vielzahl verschiedener Profis bzw. Partner entsteht. Die weitere Auswertung macht darüber hinaus die Einbeziehung zahlreicher Personen und Berufsbilder erforderlich, die hier auch kursorisch erwähnt sein sollen.

Wir möchten damit zeigen, wer alles hinter dem im Handel bzw. im Internet erhältlichen Produkt steckt. Trotz der hier notwendigen Verkürzungen und Vereinfachungen (zur Vertiefung sei *Scholz*, „Die Musikbranche“ empfohlen) soll das zum einen zum Nachdenken darüber anregen, welche vielfältigen Berufe an der Herstellung und Auswertung von Musikprodukten beteiligt sind, zum anderen möchten wir den Leser für die mannigfaltigen dahinter liegenden Rechtskonstruktionen sensibilisieren, die im Folgenden im Überblick dargestellt sind.

A. Berufsbilder *(Prof. Dr. Alexander Endreß/ Michael Herberger)*

In diesem Abschnitt geht es um die Vermarktung der Tonaufnahmen und um die Aufführung in Form von Konzerten und Events. In Abbildung 7 haben wir hierfür den Begriff Contentvermarktung eingeführt. Sie beinhaltet neben der Distribution, der Promotion und dem Pricing auch die kreative Entwicklung von Produkt- bzw. Formatvariationen und die Erfolgskontrollen, die wiederum Grundlage der Optimierung der vorausgegangenen Prozesse sind. Jeder einzelne Schritt ist ein wichtiger Erfolgsfaktor, benötigt Zeit sowie Geld und erfordert eine besondere Expertise bei der Ausführung. Eben jene Expertisen lassen sich über die nachfolgend charakterisierten Berufsbilder einbringen:

I. Artist Manager

Artist Manager unterstützen die Künstler sowohl bei der Entwicklung ihrer künstlerischen Persönlichkeit und in ihrem Schaffensprozess als auch bei der Auswertung ihres Outputs sowie in Fragen der Vertragsverhandlungen und bei der wirtschaftlichen Absicherung. Daher ist es nicht verwunderlich, dass dieser Beruf eine starke Nähe und persönliche Verbundenheit zu den Kreativen mit sich bringt. Er beinhaltet sowohl die persönliche und individuelle Betreuung der Kreativen (Personal Management) als auch das Kümmern um alle wirtschaftliche Belange und unterstützt die Verhandlungen mit Businesspartnern wie zum Beispiel mit den nachfolgend charakterisierten musikwirtschaftlichen Rollen (Businessmanagement). Zu den Hauptaufgaben im sog. Businessmanagement gehören Abrechnungen, Lizenzierungen, Versicherungen, Marken- und Urheberrechtsschutz und natürlich die Buchhaltung und Steuerzahlungen (vgl. *Endreß*, in: Chappell et al., Rockmusikmachen für Dummies, S. 561 f., sowie *Heisel*, in: Moser/Scheuermann/Drücke, Handbuch der Musikwirtschaft, S. 187 f.).

II. Musikverleger

Musikverleger sind die „Rechtemanager und -händler" der Autoren und Komponisten. Ihre Verantwortung besteht in der Platzierung von Werken und der Förderung des kreativen Outputs ihrer Autoren und Komponisten (siehe Teil 1 A III.). Das bedeutet konkret, dass sie versuchen Einnahmen für die Nutzung der Werke zu generieren. Dies geschieht in erster Linie auf Grundlage der Ausschüttungen von Verwertungsgesellschaften, traditionellem Notendruck, Lizenzerlösen aus der Wahrnehmung von Autorenrechten, dem Sync-Geschäft und Lizenzerlösen im Zusammenhang mit dem Verkauf von Merchandisingprodukten, sofern diese nicht von den Labels wahrgenommen werden, wenn es sich nämlich z. B. um Bilder oder Coverabbildungen handelt (vgl. *Albiez/Baierle*, Musikverlage, MIZ-Themenportal, abrufbar unter: https://miz.org/de/beitraege/musikverlage). Damit wird deutlich, dass Musikverlage verschiedene Dienstleistungen rund um die Vermarktung von Werken für Kreative anbieten, aber auch eine wesentliche Rolle bei der Anpassung von Erlösmodellen im Rahmen der digitalen Transformation der Musikwirtschaft spielen (vgl. *Baierle*, in: Endreß/Wandjo, Musikwirtschaft im Zeitalter der Digitalen Transformation, S. 301 ff.; und *Rennhack*, ebenda, S. 345 ff.).

III. Artist & Repertoire-Manager (A&R), Label

A&R-Manager sind diejenigen Personen, mit denen Künstler dann in Kontakt kommen, wenn sie sich dafür entscheiden, ihre Werke in Kooperation mit einer Musikfirma, z. B. einem Label, zu vermarkten. A&Rs haben den Auftrag für ihre Firmen Talente (das können Newcomer, aber auch schon etablierte Acts sein) unter Vertrag zu nehmen, gemeinsam mit ihnen künstlerische Ideen in Verbindung mit Marketingkonzepten zu entwickeln, um so stetig das Repertoire und den Gesamtkatalog auswertbarer Musik für die Firma zu vergrößern. Sie agieren insbesondere als Schnittstellenmanager, um die künstlerischen Prozesse (Songwriting und künstlerische Produktion) sowie die wirtschaftlichen Prozesse (Produktmanagement) zur Zufriedenheit aller beteiligten Akteure zu harmonisieren. Hierzu gehört es, die künstlerische Produktion zu moderieren und ggf. das Gesamtergebnis positiv zu beeinflussen. Ebenso erarbeiten sie gemeinsam mit der Marketingabteilung die Strategien zur Veröffentlichung und weiteren Auswertung. Es handelt sich also streng genommen um eine (nachhaltige) Partnerschaft zwischen dem Musikunternehmen und den Kreativen, die im Kern die Lizenzierung der Musik gegen Marketingdienstleistungen beinhaltet.

IV. Produktmanager (PM)

Produktmanager sind die Marketing- und Vertriebsexperten in den Firmen und bauen auf Basis der künstlerischen Konzepte die Kommunikationsstrategien, die zum Ziel haben, die Aufmerksamkeit des Publikums auf die Veröffentlichungen zu gewinnen. Hierzu gibt es mehrere Wege: Von der bezahlten Werbung, über PR-Maßnahmen bis hin zum organischen Aufbau einer Fan-Community. PMs arbeiten eng mit den A&Rs zusammen und koordinieren die zeitlichen Abfolgen der Marketingmaßnahmen auf Basis des vorgesehenen Budgets. Dazu gehören z. B. Foto-Shootings, Video-Drehs oder auch das Artwork der Produkte. Den kreativen Content erstellen die PMs dabei nicht selbst. Vielmehr arbeiten sie hier mit anderen Kreativen (Grafiker, Fotografen, Video-Produzenten) zusammen (vgl. *Geibel*, in: Endreß/Wandjo, Musikwirtschaft im Zeitalter der Digitalisierung, S. 485 ff.).

V. Promoter

Unter Promoter versteht man Personen, die versuchen, Informationen über die Artists und ihre Veröffentlichungen in allen Arten von Medien zu platzieren, um so die Aufmerksamkeit des Publikums und damit die Bekanntheit der Artists zu steigern. Ausgangsbasis ist dabei die Kampagnenidee der PMs. Promoter entscheiden, welche Medienpartner sie ansprechen. Auch die Online-Promotion fällt in ihr Tätigkeitsfeld. Diese reicht von der Suchmaschinenoptimierung, über Social-Media-Kampagnen bis hin zu Playlisten-Platzierungen auf Streamingplattformen. Ihre Expertise besteht demnach nicht nur darin, möglichst viele Personen bei klassischen Medien zu kennen und zu informieren. Sie müssen vielmehr ein ausgeprägtes Wissen über webtechnologische Funktionsweisen und die Multiplikationseffekte auf Online-Plattformen haben (vgl. *Stehr*, in: Endreß/Wandjo, Musikwirtschaft im Zeitalter der Digitalisierung, S. 377 ff.). Entsprechend erstreckt sich ihre juristische Expertise auch auf Felder wie den Datenschutz und die Verwendung von lizenzfreiem Promo-Material.

VI. Bookingmanager

Bookingmanager sind Agenten für Kreative, die Konzerte spielen (wollen). Sie planen und buchen Tourneen und Festivalauftritte, stehen für Anfragen zur Verfügung, moderieren Vertragsverhandlungen zwischen den Veranstaltern und den Artists und übernehmen das Controlling beim Ticketing. Des Weiteren beraten sie idealerweise die Künstler beim Karriereaufbau und helfen die nächsten Schritte im Live-Business zu planen.

VII. Veranstalter

Veranstalter planen, organisieren und führen Konzerte und Live-Events durch. Sie sind ganzheitlich verantwortlich. Das bedeutet, dass sie neben der wirtschaftlichen Verantwortung auch die vollständige Organisation, von der Zusammenstellung des Programms über das Booking der Artists (Kostenkalkulationen, Vertragsverhandlungen) bis hin zur vollständigen Vermarktung (Werbung, Kartenverkauf, Controlling) und Durchführung (Sicherheitskonzepte, Produktion, Post-Production) übernehmen.

VIII. Andere

Die oben angeführten Berufsprofile decken lediglich die Kerntätigkeiten bei der Auswertung von Musik ab. Es gibt noch sehr viel mehr Tätigkeitsfelder. Diese liegen vor allem an den Schnittstellen zum Kern der Musikwirtschaft, also insbesondere in den Musikredaktionen klassischer Medien, bei den „neueren" Firmen der Musikvermarktung – bspw. den (Musik-)Streamingplattformen oder anderen Contentaggregatoren und -providern. Auch im Bereich der sog. Music Technology, die sich zunehmend mehr als sehr ernstzunehmendes musikwirtschaftliches Segment entwickelt, finden sich zahlreiche Tätigkeitsfelder, die das Wissen über den Gesamtkontext „Musikauswertung" voraussetzen und in Zukunft eine große Rolle spielen werden. Bei all diesen Bereichen ist zudem ein ausgeprägtes Verständnis für Webtechnologie, Innovationsmanagement und Digitalmarketing die Voraussetzung.

B. Das Label – Musikunternehmen *(René Houareau)*

I. Was ist ein Label? Was macht ein Label?

Ein Musiklabel ist eigentlich nicht das Unternehmen selbst, sondern ein von den ursprünglichen Vinylaufklebern abgeleitetes Kunstwort, das sich als Begriff für ein Musikunternehmen etabliert hat. Unter einem Plattenlabel, kurz Label, wurden aber schon immer Unternehmen oder Teile von diesen verstanden, die Künstler suchen, finden und deren Produkte entwickeln, vertreiben und vermarkten. Zum einen ist es also wichtig, zu verstehen, dass ein Musikunternehmen aus zahlreichen Labels bestehen kann – denn meistens steht ein Label als Marke für ein bestimmtes Genre oder eine besondere Identität. Manche Musikunternehmen kreieren eigens dafür besondere Unter-Labels oder kaufen die entsprechenden kleineren Unternehmen/Labels auf. Zum anderen dreht es sich bei einem Label um Tonaufnahmen (*recorded music*) und nicht um die Rechte an Komposition und Textdichtung, die von den Musikverlagen wahrgenommen werden. Zeitweise wird von „Major-Labels" gesprochen, wenn man die weltweit größten Musikunternehmen meint (die wiederrum eigene Unter-Labels betreiben). Als *Independent*-Labels werden häufig kleinere Musikunternehmen bezeichnet, um zu unterstreichen, dass diese von Konzernstrukturen unabhängig sind. Dabei existieren zwischenzeitlich auch zahlreiche kleinere Unternehmen mit (weltweiten) Konzernstrukturen oder verschiedenen anderen Abhängigkeiten, aber das tradierte Bild behält eine gewisse Bestandskraft.

II. Was beschreibt die Arbeit eines Labels?

Musikschaffenden bieten sich heute nie da gewesene Möglichkeiten und Chancen, ihre Musik zu schreiben, aufzunehmen, zu verbreiten und ihre Fans damit zu erreichen. Ob und an welcher Stelle in diesem Prozess sie sich ein Label als Partner suchen, entscheiden sie selbst. Sie können dabei aus einem umfangreichen Angebot der Labels Leistungen auswählen, die sie auf ihrem individuellen Weg künstlerisch oder tatsächlich unterstützen. Sehr viele Künstler, die eine professionelle Karriere im Blick haben, entscheiden sich bewusst für die Zusammenarbeit mit einem Label, denn ein Labelpartner bedeutet agile, reaktionsschnelle und oft globale Expertenteams, die beim Aufbau einer langfristigen Karriere helfen, sowohl künstlerisch-kreativ als auch in kommerzieller Hinsicht.

Musikfirmen heute

Quelle: IFPI

Abbildung 14: Leistungsspektrum Musikunternehmen

III. Welche Aufgaben erfüllt das Label für ihre unter Vertrag stehenden Künstler?

Von der professionellen Musikproduktion über Vermarktung bis hin zur Buchhaltung kann das Label dabei alles oder bloß einzelne Bereiche übernehmen. Es kann bei Marketing und Promotion unterstützen und bei Bedarf optimal abgestimmte Kampagnen entwickeln. Die Komplexität der digitalen Lieferkette und der diversen Musik-Plattformen erfordert spezialisiertes Marketing, Lizenzierungsteams sowie Datenmanagement und Buchhaltung in einem enorm gestiegenen Umfang. Auch die hohe Kompetenz im physischen Geschäft – weit über den Vertrieb von CDs und Schallplatten – macht die Partnerschaft in vielerlei Hinsicht für die Kreativen interessant, um die Fans optimal zu erreichen. Je nach Zuschnitt der Partnerschaft zahlt das Label darüber hinaus einen Vorschuss, den Künstler behalten können, auch wenn ihre Musik nicht so erfolgreich ist wie erhofft. Je nach Umfang der Zusammenarbeit mit dem Label, also nach den Leistungen, die die Künstler aus dem Portfolio des Labels auswählen, fällt am Ende dessen Beteiligung an möglichen Einnahmen aus.

Tatsächlich war die Funktion der Musiklabels angesichts des wettbewerbsintensiven, inzwischen vollständig globalen Marktes nie wichtiger als heute. Markteinstiegshürden sind kaum noch vorhanden, denn potenziell alle mit einem funktionierenden Rechner und einem Internetanschluss können inzwischen ihre eigene Musik produzieren, hochladen und direkt mit ihrer Community in Kontakt treten. So konkurrieren professionell Musikschaffende auf den Streaming-Plattformen heute nicht nur mit immer mehr anderen Künstlern aus aller Welt um Aufmerksamkeit, sondern auch mit einer zunehmenden Zahl von Amateurmusikern. Täglich werden mehr als 100.000 neue Tracks auf die Plattformen hochgeladen. Der Einsatz von KI wird diese Entwicklung in den kommenden Jahren noch deutlich verstärken. Moderne Musikfirmen mit spezialisierten Teams von Experten können Künstler in diesem komplexen Umfeld begleiten und ihnen dabei helfen, sicht- und hörbar zu sein, sich durchzusetzen und die eigene Reichweite wirksam zu erhöhen.

IV. Welche Rolle spielen Labels bei der Finanzierung neuer Musik?

Musiklabels sind die wesentlichen Investoren in professionelle Karrieren von Musikern. In Deutschland investieren sie jedes Jahr durchschnittlich ein Drittel ihrer Einnahmen (33 Prozent, s. Oxford-Studie für den BVMI, 2024) in die Entwicklung und Entdeckung neuer Künstlerinnen (A&R), in deren Vermarktung und in den Vertrieb ihrer Musik, also in Marketing und Promotion einschließlich interner Agentur- und digitaler Leistungen.

V. Vertragspartnerschaft zwischen Künstler und Label

Die Vertragsbeziehungen sind nach den Bedürfnissen der Zusammenarbeit gestaltet. Diese umfassen im Einzelnen die Unterstützung bei der Musikproduktion (Aufnahme und Fertigstellung), Vertrieb (Bereitstellung von Netzwerken, Technologien und Logistik, um die Musik weltweit verfügbar zu machen), Vermarktung (Marketing und Promotion), erfolgsunabhängige Vorschusszahlungen während der Kreativarbeit (finanzielle Mittel für Produktion, Vermarktung und Lebensunterhalt) sowie Beratung und langfristige Karrierebegleitung (strategischer Aufbau, Reichweiten und Bekanntheitssteigerung).

70. Sind die Vertragsgestaltungen zwischen Künstlern und Labels stets gleich aufgebaut?

Die Verträge zwischen Musikunternehmen und Künstlern sind sehr individuell. Denn zum einen passt nicht jede Dienstleistung auf jeden Künstler, zum anderen wählt sich jeder Künstler zuvor aus, welche Leistungen er genau will. Selbstverständlich werden Verträge im Laufe einer längeren Vertragsbeziehung auch nachverhandelt. Es wird diesbezüglich auch von der unternehmerischen Evolution der einzelnen Künstler gesprochen, denn gerade im aktuellen Marktumfeld entwickeln Einzelkünstler auch eigene Unternehmen oder Unternehmensstrukturen. In diesem Fall bietet sich dann eine Zusammenarbeit auf der Basis angepasster Vertragsbeziehungen an.

71. Wonach entscheidet sich, welche spezifischen Leistungen ein Label für Künstler zur Verfügung stellt/übernimmt?

In der Regel entscheidet der Vertragspartner, also der Künstler selbst. Denn er ist frei zu entscheiden, an welches Label er sich wendet, welches Leistungsspektrum ihn anspricht und mit wem er eine vertragliche Bindung eingeht. Man spricht in diesem Zusammenhang häufig auch von der „Demokratisierung" der Produktionsprozesse, denn der Zugang zu Herstellung und Vertrieb von Musik ist heutzutage so niedrigschwellig wie vermutlich nie zuvor. Allerdings macht Qualität auch hier in der Regel einen Unterschied. Es kommt also darauf an, ob man für seine Musik auf eine hochwertige Produktion setzt. Manche Künstler suchen darüber hinaus Rat hinsichtlich der Ausgestaltung ihrer Musik oder der Entwicklung ihrer persönlichen Karriere – das klassische Artist & Repertoire Management (A&R) also –, andere brauchen die Erstellung besonderer Videos oder Werbematerialien oder Artwork (Produktmanagement) und wieder andere bloß Hilfe bei der Online-Vermarktung.

72. Behalten die Künstler die kreative Souveränität über ihr kreatives Schaffen?

Künstler werden i. d. R. *gesigned* (bei einem Unternehmen unter Vertrag genommen), weil man dort etwas Bestimmtes in ihnen sieht oder entdeckt, das es zu fördern gilt und von dem man glaubt, damit viele Fans zu erreichen. Manche Künstler wollen darüber hinaus Expertise mit Blick auf die Vermarktung ihrer Inhalte/ihrer Kunst. Andere haben bereits in jeder Hinsicht ganz konkrete Vorstellungen, wo genau sie die Unterstützung durch das Label sehen. Die konkrete Form der künstlerischen Zusammenarbeit wird jeweils mit den Künstlern und ggf. ihrem Management individuell abgestimmt. Letztlich ist es der Künstler selbst, der die künstlerischen Entscheidungen trifft, was vor allem die künstlerische Entwicklung einschließt, die eine möglichst langfristige Kooperation häufig mit sich bringt.

73. Wie unterstützt das Label Künstler bei der internationalen Vermarktung ihrer Musik?

Labels mit internationalen Strukturen haben es gemeinhin leichter, ihre Künstler auch international zu vermarkten. Entsprechende Strukturen sind bei sehr großen Labels naturgemäß bereits vorhanden, aber es existieren auch zahlreiche kleinere Labels mit internationalen Strukturen oder sehr belastbaren Kooperationen. Häufig trifft man an dieser Stelle auf die grundsätzlichere Frage, ob der jeweilige Künstler auch über den Heimatmarkt hinausgehende internationale Zielgruppen erreicht oder erreichen kann. Eine Barriere kann die Sprache darstellen, aber es gibt auch zahlreiche Beispiele von Künstlerinnen und Künstlern, die auf internationalen Märkten mit ihrer lokalen Sprache Erfolge feiern können.

74. Wer entscheidet über das Marketing eines Künstlers?

Grundsätzlich entscheiden Künstler und Unternehmen über die Ausrichtung gemeinsam, über die konkrete Höhe der Ausgaben und die konkreten, häufig sehr filigranen, Marketing-Kanäle aber oft das Unternehmen selbst. Dies liegt nicht nur in der Kernkompetenz des Labels als Partner, sondern betrifft auch sein wirtschaftliches Engagement. Wenn der Künstler am Markt nicht erfolgreich sein sollte, hat das Unternehmen keine Möglichkeit, seine Investitionen wieder einzuspielen, geschweige denn einen Profit zu erwirtschaften.

75. Sind die bei einem Label unter Vertrag stehenden Künstler an diese gebunden? Oder können sie selbst weitere Musik veröffentlichen?

Das Musikunternehmen bindet Künstler während der Vertragsdauer in der Regel exklusiv an sich (persönliche Exklusivität, siehe Frage 51). Nach Ende der Vertragsdauer kann der Künstler auch bei Dritten unterzeichnen oder dort neue Titel veröffentlichen. Der Sinn erschließt sich unmittelbar: Das Musikunternehmen investiert in einen Künstler und den Aufbau seiner Karriere. Während der Dauer des gemeinsamen Vertrages soll der Künstler daher auch die Produkte bewerben, die man gemeinsam erstellt, vertrieben und vermarktet hat. Gleichzeitig würde es wenig Sinn machen, wenn der Künstler Konkurrenzprodukte bei einem anderen Unternehmen auf den Markt bringen könnte. Daher kann der Künstler in der Regel keine weitere Musik während der Dauer der persönlichen Exklusivität aufnehmen und veröffentlichen; alle Aufnahmen, die während dieser Zeit gemacht werden, würden vermutlich unter den gemeinsamen Vertrag fallen (oder wären jedenfalls nicht ohne Verstoß gegen die Regeln des Vertrages veröffentlichungsfähig).

76. Entscheidet das Label des Künstlers darüber, welche Lieder veröffentlicht werden und welche nicht?

Auch hier gibt es sehr viele verschiedene Konstellationen. Oft wird zusammen mit dem Label darüber entschieden, welche Titel veröffentlicht werden. Allerdings kommt es sowohl auf den Künstler als auch auf die Vertragsform an. Je mehr der Künstler bspw. „mitbringt", desto mehr wird er i. d. R. auch entscheiden. Liegt z. B. ein Bandübernahmevertrag vor (siehe Frage 86), so liefert der Bandgeber bereits eine ausproduzierte Tonaufnahme ab. Auch in diesem Fall entscheiden die Vertragspartner dennoch oft gemeinsam, welche der Aufnahmen sich zu welchem Zeitpunkt oder in welcher Reihenfolge eignen.

77. Dürfen Künstler, die bei verschiedenen Labels unter Vertrag stehen, selbst entscheiden, ob sie zusammenarbeiten?

Kooperationen zwischen Künstlern, die bei verschiedenen Musik-Unternehmen unter Vertrag stehen, kommen immer wieder vor. Aber Musik-Unternehmen binden in der Regel Künstler während der Vertragsdauer exklusiv an sich (persönliche Exklusivität, s. o. Frage 51). Wer soll also von der Auswertung einer solchen neuen Tonaufnahme, die durch das Gemeinschaftsprojekt entsteht, profitieren? Label A, bei dem Künstler A unter Vertrag steht oder Label B, bei dem Künstler B unter Vertrag steht? In der Regel wird das Label, von dessen Künstler die Initiative für die Kooperation ausgeht, die Hoheit über die Tonaufnahmen haben. Dafür muss es das andere Label bitten, dessen Künstler für diese Aufnahme aus der persönlichen Exklusivität zu entlassen (sog. Freistellung) – in der Regel gegen eine gewisse Beteiligung an den Einnahmen aus der Auswertung der neuen Aufnahme (sog. Override).

78. Wie werden Labels auf neue Talente aufmerksam?

Die Zeiten, in denen A&Rs (Artist & Repertoire Manager) durch Musikkneipen zogen, um neue Talente zu entdecken, gehören eher der Vergangenheit an. Heutzutage bestimmen auch in den Musik-Unternehmen filigrane digitale Suchmethoden die Möglichkeiten eines neuen Erfolges, natürlich gepaart mit Erfahrung, einem Gespür für Musik und Vermarktungsfähigkeit des jeweils verantwortlichen A&R. Heißt: Die Suchmethoden haben sich stark verändert, da Grundlage des Erfolgs sowohl ein „Auftritt" bei TikTok, der Gig in einer Bar, die Empfehlung eines Managers oder eines Künstlers sein kann.

79. Warum gibt es so viele Bands/Künstler, die ihre eigenen Labels gründen?

Zunächst ist eine gewisse Form der Professionalisierung häufig auch ein Indiz dafür, dass man sich ernsthaft damit beschäftigt, von seiner Musik auch leben können zu wollen. Das beginnt mit der simplen Frage der Organisationsform mehrerer Musiker zusammen. Und es beginnt bereits bei ganz basalen Themen, etwa der Anschaffung eines Kühlschranks für den Proberaum oder der Miete des Raums. Treten mehrere Personen gemeinsam im Geschäftsverkehr auf einen gemeinsamen Zweck hin ausgerichtet auf, ist i. d. R. bereits eine Gesellschaft bürgerlichen Rechts (GbR) gegründet, § 705 BGB (vgl. vertiefend hierzu Fragen 65 ff.). Allein das hat viele Implikationen, zum Beispiel hinsichtlich der Frage, was mit gemeinsam geschaffenen Vermögenswerten oder dem Bandnamen passiert, wenn ein Bandmitglied ausscheidet. Es macht Sinn, solche Eventualitäten bereits in einem frühen professionellen Stadium vertraglich zu regeln. Insofern ist dann auch der Weg zu einem eigenen (kleinen) Unternehmen/einem Label nicht mehr weit. Dies führt in der Folge entsprechend auch zu anderen Kooperationen mit Musik-Unternehmen.

80. Fördern Labels auch neue Bands und Künstler?

Selbstverständlich. „Fördern" wird leider allzu häufig auf die Verwendung öffentlicher Gelder reduziert, wobei die eigentliche Förderung stets darin beginnt, Talente zu entdecken und sie im Verlauf einer Kooperation im besten Fall zur Exzellenz zu begleiten. Es kann nicht oft genug wiederholt werden: Das Ziel von Musik-Unternehmen ist es, durch Investitionen Profite zu generieren. Sie haben eben das Privileg, in besonders schöne „Waren“ – in die Kunstform Musik! – zu investieren. Und: Nur ein erfolgreicher Künstler erwirtschaftet Profit. Es ist also unbedingtes Ziel, dass Künstler Erfolg am Markt haben. Leider geht diese Wette nicht immer auf, egal wie gut der Künstler, das Produkt oder das Marketing ist. So finanzieren die Künstler, die am Markt erfolgreich sind, die weniger erfolgreichen Projekte mit. Für die Unternehmen ist das insofern eine Mischkalkulation. Je unbekannter ein Künstler, desto höher das Risiko, dass die Investitionen nicht wieder eingespielt werden können. Dennoch können in vielen Fällen auch unbekanntere oder neue Künstler bereits Vorschüsse (Vorauszahlungen auf ihre vom Partner erwarteten Lizenzeinnahmen) erhalten, die sie selbst im Falle des vollständigen Misserfolgs am Markt nicht zurückzahlen müssen. Je mehr das Label an Dienstleistungen anbietet, je mehr es also investiert, desto geringer ist – am Anfang – der Anteil, den der Künstler im Rahmen seines Vertrags erhält.

81. Wer entscheidet, ob eine Veröffentlichung Erfolg hat oder nicht?

Immer die Fans.

C. Der rechtliche Rahmen

An dieser Stelle müssen wir uns erneut vergegenwärtigen, dass das Urheberrechtsgesetz zwischen zwei wesentlichen Teilbereichen unterscheidet, nämlich zum einen den Urheberrechten und zum anderen den sog. verwandten Schutzrechten, auch Leistungsschutzrechte genannt. Diese teilweise ähnlich oder gleich behandelten Rechte sollen hier anhand der bekannten Säulengrafik noch einmal visualisiert werden:

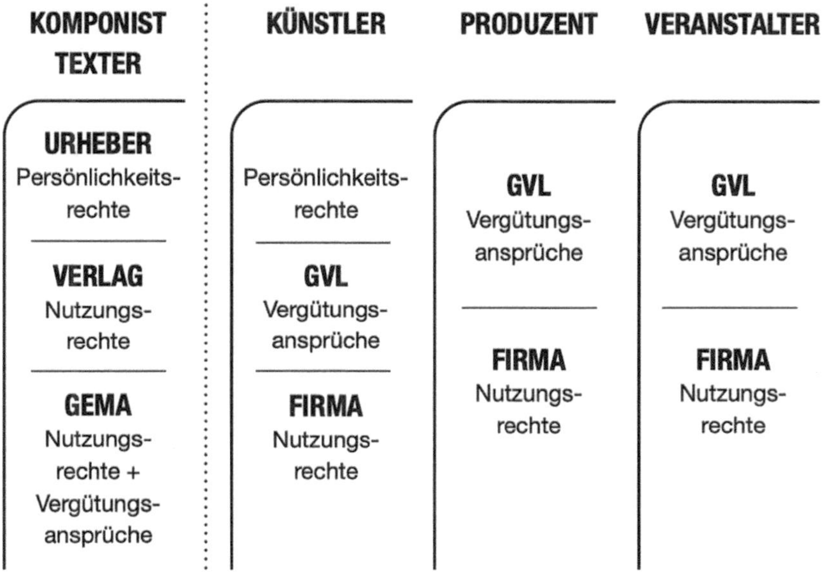

Abbildung 1: Basis-Überblick Urheberrecht/verwandte Schutzrechte

Nachfolgend beschäftigen wir uns zunächst wieder mit der Entstehung solcher verwandten Schutzrechte und danach mit deren Verwertung.

I. Die Leistungsschutzrechte der Hersteller *(René Houareau)*

82. Was ist das Leistungsschutzrecht der Hersteller und wie entsteht es?

Das Leistungsschutzschutzrecht des Tonträgerherstellers (§ 85 UrhG) entsteht bei jeder Fixierung von Schall auf ein Trägermedium, unabhängig davon, ob es sich um Musik oder Sprache, um ein Magnetband, eine CD oder eine Festplatte handelt. Das Recht an dieser konkreten Aufnahme steht allein dem Tonträgerhersteller zu, also dem wirtschaftlichen Unternehmen, welches die finanzielle Verantwortung trägt. Es besteht eigenständig unabhängig von den Urheberrechten und den Rechten der ausübenden Künstler an dem aufgenommenen Werk (vgl. Wandtke/Bullinger/*Schaefer*, § 85 Rn. 1). Honoriert werden durch das Schutzrecht die wirtschaftliche, organisatorische und technische Leistung des Tonträgerherstellers (vgl. *Fierdag*, in: Berger/Wündisch, Urhebervertragsrecht, § 21 Rn. 113). Denn nicht der Tonträger selbst oder die festgehaltene Tonfolge ist der Schutzgegenstand des § 85 UrhG. Es wird mit dem Recht vielmehr die erforderliche unternehmerische Leistung honoriert (*Limper*, Entertainmentrecht, Rn. 182) Daher bezieht sich der Schutz auch nur auf die Erstaufnahme (das sog. Master). Ein Vervielfältigungsstück der Erstaufnahme darf anschließend nur mit der Zustimmung des Herstellers angefertigt werden (§ 85 Abs. 2 UrhG).

83. Was sind Veranstalterrechte und wie entstehen sie?

Dem Veranstalter stehen gemäß § 81 UrhG wegen seiner organisatorisch-wirtschaftlichen Leistung eigene Leistungsschutzrechte zu, wenn er die Live-Darbietung ausübender Künstler vor einem öffentlichen Publikum organisiert (Dreier/Schulze/*Dreier*, § 81 Rn. 1). Ein Veranstalter kann diese Rechte auch eigenständig geltend machen. Dem Veranstalter stehen mit den Rechten zur Aufnahme der Darbietung auf Bild- oder Tonträger sowie deren Vervielfältigung und Verbreitung nach § 77 Abs. 1 und 2 UrhG, sowie den Rechten auf öffentliche Zugänglichmachung, Sendung der Live-Darbietung und Bildschirm- und Lautsprecherübertragung nach § 78 Abs. 1 UrhG dieselben Ausschließlichkeitsrechte zu, die auch den ausübenden Künstlern selbst zukommen. Diese Rechte stehen dem Veranstalter neben den Rechten des ausübenden Künstlers zu (Wandtke/Bullinger/*Büscher*, § 81 Rn. 1). Dritten kann ein Veranstalter Nutzungsrechte an einer von ihm veranstalteten künstlerischen Darbietung einräumen (Wandtke/Bullinger/*Büscher*, § 81 Rn. 1).

In der Praxis üben Veranstalter die Ausschließlichkeitsrechte nach § 81 regelmäßig selbst aus und machen diese eigenständig geltend (Dreier/Schulze/*Dreier*, § 81 Rn. 3–10) – allerdings hat sich auch seit 2014 die Gesellschaft für die Wahrnehmung von Veranstalterrechten (GWVR) gegründet und wurde vom Deutschen Patent- und Markenamt als neue Verwertungsgesellschaft zur Wahrnehmung dieser Rechte zugelassen. Traditionell werden die Vergütungsansprüche von der GVL wahrgenommen, der jedoch nur wenige Veranstalter angehören (Fromm/Nordemann/*Blobel/Schaefer*, § 81 Rn. 20). Die Veranstalterrechte bestehen nämlich unabhängig von den Rechten der Künstler (vgl. Schricker/Loewenheim/*Vogel*, § 81 Rn. 29) und wirken gegenüber jedermann. Ihre Schutzdauer beträgt (anders als diejenige der ausübenden Künstler), wenn die Darbietung auf einen Bild- oder Tonträger aufgenommen worden ist, gemäß § 82 UrhG 25 Jahre ab dem Erscheinen des Bild- oder Tonträgers.

II. Typische Formen der Auswertung von Musikdarbietungen (Künstler-, Produzenten-, Bandübernahme-, Label- und Vertriebsvertrag) *(Carsten Senger)*

84. Welche Arten von Verträgen gibt es bei der Auswertung von Musik?

Die Auswertung von musikalischen Darbietungen erfolgt in einer Vielzahl von sehr unterschiedlichen Vertragskonstellationen und Geschäftsmodellen. In der Musikwirtschaft gibt es allerdings einige klassische Grundkonstellationen, die hier überblickartig dargestellt werden sollen. Selbstverständlich haben alle solche überblickartigen Darstellungen den Nachteil, unter Umständen wichtige Details auszulassen, auf der anderen Seite besitzen sie aber den Charme, ein Grundverständnis/-konzept näher zu bringen, ohne mit Detailtiefe zu verwirren, womit dann auch die Intention dieses Beitrages beschrieben ist.

Der KEV wurde bereits im Detail im Rahmen der Fragen 48 ff. beschrieben. Dort wurde auch das Verhältnis zwischen Künstler und Produzent näher beleuchtet. Bis Ende der 80er Jahre (siehe dazu auch Frage 86 unten) war es der Regelfall, dass das Label direkt die Rolle des (wirtschaftlichen) Produzenten einnahm und die relevanten Verträge selbst mit den jeweiligen Beteiligten abschloss. In diesen Fällen hatte das Label also direkt mit dem Künstler einen KEV abgeschlossen. Wie oben (Frage 48) dargelegt, handelt es sich bei einem KEV um einen exklusiven Lizenzvertrag, mit der Künstler dem Lizenznehmer (hier das Label) das exklusive Recht einräumt, die Darbietungen des Künstlers aufzunehmen und die entsprechenden Aufnahmen (und damit auch die Nutzungsrechte an den Leistungsschutzrechten des Künstlers) gegen Lizenzbeteiligung auszuwerten.

Neben dem KEV kommen im deutschsprachigen Raum üblicherweise folgende Verträge vor: Der Produzentenvertrag, der Bandübernahmevertrag mit seiner Sonderform des Label-Bandübernahmevertrages sowie der Vertriebsvertrag, der wiederum auch als Labelvertrag ausgestaltet sein kann.

85. Was ist ein Produzentenvertrag?

Im Rahmen eines Produzentenvertrages (PV) beauftragt das Label einen oder mehrere künstlerische Produzenten (siehe zur Abgrenzung gegenüber den wirtschaftlichen Produzenten Frage 41), im Auftrag und nach Weisung des Labels sog. Masteraufnahmen herzustellen. In diesem Zusammenhang werden von den Produzenten zeitlich unbeschränkt sämtliche ihnen an den Masteraufnahmen zustehenden Leistungsschutzrechte auf das Label übertragen, das ihnen für die Auswertung eine Vergütung, und zwar im Regelfall eine Lizenzbeteiligung, zahlt. Die Lizenzbeteiligung der Produzenten ist normalerweise deutlich geringer als die Lizenzbeteiligung von Künstlern, folgt aber im Übrigen regelmäßig denselben Grundsätzen wie die Künstler-Lizenzbeteiligung, weshalb zur weiteren Orientierung auf die Ausführungen zu den Fragen 59 ff. verwiesen werden kann. In dieser Auftragsproduzenten-Konstellation trägt das Label normalerweise auch die (vorher abgesprochenen oder zumindest der Höhe nach begrenzten) Produktionskosten.

Die zur Auswertung der Masteraufnahmen erforderlichen Rechte der Künstler werden nicht mit dem PV übertragen, diese sind Gegenstand des bereits erwähnten KEV, den das Label direkt mit den Künstlern abschließt.

Im PV wird der Produzent in der Regel zudem verpflichtet, von etwaigen (neben dem Künstler) an der Produktion zusätzlich Beteiligten (z. B. Studiomusikern) die zur Auswertung der Masteraufnahmen erforderlichen Leistungsschutzrechte einzuholen und diese an das Label zu übertragen. Die Einholung dieser Rechte erfolgt im Regelfall durch Künstlerquittungen (siehe zur Künstlerquittung und der Abgrenzung zum KEV die Fragen 49 und 52), die der Produzent dem Label als Nachweis des Rechteerwerbs vorzulegen hat. Der PV enthält im Weiteren regelmäßig noch eine Vielzahl von anderen wichtigen, die Produktion und das Verhältnis zwischen Label und Produzent betreffende, Vereinbarungen, deren Darstellung den Rahmen dieses Beitrages sprengen würde (zur weiteren Orientierung und Vertiefung empfohlen: *Bießmann/Möll-*

mann/Scheuermann, in: Moser/Scheuermann/Drücke, Handbuch der Musikwirtschaft, § 60 Rn. 63; *Rossbach*, in: Loewenheim, Handbuch des Urheberrechts, § 75 Rn. 54 ff.). An dieser Stelle hervorzuheben ist, dass auch Produzenten regelmäßig einer Titelexklusivität unterliegen (siehe zur Titelexklusivität die Fragen 51 und 58), normalerweise aber keiner persönlichen Exklusivität (siehe zur persönlichen Exklusivität Frage 58), sowie, dass Produzenten gegenüber dem Label selbstverständlich für den Bestand der von ihnen übertragenen Rechte haften.

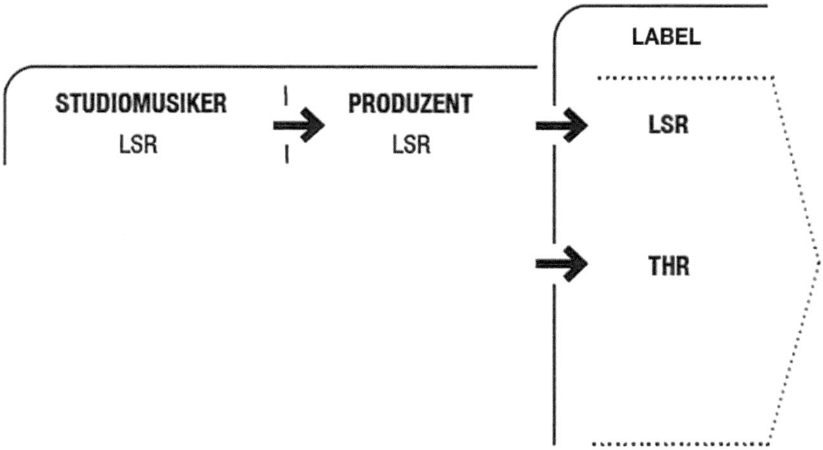

THR = Tonträgerherstellerrecht
LSR = Leistungsschutzrecht

Abbildung 15: Darstellung Produzentenvertrag (PV)

86. Was ist ein Bandübernahmevertrag?

Die Bezeichnung Bandübernahmevertrag (BÜV) ist darauf zurückzuführen, dass ein Lizenzgeber (der „Bandgeber") einem Lizenznehmer (im Regelfall einem Label) eine „überspielreife" (d. h. reproduktionsfähige) Masteraufnahme (in „analogen" Zeiten das „Band" genannt) anliefert.

Bis Ende der 1980er Jahre hatte der BÜV in Deutschland nur eine geringe Bedeutung, dies änderte sich mit Beginn der Techno und Dance Music Ära, in der sich die Produktionsprozesse derart veränderten, dass es Produzenten möglich wurde, ohne größeren Aufwand hochwertige Aufnahmen für diese Genres herzustellen. Da diese Produzenten jedoch im Regelfall nicht über die Vermarktungs- und Auswertungsstrukturen eines Labels verfügten, wurden solche Bänder dann fertig von den Labels zur Vermarktung und Auswertung „übernommen".

Auch bei einem BÜV handelt es sich um einen exklusiven Lizenzvertrag, der Bandgeber überträgt dort dem Label gegen Lizenzbeteiligung die Rechte zur exklusiven Auswertung der Masteraufnahme(n). Im Gegensatz zu einem KEV und einem PV ist diese Rechteübertragung aber im Regelfall zeitlich beschränkt, in Einzelfällen sind die Rechte auch nur für bestimmte Länder übertragen (in den anderen Ländern wertet der Bandgeber dann mit Dritten aus).

Um die Rechte im erforderlichen Umfang übertragen zu können, schließt der Bandgeber im Regelfall mit dem Künstler einen KEV. Ist der Bandgeber selbst nicht Produzent der Masteraufnahmen (mittlerweile keine Seltenheit), so muss der Bandgeber mit den jeweiligen Produzenten einen PV anschließen. Sofern diese Aufgabe nicht an den Produzenten übertragen wurde, obliegt es dem Bandgeber zudem die Rechte sonstiger neben Künstler etwa an der Produktion mitwirkenden Inhabern von Leistungsschutzrechten (z. B. Studiomusikern) einzuholen (was regelmäßig durch Künstlerquittungen erfolgen wird, siehe hierzu auch Frage 85).

Der Bandgeber trägt in der Regel die unmittelbar mit der Herstellung der Masteraufnahmen entstehenden Produktionskosten selbst, wobei das wirtschaftliche Risiko regelmäßig durch die Vereinbarung einer diese Kosten deckenden Vorauszahlung minimiert wird.

Sind mit Künstler und etwaigen anderen wesentlich an den Masteraufnahmen mitwirkenden Personen (wie bspw. Co-Produzenten) Lizenzbeteiligungen vereinbart, so sind diese vom Bandgeber abzurechnen und zu zahlen. Dies gilt für etwaige Vorauszahlungen auf solche Lizenzbeteiligungen entsprechend.

Indem der Bandgeber den Künstler, den Produzenten sowie sonstige an der Masteraufnahme mitwirkende Leistungsschutzberechtigte zu vergüten hat, fällt die Lizenz, die das Label an den Bandgeber zahlt, regelmäßig höher aus als im KEV. Vereinfacht lässt sich sagen, dass Künstler- und Produzenten-Lizenzbeteiligung addiert und mit einem Aufschlag versehen werden, dessen Höhe letztlich Verhandlungssache ist (auch die BÜV-Lizenzbeteiligung folgt im Übrigen regelmäßig denselben Grundsätzen wie die Lizenzbeteiligung von Künstlern, weshalb zur weiteren Orientierung auf die Ausführungen zu den Fragen 59 ff. verwiesen werden kann).

Da der Bandgeber unter einem BÜV sowohl die Leistungen und Rechte des Künstlers als auch die Leistungen und Rechte des Produzenten „liefert“, kann man vereinfacht sagen, dass der BÜV eine Mischung der wesentlichen Bestimmungen dieser beiden Verträge beinhaltet. Eine umfassende Darstellung der üblicherweise in einem BÜV vorkommenden Bestimmungen würde den Rahmen dieses Beitrages sprengen (zur weiteren Orientierung und Vertiefung empfohlen: *Bießmann/Möllmann/Scheuermann*, in: Moser/Scheuermann/Drücke, Handbuch der Musikwirtschaft, § 60 Rn. 64 ff.; *Rossbach*, in: Loewenheim, Handbuch des Urheberrechts, § 75 Rn. 68 ff.), je nach Genre ist der BÜV neben dem KEV allerdings auch der sicherlich am häufigsten vorzufindende Vertragstyp, aus diesem Grunde soll im Folgenden auf einige weitere wesentliche Regelungspunkte des BÜV ein wenig näher eingegangen werden.

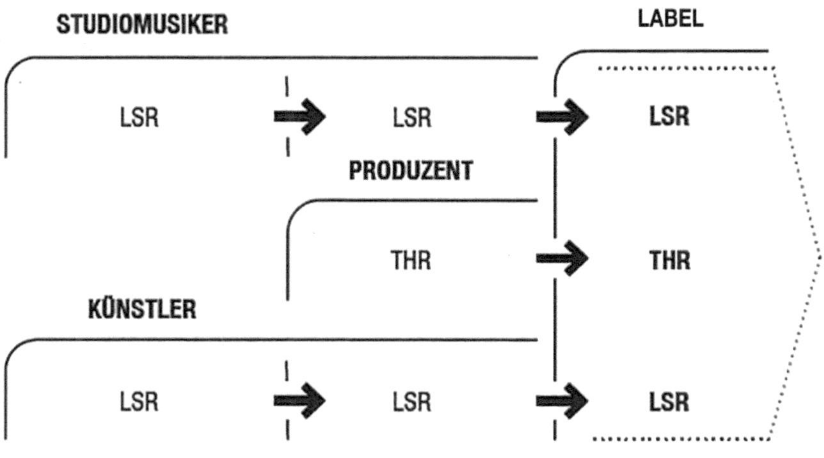

THR = Tonträgerherstellerrecht
LSR = Leistungsschutzrecht

Abbildung 16: Darstellung Künstlerexklusivvertrag Bandübernahmevertrag (KEVBÜV)

(1) Vertragsaufnahmen:

Optionen

Der Bandgeber schuldet die Abgabe eines überspielreifen Masterbandes. Dieser Unterschied hat Einfluss auf den Mechanismus der Optionsfristen. Während die Frist beim KEV mitunter nur an die Veröffentlichung des Vorgängerproduktes anknüpft, wird im BÜV regelmäßig der Fristbeginn von der Ablieferung eines verwertbaren Demos hinsichtlich des optionalen (Folge-)Produkts abhängig gemacht. In der Regel wird auch festgehalten, bis zu welchem Zeitpunkt der Bandgeber ein solches Demo abliefern soll.

Anlieferungsumfang/Zeitpunkt der Anlieferung

Während ein Künstler nur für die Herstellung der „Originalaufnahmen“ zur Verfügung zu stehen hat und sich das Label um etwaige (Re-)Mixe dieser Originalaufnahmen für Singleveröffentlichungen und/oder Promotionmaßnahmen (TV-Fassungen etc.) kümmern muss, wird der Bandgeber regelmäßig dazu verpflichtet, zumindest eine gewisse Anzahl solcher (Re-)Mixe kostenfrei beim Label anzuliefern; Art und Umfang der anzuliefernden (Re-)Mixe weicht je nach Genre deutlich voneinander ab.

In der Regel sehen BÜV zudem vor, in welchem Zeitraum feste und/oder optierte Produkte vom Bandgeber beim Label anzuliefern sind. Der Zeitpunkt der Anlieferung ist für das Label insbesondere deshalb von großer Bedeutung, weil sich sämtliche Marketing- und Promotion-Pläne an dem Veröffentlichungstermin des jeweiligen Produkts ausrichten. Diese müssen mit einem entsprechenden Vorlauf geplant werden (beispielsweise wegen der Buchung von Werbeflächen etc.).

Das Label trägt im BÜV ferner regelmäßig Sorge dafür, dass der Bandgeber, etwa wenn zwei Alben fest geschuldet werden, nicht einfach ein Doppelalbum abliefern kann.

Produktherstellung/Titelauswahl

Insbesondere in Anbetracht seiner Investitionen hat das Label ein starkes Interesse daran, dass die produzierten bzw. angelieferten Masteraufnahmen auch kommerziell auswertbar sind. Im Rahmen eines direkt mit dem Künstler abgeschlossenen KEV erfolgt die Auswahl der aufzunehmenden Titel daher regelmäßig einvernehmlich, das Label ist zudem aktiv in den Produktionsprozess involviert. Da bei einem BÜV fertige Masteraufnahmen angeliefert werden, ist das Label üblicherweise nur am Rande in den Produktionsprozess eingebunden. Daher werden bei einem BÜV zwischen Bandgeber und Label regelmäßig im Vorfeld der Produktion Vereinbarungen zur Titelauswahl getroffen. Sofern diese nicht ebenfalls eine einvernehmliche Titelauswahl für das gesamte Produkt vorsehen, ist regelmäßig vereinbart, dass zumindest die Auswahl einer bestimmten Anzahl der Titel einvernehmlich erfolgt und es sich bei diesen einvernehmlich festgelegten Titeln auch um die Kandidaten für etwaige Singleauskopplungen handelt.

(2) Exklusivität/Promotion/Künstlerbrief:

Hinsichtlich der Künstler-Exklusivität finden sich in einem Standard-BÜV die gleichen oder sehr ähnliche Regelungen wie in einem KEV (siehe Frage 58). Der Bandgeber muss zudem den Künstler während der Vertragsdauer für Promotion zur Verfügung stellen (die Ausführungen in Frage 61 gelten insoweit entsprechend).

Das Label hat keinen direkten Vertrag mit dem Künstler, aber ein großes Interesse daran, dass die zwischen dem Label und Bandgeber getroffenen Abreden, die den Künstler persönlich betreffen, auch direkt gegenüber dem Künstler wirksam sind. Daher verlangt das Label regelmäßig, dass der Künstler einen sog. Künstlerbrief unterzeichnet. Bei dem Künstlerbrief handelt es sich um eine Erklärung des Künstlers gegenüber dem Label, mit der vom Künstler u. a. versichert wird, den Umfang der Rechtseinräumung und der exklusiven Bindung an das Label zu kennen, diese zu genehmigen und in bestimmten Fällen (bspw. im Falle der Insolvenz des Bandgebers) die noch nicht erfüllten Vertragspflichten des Bandgebers, die den Künstler persönlich betreffen, direkt gegenüber dem Label zu erfüllen. Zu diesen Vertragspflichten gehören normalerweise die Mitwirkung an der Produktion von Aufnahmen, die Mitwirkung an Promotionmaßnahmen oder die Einhaltung der Exklusivität.

(3) Verrechenbarkeiten:

Bei einem BÜV spielt die sog. Verrechenbarkeit bestimmter von dem Label im Zusammenhang mit der Vermarktung und/oder Auswertung der Mastertonaufnahmen aufgewendeter Kosten mit Lizenzbeteiligungen des Bandgebers eine größere Rolle als beim KEV, dies betrifft vor allem Kosten für Remixe und Videos (siehe dazu auch *Bießmann/ Möllmann/Scheuermann*, in: Moser/Scheuermann/Drücke, Handbuch der Musikwirtschaft, § 60 Rn. 43).

(4) Sonstige Rechte:

Unter dem BÜV obliegt dem Bandgeber, sämtliche zur Auswertung der Masteraufnahmen erforderlichen Rechte der Autoren der aufgenommenen Werke zu klären, neben den erforderlichen Vervielfältigungs- und Verbreitungsrechten (die in Deutschland im Regelfall bei der GEMA lizenziert werden können), sind unter anderem bedeutsam das Erstveröffentlichungsrecht (bei unveröffentlichten Werken), die Bearbeitungsgenehmigung (bei Bearbeitungen bereits veröffentlichter Werke) sowie das Synchronisationsrecht (für Auswertungen der Masteraufnahmen auf Bildtonträgern).

87. Was ist ein Label-Bandübernahmevertrag?

Bei einem Label-Bandübernahmevertrag (Label-BÜV) handelt es sich um einen Rahmenlizenzvertrag zwischen einem Label, das Auswertungsrechte an Masteraufnahmen hat, mit einem anderen Label, das über Marketing-, Promotion- und Vertriebsstrukturen verfügt. Unter einem Label-BÜV werden in der Regel sämtliche Ton- und Bildtonaufnahmen, über deren Auswertungsrechte das bandgebende Label verfügt bzw. die es während der Vertragsdauer des Label-BÜV erwirbt, allein dem übernehmenden Label zur Auswertung überlassen. Bei einem Label-BÜV handelt es sich vereinfacht gesagt um einen exklusiven BÜV, der sich auf alle Künstler und Aufnahmen des bandgebenden Labels erstreckt.

Aufgrund der Vielzahl der unter den Label-BÜV fallenden Masteraufnahmen und/oder Künstler enthält der Label-BÜV neben den auch in einem „normalen“ BÜV vorkommenden Bestimmungen (siehe unter Frage 86) eine Reihe weiterer wesentlicher Bestimmungen, bei denen es sich oftmals um sehr individuelle, die jeweiligen besonderen Umstände und Interessen der Zusammenarbeit zwischen den Parteien reflektierende, Regelungen handelt. Auch hier würde eine umfassendere Darstellung solcher Bestimmungen den Rahmen dieses Beitrages sprengen (zur weiteren Orientierung und Vertiefung empfohlen: *Fierdag/Westphal*, in: Moser/Scheuermann/Drücke, Handbuch der Musikwirtschaft, § 59 Rn. 5 ff.; *Rossbach*, in: Loewenheim, Handbuch des Urheberrechts, § 75 Rn. 80 ff.), zwei wesentliche Punkte seien jedoch an dieser Stelle hervorgehoben:

(1) Vertragsdauer:

Während BÜVs normalerweise eine produktbezogene Vertragsdauer haben (vgl. Frage 57), ist der Label-BÜV zumeist laufzeitbezogen. Es werden Vertragsperioden vereinbart, in denen eine bestimmte Anzahl von Produkten („Mindestanlieferungsvolumen“) abgeliefert werden muss. Regelmäßig ist vorgesehen, dass diese Produkte von einer bestimmten Anzahl verschiedener Künstler stammen müssen (Beispiel: Von drei unterschiedlichen Künstlern ist jeweils ein Album anzuliefern). Eine feste Vertragsperiode beträgt zumeist drei Jahre, optionale Vertragsperioden können im Einzelfall kürzer sein. Das übernehmende Label hat ein erhebliches Interesse daran, den vereinbarten Produktumfang nicht auf einmal (womöglich gar erst am Ende einer Vertragsperiode), sondern gleichmäßig verteilt über die gesamte Dauer der Vertragsperiode zu erhalten; das Mindestanlieferungsvolumen wird daher regelmäßig auf die einzelnen Jahre einer Vertragsperiode verteilt (Beispiel: Im ersten Jahr der festen Vertragsperiode sind zwei Alben anzuliefern und in den beiden folgenden Jahren jeweils drei Alben). Da eine Nichterfüllung dieser Anlieferungsverpflichtungen im Regelfall zu einer automatischen Verlängerung der Vertragsdauer führt, ist eine umsichtige A&R- und Veröffentlichungsplanung des bandgebenden Labels unumgänglich.

(2) Infrastrukturkostenpauschalen:

Der Betrieb eines Labels ist deutlich aufwändiger als die Erfüllung eines „normalen“ BÜV. Mit steigender Anzahl der bei einem Label unter Vertrag stehenden Künstler entstehen und mehren sich bei diesem Label neben der eigentlichen kreativen Arbeit regelmäßig eine Vielzahl von administrativen Aufgaben, die von einer Person „nebenbei aus dem Studio“ kaum geleistet werden können. Daher kann es notwendig werden, dass das Label (ggf. zusätzlich zu einem bereits existenten Studio) Büroräume anmieten sowie Mitarbeiter einstellen muss. Solche Infrastrukturkosten des Labels sind grundsätzlich das Risiko des Labels. In Einzelfällen (regelmäßig abhängig von Größe und Verhandlungsposition des bandgebenden Labels) werden jedoch auch sog. Infrastrukturkostenpauschalen vereinbart, die das übernehmende Label an das bandgebende Label leistet, damit dieses zumindest Teile seiner Infrastrukturkosten decken kann. Das übernehmende Label besteht im Regelfall darauf, dass Infrastrukturkostenpauschalen gegen Umsatzbeteiligungen, die dem bandgebenden Label unter dem Label-BÜV zustehen, verrechenbar sind, was wiederum eine besondere betriebswirtschaftliche Herausforderung für das bandgebende Label darstellen kann, will es nicht in einen Liquiditätsengpass geraten (sog. „Lizenzschere“; siehe hierzu vertiefend und zur Quer-Verrechenbarkeit unter Label-BÜVs im Allgemeinen *Fierdag/Westphal*, in: Moser/Scheuermann/Drücke, Handbuch der Musikwirtschaft, § 59 Rn. 19 f.).

Der Vollständigkeit halber sei noch auf eine besondere Variante des Label-BÜV hingewiesen, dem sog. 1st Option Vertrag. Dieser unterscheidet sich vom normalen Label-BÜV im Wesentlichen dadurch, dass nicht alle Künstler/Aufnahmen des bandgebenden Labels automatisch durch das andere Label ausgewertet werden, sondern jeweils „nur“ eine Erstoption besteht. Übt das andere Label diese Erstoption aus, dann kann es den betreffenden Künstler oder die betreffende Aufnahme zu den im 1st Option Vertrag festgelegten Konditionen auswerten. Tut es das nicht, dann ist das bandgebende Label frei, den betreffenden Künstler oder das betreffende Produkt allein oder mit Dritten auszuwerten.

88. Was ist ein (Label-)Vertriebsvertrag?

Bei einem Vertriebsvertrag nutzt der Vertriebsgeber (Inhaber von Auswertungsrechten an Masteraufnahmen) meist nur die Infrastruktur des Vertriebsnehmers, d. h. dessen Vertriebskanäle und Know-how im Bereich Vertrieb. Marketing und Promotion werden vom Vertriebsgeber selbst gesteuert, wobei es mittlerweile ja nach Repertoiregattung und

Status des Künstlers im Einzelfall möglich sein kann, bestimmte Marketing- und Promotionleistungen bei dem Vertriebsnehmer hinzuzubuchen (Vertriebsverträge mit entsprechenden Zusatzleistungen werden zumeist als „Distri Plus Verträge“ bezeichnet).

Der Vertriebsnehmer erhält für die reine Vertriebsleistung eine sog. Vertriebsgebühr, für die ggf. hinzugebuchten („Distri Plus“) Leistungen dann zusätzlich noch eine sog. Servicefee. Der Vertriebsgeber erhält aus der Auswertung der überlassenen Aufnahmen durch den Vertriebsnehmer die sog. Vertriebserlöse, bei denen es sich vereinfacht gesagt um den Netto-Verkaufserlös abzüglich der Vertriebsgebühr, der eventuellen Servicefee sowie etwaiger anderer Kosten handelt.

Hinsichtlich der von dem Vertriebsgeber zu übertragenden Rechte ist im Vertriebsvertrag zwischen physischen Tonträgern und der non-physischen Auswertung (Download, Streaming etc.) zu unterscheiden: Im Rahmen des Vertriebes von physischen Tonträgern bedient sich der Vertriebsgeber lediglich der Leistung des Vertriebsnehmers bei der Verteilung der Produkte, sodass regelmäßig keinerlei Leistungsschutzrechte an den Vertriebsnehmer übertragen werden. Demgegenüber fehlt es bei der non-physischen Auswertung an einem physischen Produkt, das verteilt werden kann; die Auswertung erfolgt auf Basis eines Lizenzvertrages, in dem die für die entsprechende Auswertung erforderlichen Leistungsschutzrechte vom Vertriebsgeber auf den Vertriebsnehmer übertragen werden. Gleich ob physischer Vertrieb oder non-physische Auswertung, die entsprechenden Rechte des Vertriebsnehmers sind regelmäßig exklusiv. Kopplungs- und Synchronisationsrechte werden meist ebenfalls durch den Vertriebsnehmer ausgewertet, und zwar auf Basis einer (meistens exklusiven) Lizenz.

Während einige Labels in Deutschland Vertriebsverträge regelmäßig nur für die Länder Deutschland, Österreich und die Schweiz abschließen und eine etwaige Auswertung in den restlichen Ländern der Welt dann im Rahmen eines (im Vertriebsvertrag enthaltenen) Lizenzvertrages durch Partner der Vertriebsnehmer erfolgt, bieten andere Marktteilnehmer („Independent-Vertriebe“ oder Aggregatoren) mittlerweile zumindest im non-physischen Bereich auch einen weltweiten Vertrieb an. Die Leistungskataloge all dieser potenziellen Vertriebsnehmer sind größtenteils sehr unterschiedlich, sodass Vertriebsgeber unter Berücksichtigung ihrer jeweiligen Ziele und eigenen Möglichkeiten jeweils genau prüfen und abwägen müssen, welcher Partner für ihre Zwecke der richtige ist.

Hinsichtlich der Vertragsdauer gibt es eine ganze Reihe von Varianten, deren Darstellung den Rahmen dieses Beitrages sprengen würde, die Range reicht von sehr kurzen Laufzeiten in (eher seltenen) Verträgen, die nur ein einzelnes Produkt zum Gegenstand haben, bis zu Laufzeiten, die denen eines BÜV vergleichbar sind. Die Auswertungsdauer unter einem Vertriebsvertrag ist im Regelfall deutlich kürzer als bei einem BÜV.

Der Vertriebsgeber muss selbstverständlich Inhaber aller erforderlichen Leistungsschutzrechte der Künstler sowie der künstlerischen Produzenten und sonstiger an den Masteraufnahmen Mitwirkenden sein, insoweit ist die Situation dieselbe wie diejenige des Bandgebers eines BÜV (siehe Frage 86). Wie ein Bandgeber hat der Vertriebsgeber dafür Sorge zu tragen, dass das beim Vertriebsnehmer angelieferte Master überspielreif ist. Zudem obliegt dem Vertriebsgeber die Herstellung der erforderlichen Artworks sowie der Marketing- und Promotionmaterialien (Fotos, Videos etc.); hierzu sind vom Vertriebsgeber die zur Auswertung erforderlichen Rechte der Fotografen, Grafiker, Videoproduzenten etc. einzuholen.

Zudem muss der Vertriebsgeber in der Lage sein, die Marketing- und die Promotionmaßnahmen für die Vertriebsprodukte (also die Masteraufnahmen) selbst zu steuern (soweit dies nicht ausnahmsweise als Service durch den Vertriebsnehmer erfolgt, Stichwort „Distri Plus“-Vertrag). Sofern der Vertriebsgeber nicht über entsprechende Mitarbeiter verfügt, kooperiert er im Regelfall mit externen Agenturen.

Die Herstellung der physischen Produkte (CDs, Vinyls, DVDs) fällt ebenfalls in den Aufgabenbereich des Vertriebsgebers, wie auch die Erfüllung der Verpflichtungen gegenüber den Urheberrechts-Wahrnehmungsgesellschaften (GEMA etc.) im Zusammenhang mit der Auswertung der Vertriebsprodukte (sofern diese Wahrnehmungsgesellschaften nicht, wie derzeit im Streaming üblich, von den DSPs direkt vergütet werden).

Auch der Vertriebsvertrag enthält zahlreiche weitere Bestimmungen, die sich von Fall zu Fall zudem unterscheiden können und auf die im

Rahmen dieses Beitrages nicht eingegangen werden kann (zur Vertiefung empfohlen *Fierdag/Westphal*, in: Moser/Scheuermann/Drücke, Handbuch der Musikwirtschaft, § 59 Rn. 29 ff.; *Rossbach*, in: Loewenheim, Handbuch des Urheberrechts, § 75 Rn. 87 ff.). An dieser Stelle hervorzuheben ist, dass sich die Abrechnung der Vertriebserlöse teilweise wesentlich von der Abrechnung von Umsatzbeteiligungen unterscheidet. Hintergrund ist der Umstand, dass Vertriebsnehmer lediglich Dienstleister sind und spätestens im Rahmen der Abrechnung sämtliche im Zusammenhang mit dem Vertrieb entstehenden Kosten (wie bspw. Retourenkosten für physische Produkte) an die Vertriebsgeber weiter belastet werden (beim BÜV trägt alle diese Kosten das auswertende Label). Interne Kosten des Vertriebsnehmers werden allerdings nicht weiterbelastet, diese sind mit der Vertriebsgebühr bzw. der Service-Fee abgegolten.

Der Vollständigkeit halber ist darauf hinzuweisen, dass auch Vertriebsverträge als Labelverträge ausgestaltet sein können („Label-VV"). Wie oben dargestellt, ist der Vertriebsvertrag aufgrund der bei dem Vertriebsgeber liegenden Aufgaben für diesen deutlich aufwändiger als ein BÜV für einen Bandgeber. Bei einem Label-VV erhöht sich dieser Aufwand zusätzlich noch um den Aufwand, den der Betrieb eines Labels erfordert (vgl. dazu die Ausführungen unter Frage 87 zum Label-BÜV). Infrastrukturkostenzuschüsse sind in diesen Konstellationen jedoch unüblich.

Ein weiterer, mittlerweile vereinzelt vorkommender besonderer Typ des Vertriebsvertrages ist der „Label Vertriebsvertrag mit Upstream". Hierbei handelt es sich um einen normalen Label-VV, bei dem bestimmte Künstler oder Aufnahmen unter bestimmten Voraussetzungen in einen Lizenzvertrag (also einen BÜV) überführt werden können. Ein solcher BÜV wird entsprechend auch „Upstream BÜV" genannt. Die Vergütung des Vertriebsgebers (der sich dann in einen Bandgeber wandelt) ist oftmals als Erlössplit nach Kosten ausgestaltet, die Varianten und Berechnungsmethoden eines solchen Erlössplits sind zumeist recht komplex und umfangreich, eine detailliertere Darstellung würde den Rahmen dieses Beitrages sprengen. Die Voraussetzungen, unter denen eine Überführung in einen Upstream BÜV möglich ist, sind regelmäßig sehr individuell, nicht selten ist insoweit ein einseitiges Optionsrecht des Vertriebsnehmers vereinbart. Die Überführung eines Künstlers oder einer Aufnahme in einen Upstream-BÜV hat für einen Vertriebsgeber regelmäßig den Vorteil, dass er von seinem Kostenrisiko entlastet wird und die ein Großteil der ihm eigentlich obliegenden Aufgaben (insbesondere Durchführung von Marketing und Promotion) durch das „schlagkräftigere" Team des vertreibenden Labels erfolgt. Für das vertreibende Label liegt der Vorteil im Wesentlichen in der Margenoptimierung (die jedoch nur dann eintritt, wenn die unter den Upstream fallenden Aufnahmen auch wirklich nachhaltig erfolgreich sind, denn dem höheren Anteil an den Erlösen aus der Auswertung stehen zunächst die von dem vertreibenden Label zu übernehmenden Kosten gegenüber).

89. Welchen Vertrag sollte ich am besten mit einem Label abschließen?

Eine bei Juristen beliebte und bei Nicht-Juristen unbeliebte Antwort auf solche Art Fragen ist: Es kommt darauf an!

Um die Frage beantworten zu können, macht es Sinn, sich die verschiedenen Konstellationen hinsichtlich ihrer Unterschiede und Gemeinsamkeiten oder ihrer Besonderheiten anzusehen und diese mit den eigenen Vorstellungen und Möglichkeiten abzugleichen. Das so gefundene Ergebnis sollte dann mit einem in der Musikbranche erfahrenen Manager oder Rechtsanwalt besprochen und überprüft werden, nicht selten sind es zunächst unbekannte oder unwesentlich erscheinende Details, die den Ausschlag für oder gegen ein bestimmtes Set-Up geben. Dies umso mehr, als das die letzten Jahrzehnte zu einer sehr großen Diversifizierung und Individualisierung von vertraglichen Beziehungen geführt haben.

Als Hilfestellung für eine erste Orientierung sollen im Folgenden die relevanten Erkenntnisse aus den Fragen 85 bis 88 kurz und vereinfacht gegenübergestellt werden.

(1) KEV vs. BÜV

Wie oben (siehe Fragen 48 ff. und 85) dargelegt, ist ein wesentlicher Unterschied zwischen KEV und BÜV, dass der Bandgeber für die Anlieferung des reproduktionsfähigen Masterbandes und die Zurverfügungstellung des Künstlers für Promotionleistungen verantwortlich ist, während der Künstler bei einem KEV „lediglich" die Darbietung seiner Leistung für die Aufnahmen und die Erbringung von Promotionleistungen für das Produkt schuldet. Sowohl Umsatzbeteiligung als auch Vorauszahlung sind im BÜV in der Regel deutlich höher, dafür muss der Bandgeber aber auch die Produktionskosten zahlen und die an dem Master Mitwirkenden (insbesondere Künstler und/oder künstlerischer Produzent, sofern nicht mit Bandgeber personenidentisch) vergüten. Während beim KEV die Rechte zeitlich unbeschränkt übertragen sind, fallen diese beim BÜV regelmäßig nach einem bestimmten Zeitraum wieder an den Bandgeber zurück, der diese dann wirtschaftlich anders verwerten kann.

Bei der Entscheidung für einen dieser beiden Vertragstypen dürfte zunächst sicherlich eine wesentliche Rolle spielen, über welche Ressourcen und Infrastruktur man selbst verfügt. Ein Newcomer ohne vorherige Anbindung an die Musikindustrie wird wahrscheinlich eher zu einem KEV neigen, da eigene Organisation und Verantwortung in dieser Konstellation überschaubar sind. Sofern dieser Newcomer aber Willens und in der Lage ist, die Aufnahmen (bspw. durch Anbindung an ein Studio) selbst herzustellen, kann wiederum ein BÜV die bessere Wahl sein.

(2) BÜV vs. Label-BÜV

Wie wir wissen (siehe Frage 87) ist der Label-BÜV so etwas wie ein exklusiver BÜV, der sich auf alle Künstler des bandgebenden Labels erstreckt und seitens des bandgebenden Labels besonderer Leistungen sowie Ressourcen und Infrastruktur bedarf. In der Regel bietet sich die Möglichkeit, einen Label-BÜV abzuschließen, erst dann an, wenn das bandgebende Label bereits relativ etabliert ist. Ist dies der Fall, dann ist seitens des bandgebenden Labels insbesondere zu prüfen, ob die zur Erfüllung eines Label-BÜV erforderliche Infrastruktur vorhanden ist bzw. geschaffen werden kann. Auch die Bereitschaft des bandgebenden Labels zu einer langfristigen und exklusiven Bindung dürfte bei der Entscheidung eine Rolle spielen.

(3) (Label-)BÜV vs. (Label-)Vertriebsvertrag

Wie oben zu Frage 88 detaillierter ausgeführt, obliegt den Vertriebsgebern die Steuerung des gesamten Systems der Produktion, Vermarktung und Auswertung der Vertriebsprodukte, ausgenommen freilich der Vertrieb. Das einem Vertriebsgeber obliegende Leistungsspektrum ist deutlich größer als dasjenige, das von einem Bandgeber unter einem BÜV zu erbringen wäre. Ohne Hilfe von Mitarbeitern und/oder Agenturen wird es nur schwer zu erbringen sein. Wir haben oben feststellen können, dass es im Rahmen der Entscheidung für einen BÜV wesentlich ist, über welche Ressourcen und Infrastruktur man verfügt, dies gilt umso mehr bei einem Vertriebsvertrag. Aufgrund dieser Anforderungen werden Vertriebsverträge regelmäßig auch eher von Künstlern, Produzenten oder Labels abgeschlossen, die in der Musikbranche erfahren sind oder zumindest von in der Musikbranche erfahrenen Personen dauerhaft und verlässlich beraten werden. Dies gilt umso mehr für den Abschluss eines Label-Vertriebsvertrages, der Anforderungen an die Vertriebsgeber stellt, die deutlich über diejenigen im Rahmen eines Label-BÜV hinausgehen.

90. Wir haben mit unserer Band ein Album produziert und suchen nun ein Label. Welche rechtlichen Konsequenzen kann das haben?

Zunächst einmal muss sich die Band darüber im Klaren sein, welche Konsequenzen ein Auswertungsvertrag mit einem Label für die Band und jedes einzelne Bandmitglied persönlich haben kann. Dabei ist insbesondere den beiden folgenden Umständen erhöhte Aufmerksamkeit zu widmen: Zum einen können je nach Genre und Erfolg der Veröffentlichungen die erforderlichen Promotion- und Marketingmaßnahmen viel Zeit und Energie in Anspruch nehmen, sodass möglicherweise kein Platz für andere Tätigkeiten oder Verpflichtungen bleibt. Zum anderen ist das Label grundsätzlich an einer langfristigen Zusammenarbeit interessiert und sichert sich dieses Interesse regelmäßig mit Optionen auf weitere Produkte ab. Mit jeder dieser Optionen verlängert sich die Vertragsdauer und damit auch die persönliche Exklusivität der einzelnen Bandmitglieder. Jede Option hat zudem zur Folge, dass die Band die optierten Produkte auch herstellen und anliefern muss. Darüber und über die mit dem Abschluss eines solchen Vertrages verbundenen anderen Verpflichtungen und Konsequenzen, müssen sich die Bandmitglieder bewusst sein, eine Beratung durch in der Musikbranche erfahrenen Personen ist auch in diesem Zusammenhang dringend angeraten. Sofern noch nicht erfolgt sollte sich die Band dann über die Zusammenarbeit als Band sowie die Aufgaben und Rechte der einzelnen Bandmitglieder verständigen und das Ergebnis mit Hilfe eines Rechtsanwaltes vertraglich fixieren (siehe hierzu auch Fragen 65. ff.).

Als Produzent des Albums wird es der Band dann in den Verhandlungen mit einem Label darum gehen, einen BÜV oder möglicherweise sogar einen Vertriebsvertrag abzuschließen. Welche Konstellation sich dabei wirtschaftlich und vor dem Hintergrund der weiteren persönlichen Pläne am besten für die Band und jedes ihrer Mitglieder anbietet, lässt sich nur im Einzelfall – und erfahrungsgemäß am besten unter Hinzuziehung eines versierten Rechtsanwalts – bewerten.

III. Rechtsdurchsetzung *(René Houareau)*

Dem Tonträgerhersteller stehen als Leistungsschutzberechtigtem im Falle einer Rechtsverletzung die gleichen Rechte zu wie dem Urheber. Die zivilrechtlichen Ansprüche sind in den §§ 97–105 UrhG geregelt. Die wichtigsten Ansprüche sind dabei der Schadensersatz-, Beseitigungs- und Unterlassungsanspruch nach § 97 UrhG. Danach kann der Rechteinhaber nach § 97 Abs. 1 UrhG den verschuldensunabhängigen Unterlassungs- und Beseitigungsanspruch geltend machen. Der Unterlassungsanspruch kann vom Rechteinhaber sogar vorbeugend geltend gemacht werden, sofern eine Erstbegehungsgefahr besteht. Der Abs. 2 regelt den Anspruch auf Schadensersatz wegen Vermögensschäden bei Verschulden des Rechtsverletzers.

Ein weiterer zentraler Anspruch des Tonträgerherstellers, der essentiell für die Verfolgung von Rechtsverletzungen ist, ist der Auskunftsanspruch nach § 101 UrhG. Danach kann der Verletzte z. B. Auskunft über die Herkunft und den Vertriebsweg von illegal hergestellten Tonträgern verlangen. Nur so ist der Tonträgerhersteller in der Lage, andere Ansprüche, wie seinen Schadensersatzanspruch, durchzusetzen. Für Rechtsverletzungen im Internet spielt § 101 Abs. 2 und Abs. 9 UrhG eine besondere Rolle, wonach der Rechteinhaber Auskunft von Providern über die Daten des hinter einer bestimmten IP-Adresse stehenden Nutzers verlangen kann. Dadurch wird z. B. die Rechtsverfolgung beim sog. illegalen Filesharing, also der Verbreitung von (Musik-) Dateien über das Internet, ermöglicht.

Neben dem Zivilrecht dient das sog. Urheberstrafrecht der §§ 106–111a UrhG dem Schutz der Rechteinhaber, in dem es bestimmte Verletzungshandlungen als Ordnungswidrigkeiten einstuft oder sogar strafrechtlich sanktioniert.

Die Rechtsschutzmöglichkeiten werden oben (siehe Fragen 26 ff.) ausführlich behandelt. Nähere Informationen zum Auskunftsanspruch nach § 101 Abs. 9 UrhG finden sich außerdem weiter unten (siehe Frage 116).

IV. Einzelfragen *(Albrecht Klutmann)*

91. Ich will meine Musik kostenlos im Internet anbieten und habe von Creative Commons gehört, die das Urheberrecht revolutioniert haben. Was muss ich dabei beachten?

Zunächst, Creative Commons ist weniger Ausdruck einer revolutionären Entwicklung als vielmehr eine Toolbox, mit der im Internet-Zeitalter die rechtssichere kostenfreie Nutzung von Inhalten erleichtert wird. Um das Prinzip von Creative Commons zu verstehen, sollte sich jede Person, die überlegt, Musik kostenlos im Internet anzubieten, vergegenwärtigen, wie der Schutz und die Auswertung von Musik allgemein erfolgt.

An jeder Musikaufnahme hängen die Rechte von Urhebern, Künstlern und Tonträgerherstellern. Dazu evtl. noch von Veranstaltern und, wenn es sich um eine Videoaufnahme handelt, von den Personen und Institutionen, die den Bildteil zur Aufnahme produziert haben. An jeder Aufnahme hängt also ein ganzes Paket von Rechten. Wenn eine Person, nennen wir sie hier den Website-Betreiber, also eine Aufnahme rechtmäßig auswerten will, dann setzt das voraus, dass sie alle diese Rechte geklärt hat. Entweder besitzt sie die Rechte selbst, oder aber sie muss Lizenzen von den anderen Rechteinhabern erwerben.

Wenn der Website-Betreiber die Aufnahme, die Darbietung und das zugrunde liegende Werk selbst geschaffen hat (der Fall eines sich selbst produzierenden Singer-Songwriters), dann ist er Inhaber aller Rechte und kann ohne Weiteres über die Aufnahme frei verfügen. Für den Fall, dass sich die Rechte auf mehrere Schultern verteilen, muss der Website-Betreiber diese Rechte klären, um über das gesamte Rechtepaket verfügen zu können und damit zur Auswertung berechtigt zu sein.

Vertiefung:
In der Praxis wird in der o. g. Konstellation der künstlerisch aktive Website-Betreiber regelmäßig Mitglied der GEMA sein und damit, auch wenn er seine eigenen Werke interpretiert, die urheberrechtlichen Nutzungsrechte von dieser lizenzieren müssen. Doch einen Zwang zu einer Mitgliedschaft in der GEMA gibt es nicht und für die Beschreibung einer Anwendung von Creative Commons gehen wir davon aus, dass keine GEMA-Mitgliedschaft vorliegt.

Die Notwendigkeit zur Rechteklärung besteht unabhängig davon, ob die Auswertung kostenfrei oder kommerziell erfolgen soll. Wird ein kommerzielle Auswertung beabsichtigt, leuchtet das unmittelbar ein, weil es im Zweifel auch darum geht, eine Vergütung für die Lizenzierung zu vereinbaren. Aber auch die kostenlose Auswertung ist eine Nutzung der Aufnahmen und der damit verbundenen Rechte, und auch die Zustimmung zu einer kostenfreien Auswertung stellt einen Lizenzvertrag dar. Zum Schutz des Website-Betreibers ist gerade dann, wenn es um die Vereinbarung für eine kostenfreie Auswertung geht, an die sich alle Beteiligten auch in einiger Zeit noch erinnern sollen, ratsam, eine solche Zustimmung, also eine solche Lizenzerteilung, schriftlich zu dokumentieren.

Wenn der Website-Betreiber über alle Rechte verfügt, dann kann er die Aufnahme ins Netz stellen. Er sollte sich vorher aber fragen, welche Nutzungen der Aufnahmen durch Dritte er zulassen und genehmigen will und welche nicht. Die Absicht, Musik kostenlos im Internet anzubieten, kann lediglich bedeuten, dass Dritte die Musik anhören können, nicht aber verändern oder weiternutzen können. Es ist eher ungewöhnlich, dass ein Anbieter jegliche weitere Nutzung erlauben will, insbesondere, dass ein Nutzer die Aufnahme nimmt und selbst kommerziell auswertet.

Hier kommt Creative Commons ins Spiel (vgl. https://de.creativecommons.net/start/). Hinter Creative Commons verbirgt sich eine Sammlung von Nutzungsbedingungen für kostenlos im Internet zugänglich gemachte Inhalte (vgl. https://creativecommons.org/licenses/?lang=de#germany-30). Ein Anbieter wie bspw. unser Website-Betreiber kann sich eine der bei Creative Commons angebotenen Optionen aussuchen und auf seiner Website mit den bei Creative Commons vorgegebenen Logos kennzeichnen, dass die Nutzung der von ihm angebotenen Aufnahmen nach den Regelungen dieser Creative Commons Option erlaubt ist. Die angebotenen Optionen verkörpern jede für sich standardisierte Lizenzbedingungen, und die ausgesuchte Option kommt dann auf der Website zur Anwendung. Das bedeutet, wenn der Website-Betreiber eine Aufnahme anbietet und mit einer der von Creative Commons ausformulierten Optionen verbindet, dann bietet der Website-Betreiber den Nutzern damit an, die Aufnahme zu den Bedingungen der Option zu nutzen. Nutzer müssen also die Lizenzierungsbedingungen akzeptieren, wenn sie die Aufnahme nutzen wollen. Eine solche Annahme des Lizenzvertrages kommt mit der tatsächlichen Nutzung zustande. Wenn die Nutzer sich an die Lizenzbedingungen halten, können sie die Aufnahme legal nutzen, nutzen sie die Aufnahme außerhalb der Lizenzbedingungen, ist die Nutzung rechtswidrig und kann abgemahnt werden.

Praktisch hat die Verwendung von Creative Commons Lizenzen in der Musik keine große Bedeutung. Das liegt daran, dass an einer Musikaufnahme häufig die Rechte mehrerer Beteiligten hängen, die einer solchen Auswertung alle zustimmen müssten. Vor allem aber ist davon auszugehen, dass die meisten Urheber, Künstler und Produzenten doch an einer Vergütung interessiert sind, wenn die Aufnahme ausgewertet wird.

92. Ich habe gehört, dass man auch das Merchandising lizenzieren kann. Wie geht das?

Bei Merchandise geht es nicht um die Aufnahmen von Künstlern, sondern um die Nutzung von deren Namen und/oder Abbildung. Bei typischen Merchandise-Produkten denkt man regelmäßig an den Kaffeebecher oder das T-Shirt, die bedruckt sind mit dem Namen und dem Foto von Künstlern oder mit den von den Künstlern geschaffenen Bildern oder für sie stehenden Logos (bspw. die ausgestreckte Zunge der Rolling Stones). Auch in der digitalen Welt gibt es mittlerweile Merchandise-Produkte. Früher waren das Hintergrundbilder für das Mobiltelefon mit den genannten Abbildungen. Heute sind es Kleidungsstücke und andere Utensilien, die Kunden zur Ausstaffierung ihrer Avatare in virtuellen Welten kaufen.

Die Rechte am eigenen Namen (§ 12 BGB) und an der Abbildung der eigenen Person (ob in Form einer Zeichnung oder eines Fotos, §§ 22, 23 KUG) stehen Künstlern ohnehin selbst zu und zwar, was die Verwendung im Geschäftsverkehr betrifft, in ausschließlicher Form. Logos und andere Grafiken müssen ggf. als Marke geschützt werden, um einen vergleichbaren Schutz zu erreichen. Die Rechte an diesen Werten können zum Gegenstand von Lizenzverträgen gemacht werden. Wenn es um die kommerzielle Auswertung dieser Rechte geht, dann wird allgemein von „Merchandise-Rechten" gesprochen.

Zur Abgrenzung: Wer Aufnahmen auswertet, der muss auch die Möglichkeit haben, den Namen der Künstler zu verwenden und zusammen mit Fotos oder Zeichnungen der Künstler für die Vermarktung der Aufnahmen zu nutzen (Cover, Werbeanzeigen, Plakate etc.). Praktisch ist die Nutzung damit auch Teil einer kommerziellen Auswertung, aber eben bezogen auf den Verkauf der Aufnahme und ohne dass für die Nutzung des Namens und der Bilder eine separate Vergütung verlangt wird. Diese Form der Nutzung von Namen und Abbildung wird den Merchandise-Rechten daher nicht zugerechnet, selbst wenn ein Label sogar T-Shirts mit dem Künstlernamen herstellt und zur Bewerbung der Aufnahme nutzt.

Ob die Lizenzierung von Merchandising-Rechten Gegenstand eines Vertrages zur Lizenzierung von Rechten an Aufnahmen ist, ist eine Entscheidung der Vertragsparteien. Labels haben ein Interesse, diese Rechte gleich in den Vertrag zu inkludieren, es ist aber auch ohne Weiteres möglich, über solche Rechte einen separaten Vertrag abzuschließen.

Unabhängig davon, ob die Merchandise-Rechte Teil eines aufnahmebezogenen Vertrages sind oder nicht – in einem Vertrag über die Einräumung von Merchandise-Rechten muss definiert werden, welche Rechte eingeräumt werden, ob die Einräumung exklusiv oder nicht-exklusiv erfolgt, für welchen Zeitraum die Rechte eingeräumt werden, welche Mitentscheidungsrechte die Künstler bei Auswahl und Gestaltung der Merchandising-Produkte haben und welche Vergütung die Künstler erhalten.

Wichtig ist, darauf zu achten, dass bei der Lizenzierung von Fotos und anderen Abbildungen für Merchandise-Zwecke nicht nur die Rechte der Künstler selbst wichtig sind, sondern dass Fotos, Abbildungen und andere grafische Werke zumeist von Dritten (Fotografen, Zeichner) hergestellt worden sind und selbst durch das Urheberrecht geschützt sind (§ 2 Abs. 1 Nr. 4 UrhG für Zeichnungen, Grafiken etc. und § 2 Abs. 1 Nr. 5 bzw. § 72 UrhG für fotografische Abbildungen). Die Partei, die Merchandise-Rechte von Künstlern erwirbt, muss sich also bewusst sein, dass es ggf. auch noch die Rechte der Dritten erwerben muss. Und die Künstler sollten nur für ihre eigenen Rechte Garantien übernehmen, nicht aber für die Rechte der Dritten, es sei denn, dass sie diese selbst umfassend erworben haben. Nur wenn alle Rechte beim Auswerter gebündelt sind, kann mit der Produktion und Auswertung der Merchandising-Produkte begonnen werden.

93. Ich wurde an den Bundesverband Musikindustrie e. V. verwiesen. Kann man dort Lizenzen erwerben?

Der Bundesverband Musikindustrie e. V. ist als Branchenverband nicht in der Lage und berechtigt, Lizenzen zu erteilen. Denn der Bundesverband Musikindustrie e. V. ist – anders als z. B. die GEMA oder die GVL als Verwertungsgesellschaft – nicht Inhaber oder Verwalter von (Musik-)Rechten und kann daher auch keine Lizenzen einräumen. Lizenzen können folglich nur unmittelbar von den Firmen/Mitgliedern selbst eingeräumt werden bzw. von der GVL im Rahmen ihrer Zuständigkeit.

94. Was ist eine Bearbeitung und was ist der Unterschied zu einem Cover?

Vorab, wir unterscheiden in diesem Buch immer wieder zwischen Rechten an Werken und Rechten an Aufnahmen von Werken. Die hier gestellte Frage betrifft wesentlich den Bereich der Urheberrechte an den Werken, auch wenn sich die Problematik immer dann zeigt, wenn ein bestehendes Werk neu aufgenommen wird. Im Mittelpunkt steht die sehr schwierige Abgrenzung, in welchem Umfang Künstler Änderungen an einem Werk vornehmen können, ohne dass sie diejenigen um Genehmigung fragen müssen, die die Rechte am (Original-)Werk halten.

Ausgangspunkt ist jeweils eine Originalversion eines Werkes, die entweder in Notenform niedergeschrieben ist, oder aber von der eine Referenz-Aufnahme existiert. Wenn Künstler dieses Werk unverändert darbieten und aufnehmen wollen, dann sind sie dazu ohne Weiteres berechtigt, sofern bereits eine andere mit Einwilligung des Komponisten und Texters hergestellte und veröffentlichte Aufnahme vorliegt. Mit anderen Worten – Urhebern steht gem. § 12 UrhG das Erstveröffentlichungsrecht zu, d. h. können selbst entscheiden, ob sie eine Aufnahme und Veröffentlichung ihrer Werke zulassen, und bis sie das tun, darf kein anderer das Werk aufnehmen. Haben Sie aber die erste Aufnahme zugelassen (oder selbst durchgeführt und veröffentlicht), dann hat sich das Erstveröffentlichungsrecht erledigt, dann können auch Dritte das Werk einspielen und von dem Urheber gem. § 42a UrhG verlangen, der Veröffentlichung zuzustimmen. Und weil praktisch so gut wie alle Urheber die Wahrnehmung ihrer Rechte der GEMA übergeben haben, können die Künstler die Rechte zur Veröffentlichung ihrer eigenen Einspielung des Werkes der Urheber direkt von dort lizenzieren.

Doch wie passen die Begriffe „Bearbeitung“ und „Cover“ in diese Beschreibung? Wenn Künstler Werke (Songs) 1:1 nachspielen, dann spricht man von einem Cover. Wenn sie hingegen für ihre Aufnahme Änderungen am Song vornehmen, dann liegt eine Bearbeitung vor. Und Bearbeitungen sind nur erlaubt, wenn die Zustimmung der Urheber eingeholt worden ist.

Das klingt als Abgrenzung zunächst sehr einfach, ist es in der Praxis aber nicht, denn es stellt sich regelmäßig die Frage, bis wohin die Einstufung als Cover reicht und ab wann man von einer zustimmungspflichtigen Bearbeitung ausgehen muss. Abgesehen von den als solche bezeichneten „Coverbands" spielen die wenigsten Künstler Songs wirklich 1:1 nach. Regelmäßig werden sie Werke auf ihre eigene Art darbieten und sie damit zwangsläufig verändern.

Bei der Prüfung, ob eine Coverversion vorliegt, werden häufig die folgenden Begriffe zur Abgrenzung herangezogen:

- Interpretation: Die Art und Weise, in der Künstler Werke spielen, wird auch als „Interpretation" bezeichnet. Und Interpretationen gelten regelmäßig als unschädlich für die Einordung als zustimmungsfreie Coverversion. Ob also eine Frau oder ein Mann ein Werk darbietet, wie die Stimme klingt und welche Verzierungen zum Einsatz kommen, dass ist der künstlerischen Freiheit überlassen und steht einer Coverversion nicht entgegen.
- Charakter: Für die Einstufung als Cover muss ein Werk weitgehend unverändert wiedergegeben werden, Text und Melodie dürfen nicht verändert werden, der Charakter des Werkes muss beibehalten werden. Ein Genre-Wechsel, bspw. von Schlager zu Rap, ist mit einer Coverversion nicht vereinbar. Hier wird der Charakter des Werkes verändert.
- Tonart, Instrumentierung, Länge: Änderungen an eher technischen Parametern sind möglich, soweit sie sich in einem angemessenen Rahmen halten und nicht die anderen beschriebenen Faktoren beeinflussen. Damit gemeint sind Änderungen der Tonart und der Instrumentierung, oder leichte Kürzungen oder Verlängerungen. Selbst die Umstellung von Werkteilen ist grundsätzlich vorstellbar, ohne dass es sich um eine zustimmungspflichtige Bearbeitung handelt (z.B. das Verschieben der Bridge an eine andere Stelle oder ein verkürztes/verlängertes Intro).

Wenn Änderungen am Werk vorgenommen werden, die sich mit den dargestellten Grenzen für die Einstufung als Coverversion nicht vereinbaren lassen, dann bedeutet das im Umkehrschluss zweierlei: Zum einen entsteht für die Person, die die Änderungen vorgenommen hat, ein eigenes (Bearbeiter-)Urheberrecht. Zum anderen ist die Veröffentlichung eines solchermaßen bearbeiteten Werkes nur mit der Zustimmung der Urheber des Originalwerkes erlaubt. Und diese Erlaubnis muss vor der erstmaligen öffentlichen Nutzung eingeholt werden. Zuständig für die Vermittlung einer solchen Erlaubnis ist meist der Verlag, der die Urheber vertritt, denn die GEMA kann diese Erlaubnis nicht erteilen.

Die Einstufung als Bearbeitung sorgt also für Rechte und Pflichten. Es besteht die Pflicht zur Einholung der Zustimmung der Original-Urheber, um überhaupt veröffentlichen zu dürfen. Und es entsteht das Recht, über die Rechte als Bearbeiter verfügen zu können. Denn wenn Dritte die neu erschaffene bearbeitete Fassung wiederum bearbeiten wollen, dann geht das nur, wenn neben der Zustimmung der Original-Urheber auch die Zustimmung der Bearbeiter eingeholt worden sind. In der Praxis hilft dies dem Bearbeiter jedoch zumeist wenig: Genehmigungsanfragen werden von Verlagen häufig nur dann positiv beschieden, wenn der Bearbeiter auf Vergütungsansprüche verzichtet und die Rechte an der Bearbeitung an die Original-Urheber überträgt. Ein Anspruch auf Genehmigungserteilung besteht nämlich nicht und so kann der Verlag, der die Interessen der Original-Urheber wahrnimmt, die Bedingungen frei festsetzen. Ob es soweit kommt, ist jedoch wie so häufig eine Abwägungsfrage im konkreten Fall. Je höher die Umsatzerwartung ist, umso eher wird sich eine ausgewogene Lösung finden lassen.

Abschließend: Bearbeitungen sind nur genehmigungspflichtig, wenn sie veröffentlicht werden sollen, für den privaten Nutzen geschaffene Bearbeitungen sind ohne Weiteres gestattet. Und wenn eine Bearbeitung so weitgehend ist, dass das bearbeitete Werk schon gar nicht mehr erkennbar ist, dann wird der Bereich der zustimmungspflichten Bearbeitung wieder verlassen, und dann ist eine solche Form der Nutzung eines vorbestehenden Titels ohne Zustimmung der Original-Urheber möglich.

95. Wie bekomme ich die Rechte für ein Musikstück, das ich als meine Telefon-Warteschleife (gewerblich) einsetzen möchte?

An der Aufnahme eines Musikstücks hängen verschiedene Rechte, die sich in zwei Gruppen aufteilen lassen. Zum einen die Urheberrechte an dem der Aufnahme zugrunde liegenden Werk, zum anderen die Leistungsschutzrechte an der Darbietung und der Aufnahme an sich. Um eine Aufnahme nutzen zu können, müssen alle Rechte geklärt sein. Entweder haben die Nutzer die Rechte selbst geschaffen und können darüber verfügen, oder sie müssen die notwendigen Lizenzen erwerben.

Wenn der Urheber seine Rechte bei der GEMA zur Wahrnehmung eingebracht hat, dann können die Nutzer die Lizenz für die Nutzung in der Telefon-Warteschleife bei der GEMA erwerben. Dabei gelten feste Tarife, unabhängig von der Auswahl des Werkes. Informationen zum Tarif sind abrufbar unter: https://www.gema.de/de/musiknutzer/tarifuebersicht/tarif-w-tel

Die Lizenzierung der (Leistungsschutz-)Rechte an Darbietung und Aufnahme ist in diesem konkreten Fall einfach. Die GVL nimmt die Rechte für die Rechteinhaber wahr und hat das Inkasso für diese Nutzungsform an die GEMA übertragen. Interessierte, die die Musik bei der GEMA lizenzieren, erwerben damit gleichzeitig die Rechte der Urheber wie auch die Rechte an Darbietung und Aufnahme.

96. Unter welchen Voraussetzungen ist es möglich, als DJ im Internet gekaufte Musik bei Veranstaltungen einzusetzen?

Es ist egal, ob man Musik in Form von CDs oder in Form eines Internet-Downloads kauft oder mithilfe eines Streaming-Abos hört – in jedem Fall erhalten Nutzer damit lediglich das Nutzungsrecht für den privaten Gebrauch der Aufnahmen. Für das Abspielen der Musik im Rahmen einer öffentlichen Veranstaltung muss eine Lizenz für die öffentliche Wiedergabe bei der GEMA erworben werden:

Tarifinformationen unter: https://www.gema.de/de/musiknutzer/tarifuebersicht/tarif-m-cd.

Für den Erwerb einer solchen Lizenz ist prinzipiell der Veranstalter – also z. B. der Diskothekenbetreiber oder der Organisator einer Veranstaltung – verantwortlich. Er muss die Nutzung melden und schuldet die Zahlung der fälligen Vergütung. Wenn der DJ selbst Veranstalter ist, trifft die Verpflichtung ihn selbst.

Und wenn der DJ für die Veranstaltung die ausgewählten Musikstücke auf separate Tonträger oder Festplatten kopiert, dann muss er selbst für diese zusätzliche Form der Nutzung noch eine zusätzliche GEMA-Lizenz erwerben:

Tarifinformationen unter: https://www.gema.de/de/musiknutzer/tarifuebersicht/tarif-vr-oe.

Positiv für die Nutzer (aber nicht zwingend positiv für die Künstler, deren Aufnahmen gespielt werden) ist, dass die GEMA-Lizenz auch gleich die Lizenzierung der Leistungsschutzrechte an der Aufnahme enthält. Die GEMA ist in diesem Fall treuhänderisch für die GVL tätig und führt dann einen Teil der erhaltenen Vergütung an die GVL ab. Diese wiederum verteilt dann an die Künstler und Tonträgerhersteller.

97. Ich bringe eine Compilation raus. An wen muss ich mich diesbezüglich wenden?

Eine Compilation ist eine Zusammenstellung von unterschiedlichen Musikaufnahmen, deren Auswertung entweder auf Tonträgern oder als eine zusammengefasst als Download bereitgestellte Gruppe von Musik-Files erfolgt. Die Veröffentlichung einer Compilation ist nur möglich, wenn zuvor alle erforderlichen Rechte erworben worden sind. Als Abgrenzung zur Compilation spricht man bei einer Zusammenstellung von Musikstücken auf einer Streaming-Plattform von einer Playlist. Die Erstellung von Playlists ist innerhalb der kommerziellen Streaming-Plattform ohnehin vorgesehen und bedarf keiner separaten Rechteklärung.

Die zu klärenden Rechte für die Veröffentlichung einer Compilation sind die Urheberrechte an den zugrunde liegenden Werken und die Leistungsschutzrechte an den künstlerischen Darbietungen und der Aufnahme als solcher. Die Rechte an der Aufnahme inkl. der Rechte an der künstlerischen Darbietung liegen regelmäßig bei Labels oder Produzenten. Wenn diese zu einer Lizenzierung bereit sind (ein Zwang zur Lizenzierung besteht nicht), dann wird für eine nicht-exklusive Lizenz als Vergütung zumeist eine Beteiligung an den Umsätzen vereinbart, inklusive einer Vorauszahlung auf die zu erwartenden Einkünfte. Die Urheberrechte hingegen können bzw. müssen von der GEMA lizenziert werden. Die GEMA ist zur Lizenzierung verpflichtet und die Vergütung ist durch entsprechend veröffentlichte Tarife bereits vordefiniert (Details unter: https://www.gema.de/de/musiknutzer/musiknutzung-tontraeger).

Wer selbst die Rechte geschaffen hat und somit frei über sie verfügen kann, der braucht sie natürlich auch nicht zu lizenzieren. Dabei ist allerdings zu beachten, dass Urheber fast immer ihre Rechte an den geschaffenen Werken durch die GEMA wahrnehmen lassen. Und wer seine Werke einmal der GEMA anvertraut hat, der kann nicht parallel an der GEMA vorbei auswerten. Gegebenenfalls müssen also auch Urheber der genutzten Werke für die eigene Compilation die tarifliche Vergütung an die GEMA abführen, einen Teil der Gebühren bekommen sie dann ja als Vergütung wieder zurück.

Und noch ein Hinweis an diejenigen, die eine Compilation veröffentlichen wollen: Compilations werden regelmäßig unter einem Namen veröffentlicht. Solch ein Name wird dann im geschäftlichen Verkehr benutzt. Wenn jedoch Dritte den Namen bereits anderweitig verwendet haben und dadurch oder durch die Eintragung einer Marke Rechte an dem Namen erworben haben, dann kann die Person, die die Compilation veröffentlicht, das Ziel einer Abmahnung oder einstweiligen Verfügung werden. Es ist daher wichtig, vor der Festlegung auf einen Namen zu prüfen, ob bereits anderweitige Verwendungen vorliegen und ob solche der eigenen Nutzung entgegenstehen.

98. Ich möchte auf meiner Homepage Hintergrundmusik abspielen. Welche Lizenzen bzw. Rechte benötige ich hierzu und mit welchen Kosten ist das verbunden?

Wir müssen für die Beantwortung unterschieden zwischen den Urheberrechten an den Werken, die den Aufnahmen zugrunde liegen und den Leistungsschutzrechten der Künstler und Produzenten, die die Aufnahmen geschaffen haben. Dabei ist zunächst zu fragen, ob die Person, die die Homepage betreiben will, einzelne Rechte bereits selbst kontrolliert, denn dann ist eine Lizenzierung nicht erforderlich. Wenn das aber nicht der Fall ist, dann gilt das Folgende:

Rechte an den Werken, die den Aufnahmen zugrunde liegen, werden von der GEMA wahrgenommen. Die GEMA hat dafür einen Tarif veröffentlicht (vgl. https://www.gema.de/de/musiknutzer/tarifuebersicht/tarif-vr-od-10). Wer also die in den Aufnahmen verkörperten Werke als Hintergrundmusik auf seiner eigenen Website verwenden möchte, der muss die Nutzung bei der Verwertungsgesellschaft GEMA anmelden, einen entsprechenden Nutzungsvertrag abschließen und die im Tarif vorgesehene Vergütung entrichten. Eine Registrierung bzw. Lizenzierung ist nicht erforderlich, wenn ausschließlich Werke verwendet werden, an denen der Website-Betreiber selbst alle Rechte hält, oder für bereits der Urheberschutz abgelaufen ist. Letzteres ist insbesondere bei Volksliedern oder älterer klassischer Musik der Fall.

An den Aufnahmen halten die Künstler und Produzenten die Rechte, im Urheberrechtsgesetz wird von den Leistungsschutzrechten der ausübenden Künstler und Tonträgerhersteller gesprochen. Auch für diese Rechte gibt es eine Verwertungsgesellschaft, in diesem Fall die GVL. Diese ist für eine im Verhältnis zur GEMA geringere Zahl an Nutzungsformen zuständig, für die Nutzung als Hintergrundmusik bietet Sie aber eine Lizenz an (vgl.https://gvl.de/sites/default/files/2021-05/tarif_18_website_hintergrundmusik_20150326. pdf). Wenn der Website-Betreiber also nicht selbst musiziert und produziert hat, dann können die Rechte bei der GVL erworben werden. Dabei sind die von der GVL definierten Vorgaben zu beachten (unveränderte Übertragung, Maximal-Länge, Unterschiede bei kommerzieller und nicht-kommerzieller Nutzung). Wichtig ist auch, dass der Tarif nur die Nutzung in Deutschland abbildet und eine Lizenzierung über Deutschland hinaus zwar möglich, aber deutlich teurer ist. Außerdem darf die Musik nicht zur Bewerbung verwendet werden. Gestattet ist nur die klassische Hintergrundnutzung, während eine werbliche Verwendung bei den Labels zu lizenzieren ist.

99. Ich möchte einen Online-Shop einrichten, in dem man Musik gegen Geld anhören kann. Wo bekomme ich die erforderlichen Rechte für die einzelnen Titel?

Hier gilt grundsätzlich das, was auch für die Lizenzierung von Hintergrundmusik gilt, siehe Frage 98. Die GEMA bietet eine Lizenzierung der den Aufnahmen zugrunde liegenden Werken zu einem festgelegten Tarif an (vgl. https://www.gema.de/de/musiknutzer/tarifuebersicht/tarif-vr-od-8), während die Rechte der Künstler und Produzenten von den Labels erworben werden müssen. Je größer der Katalog der angebotenen Aufnahmen sein soll, bei umso mehr Labels muss eine Lizenz erworben werden. In der Praxis ist die Lizenzierung allerdings gar nicht so kompliziert: Über die großen Major-Label können große Kataloge erworben werden. Und viele der kleineren Label haben sich unter dem

Dach von MERLIN zusammengeschlossen, einer Gesellschaft, die gebündelt Lizenzen an den Katalogen ihrer Mitglieder erteilt.

100. Ich möchte eine Streaming-Plattform starten. Was muss ich außerdem beachten?

Die Frage kann nur in allgemeiner Form beantwortet werden, denn die Zahl der tatsächlichen technischen und rechtlichen Fragestellungen, die für einen Betrieb beantwortet und umgesetzt werden müssen, ist groß und komplex.

Wie in der Antwort zu Frage 99 dargestellt, hat die GEMA auf ihrer Website die Bedingungen definiert, unter denen eine Lizenzierung ihrer Rechte möglich ist. Dazu gehören auch technische Anforderungen.

Für die Lizenzierung der vom Label vergebenen Rechte gibt es keine vergleichbare, für alle Label gleichermaßen geltende Auflistung der relevanten Spezifikationen. Diese müssen bei jedem Label einzeln abgefragt werden. Die Label wollen vor Erteilung einer Lizenz sicherstellen, dass die Aufnahmen im Online-Shop geschützt sind, dass kein unberechtigter Zugang für Dritte möglich ist und dass alle Nutzungen auch vollständig abgerechnet und vergütet werden. Erforderlich ist daher nicht nur eine technische Plattform, die das Streaming ermöglicht, sondern die auch die weitergehenden Anforderungen zuverlässig erfüllt. Die Umsetzung dieser Anforderung ist anspruchsvoll und mit erheblichen Investitionen verbunden.

Doch die technischen Anforderungen sind nicht nur relevant in Bezug auf die Rechte an den Aufnahmen, sondern auch in Bezug auf die Menüführung und andere technische Prozesse, mit denen Kunden umgehen müssen. Eine Plattform, die nicht gut funktioniert, wird es von vorneherein schwer haben, am Markt zu bestehen. Für viele Aspekte wird der Betreiber einer Streaming-Plattform daher auf externe Dienstleister zurückgreifen wollen. Das gilt auch für die Zahlungsabwicklung und korrekte Ausweisung von Steuern. Dieser Bereich wird fast immer von externen Firmen übernommen.

Wer direkt mit Endkunden Verträge schließt, der muss auch dafür sorgen, dass die erhobenen Kundendaten sicher verwahrt werden und dass der Umgang damit den umfangreichen Anforderungen der Datenschutz-Grundverordnung (DSGVO) entspricht. Das ist nur mit dafür ausgebildetem Fachpersonal bzw. mit Unterstützung durch entsprechende Dienstleister möglich. Insbesondere müssen Verträge mit Dienstleistern daraufhin geprüft werden, ob der Umgang mit Kundendaten entsprechend abgesichert ist. Andernfalls drohen empfindliche Bußgelder.

Und wenn die Plattform steht und funktioniert, dann müssen die Kunden überhaupt erst darauf aufmerksam gemacht werden, dass es ein neues Angebot gibt. Der finanzielle Aufwand für die initiale Werbung sollte nicht unterschätzt werden.

Unter dem Strich muss festgehalten werden, dass kleine, im Do-It-Yourself Stil aufgebaute Plattformen nicht einfach zu realisieren sind, es sei denn, der Betreiber plant ohnehin, nur eigene Musik zu vertreiben. Die Vorkehrungen zum technischen Schutz der Aufnahmen, zum sicheren und verlässlichen Plattform-Betrieb und zur Einhaltung aller gesetzlichen Bestimmungen ist teuer und ohne juristische Begleitung nicht zu leisten.

101. Ich beabsichtige, einen Podcast zu starten. Was habe ich zu bedenken bzw. zu tun, um keine Urheber- und Lizenzrechte zu verletzen?

Um einen Podcast mit Musik zu bestücken, die bereits anderweitig von Berechtigten veröffentlicht worden ist, muss sich der Podcaster sowohl die Urheberrechte an den der Musik zugrunde liegenden Werken sichern als auch die Leistungsschutzrechte an den Aufnahmen (inkl. der Rechte an den musikalischen Darbietungen).

Für die Urheberrechte erfolgt die Lizenzierung durch die GEMA zu einem festgelegten Tarif (Details unter https://www.gema.de/de/musiknutzer/tarifuebersicht/podcasting).

Für die Leistungsschutzrechte gibt es keinen entsprechenden Tarif bei der GVL, sodass sich der Podcaster direkt an die Label und Produzenten wenden muss, die die Rechte an den Aufnahmen kontrollieren (sofern der Podcaster nicht die Aufnahmen selbst eingespielt hat und somit selbst über die Rechte verfügt).

Zu beachten ist die Frage, wann es sich wirklich um einen Podcast handelt und wann nicht. Laut Definition der GEMA ist ein Podcast eine Audio-Datei, die als Fortsetzungsserie online über entsprechende Portale zum Hören angeboten wird (mit oder ohne Download). Der Schwerpunkt liegt auf Wortbeiträgen, d. h. die Musik läuft lediglich im Hintergrund oder zur Illustration der Wortbeiträge.

Wenn die Musik dagegen im Vordergrund steht, dann wird das Angebot eher als Hörspiel oder als das Anbieten von Musik allgemein gewertet, für das andere Tarife der GEMA gelten. Eine Auflistung der in Frage kommenden Tarife findet sich hier: https://www.gema.de/de/musiknutzer/musiknutzung-internet.

Je prominenter einzelne Aufnahmen im Podcast platziert werden, desto mehr werden die Urheberpersönlichkeitsrechte der Komponisten und Texter relevant. Dieses Recht besteht grundsätzlich und immer, es wird nicht von der GEMA wahrgenommen, sondern im Zweifel von den Musikverlagen, denen ein Komponist seine Rechte an Werken zur Administration übertragen hat. Das Urheberpersönlichkeitsrecht schützt die Komponisten vor Nutzungen ihrer Werke in einer Form, die mit ihren Überzeugungen und mit ihrer künstlerischen und persönlichen Integrität unvereinbar ist. Eindeutig problematisch ist bspw. die Nutzung von Werken (oder bei Künstlern von deren Aufnahmen) zur Bewerbung von Waffen, wenn die Komponisten selbst Pazifisten sind. Podcast-Produzenten müssen im Hinterkopf behalten, dass bei einer Musiknutzung im Hintergrund das Urheberpersönlichkeitsrecht eher nicht betroffen ist, bei einer prominenteren Nutzung in Verbindung mit Inhalten im Zweifel aber eine separate Klärung erforderlich ist.

102. Ich habe eine große Jazz-Sammlung und will einen Internet-Radio-Sender gründen. Was muss ich beachten?

Keine Nutzung ohne vorherigen Erwerb der dafür notwendigen Rechte an der Musik. Das Gute ist, dass sowohl die Rechte der Künstler an ihrer Performance, die Rechte der Produzenten (Tonträgerhersteller) an den Aufnahmen an sich, als auch die Rechte der Urheber an den Werken, die den Aufnahmen zugrunde liegen, von Verwertungsgesellschaften erworben werden können. Dass die technischen Voraussetzungen gegeben sind und das Radio auch nur in Deutschland angeboten werden soll, davon wird hier ausgegangen.

Für die Urheberrechte an den Werken ist eine Lizenzierung durch die GEMA erforderlich. Diese hat auch für die Radio-Auswertung einen Tarif veröffentlicht (vgl. https://www.gema.de/de/musiknutzer/tarifuebersicht/webradio). Parallel erfolgt die Lizenzierung der Leistungsschutzrechte von Künstlern und Tonträgerherstellern durch die GVL. Auch dort liegen entsprechende Tarife vor (vgl. https://gvl.de/rechtenutzerinnen/lizenzierung-durch-die-gvl/webradio-und-ladenfunk). Wer sich also an GEMA und GVL wendet, die Nutzung anmeldet und bereit ist, die Tarifvergütungen zu zahlen, der ist in Bezug auf die Rechte, die an den Musik-Aufnahmen hängen, gut präpariert. Praktischerweise übernehmen die beiden Verwertungsgesellschaften auch die Lizenzierung der Aufnahmen und Werke, die bspw. von amerikanischen Autoren und Künstlern stammen, sodass jeweils ein Nutzungsvertrag ausreicht.

Betreiber von Internet-Radio-Sendern sollten sich die Nutzungsbedingungen in der Verträgen von GEMA und GVL gut durchlesen. Beide Verwertungsgesellschaften haben definiert, was genau unter einem Internet-Radio zu verstehen ist und welche Grenzen der Nutzung es für die Hörer gibt. So wird unter „Radio" jeweils die lineare Präsentation von Musik & Co. verstanden. D. h. dass der Sender das Programm abspielt und der Nutzer lediglich die Wahl hat einzuschalten oder eben nicht. Das Abrufen zu Zeitpunkten nach Wahl der Nutzer („on demand") ist davon nicht umfasst bzw. nur in sehr engen Grenzen gestattet. Wenn Betreiber also beabsichtigen, solch non-lineare Elemente anzubieten, kann die von GEMA und GVL angebotene Radio-Lizenz eventuell nicht ausreichen. Die GEMA bietet dann andere Tarife an, die GVL ist allerdings dann für die Rechte von Künstlern und Tonträgerherstellern nicht mehr die richtige Ansprechpartnerin. Stattdessen müssen sich die Betreiber dann direkt an die Label bzw. Produzenten der Aufnahmen wenden und die gewünschte Lizenz dort erwerben.

103. Was sind Pastiche, Zitat und Co in der neuen Urheberrechtschrankenwelt?

Wenn heutzutage vorbestehende Musik benutzt wird, sei es von anderen Musikern, sei es von Konsumenten, dann wird bei den Juristen plötzlich über verschiedene Begriffe diskutiert, die bis 2019 noch anders definiert wurden oder noch gar keine Rolle spielten. Angestoßen durch die Gesetzgebung der Europäischen Union muss derzeit die Frage neu beantwortet werden, welche Nutzungsformen bestehender Musik zustimmungsfrei gestattet sind und welche nicht. Dieser Prozess ist noch nicht abgeschlossen, hier kann daher nur der aktuelle Status zum Zeitpunkt des Redaktionsschlusses dargestellt werden.

Im Zentrum steht die Frage, ob Nutzer, die vorbestehende Musik verwenden oder verändern wollen, oder die bei der Schaffung eigener Musik Elemente einer vorbestehenden Musik verwenden wollen, berechtigt sind, dies zu tun, ohne zunächst die Rechteinhaber an der vorbestehenden Musik um Erlaubnis fragen zu müssen. In der Sprache der Kreativen geht es um das Sampling (bei der Produktion einer neuen Aufnahme werden Ausschnitte aus bestehenden Aufnahmen verwendet; dazu im Detail auch Frage 104), um die Schaffung von Mash-Ups (aus verschiedenen vorbestehenden Aufnahmen wird eine Collage zusammengestellt) oder um Interpolationen (in neu geschaffene Musik werden Referenzen zu bestehenden Werken eingebaut). In der Sprache des Urheberrechtsgesetzes geht es darum, die Schranken der im Urheberrechtsgesetz aufgezählten Exklusivrechte zu definieren und anzuwenden. Welche Nutzungen kann ein Rechteinhaber aufgrund der ihm zustehenden Exklusivrechte verhindern? Und welche muss er aufgrund einer gesetzlichen Schrankenregelung dulden? Was ist noch bloße zulässige Inspiration und was ist erlaubnispflichtige Nutzung?

Ein kurzer Abriss der bisherigen Rechtslage: Bis 2021 wurde im deutschen Urheberrecht die Frage, welche Nutzungen zustimmungsfrei möglich sind, im Rahmen des § 24 UrhG beurteilt. § 24 UrhG erlaubt die Verwendung fremder Werke bzw. Werkteile ohne Zustimmung der Rechteinhaber der vorbestehenden Werke, sofern das neue Werk in „freier Nutzung" des bestehenden Werkes geschaffen wird. Die Rechtsprechung hat die freie Nutzung bildlich definiert: Sie liegt vor, wenn das bestehende Werk hinter dem neuen Werk „verblasst". Trifft dies zu, darf genutzt werden, ohne fragen zu müssen, trifft es nicht zu, ist die Zustimmung des Urhebers vor der Nutzung erforderlich. Für die freie Nutzung als Zitat gab es mit § 51 UrhG einen eigenen Paragraphen, und für die Nutzung im Rahmen von Parodie und Karikatur hatte der BGH Regeln entwickelt, die ebenfalls freie Nutzungsmöglichkeiten erlaubten, sofern das vorbestehende Werk wirklich zum Gegenstand der Parodie und nicht nur zur Illustration verwendet wurde.

Ob auch das Sampling, also die Nutzung von Ausschnitten aus alten Aufnahmen, als „freie Nutzung“ gelten kann, ist seit vielen Jahren Gegenstand eines Rechtsstreits. Bekannt ist er unter dem Namen „Metall auf Metall“ und er wurde nicht nur mehrfach vor dem BGH verhandelt, sondern hat auch schon das Bundesverfassungsgericht und den Europäischen Gerichtshof beschäftigt. Und er ist noch immer nicht am Ende. Abgehakt ist mittlerweile die Beurteilung der Lage bis Juni 2021. Für die Vergangenheit wurde eine entsprechende Anwendung des § 24 UrhG verneint und festgestellt, dass jegliche Verwendung von kopierten Ausschnitten, wenn es in wiedererkennbarer Form geschieht, zustimmungspflichtig ist. Davon ausgehend, dass ein Sample in den meisten Fällen verwendet wird, um es im neuen Stück auch zu hören, lässt sich also festhalten, dass für Sample-Nutzungen bis Juni 2021 grundsätzlich eine Zustimmung der Tonträgerhersteller erforderlich ist. Vor 2002 war die Rechtslage wieder anders, aber das wird hier nicht erörtert, um es nicht zu kompliziert zu machen (für eine zusammenfassende Darstellung des „Metall auf Metall“-Verfahrens bspw. *Grünberger*, ZUM 2022, 579; vgl. auch der Vorlagebeschluss des BGH, mit dem die Sache im September 2023 erneut an den Europäischen Gerichtshof gegeben wurde, abrufbar unter: https:// www.bundesgerichtshof.de/SharedDocs/Pressemitteilungen/DE/2023/2023157.html).

Noch einmal kurz zusammengefasst also die Rechtslage für alle Nutzungen von vorbestehender Musik von 2002 bis Juni 2021: Die ausschnittsweise Nutzung von Kompositionen und Lyrics kann ohne Zustimmung erlaubt sein, wenn es sich nach § 24 um eine freie Nutzung oder wenn es sich um eine Parodie, Karikatur oder Satire handelt. Die Sample-Nutzung hingegen bedarf praktisch immer der Zustimmung der Rechteinhaber.

2019 hat die EU die Richtlinie zum Urheberrecht im digitalen Binnenmarkt (bekannt als sog. Digital Single Market/DSM Richtlinie) geschaffen. Eine Zielrichtung der Richtlinie ist, die Bedingungen für die Nutzung digitaler Angebote innerhalb der EU zu vereinheitlichen und Rechte und Pflichten von Dienstleistungsanbietern, Kreativen und Nutzern gegeneinander besser abzugrenzen. Dabei geht es auch darum, die Definition von Begriffen zu vereinheitlichen, die bislang in verschiedenen EU-Staaten in unterschiedlicher Form verwendet wurden. Im Juni 2021 wurde der Inhalt der Richtlinie in das deutsche Urheberrechtsgesetz eingebaut und damit wirksam. Eine wichtige Konsequenz aus der Richtlinie und deren deutscher Umsetzung ist, dass das Thema der freien Nutzung von geschützten Inhalten (also auch von Musik) neu geregelt worden ist und dass zu den Begriffen (und urheberrechtlichen Schrankenbestimmungen) „Zitat", „Parodie" und „Karikatur" neu das „Pastiche" hinzugekommen ist. Pastiche ist zusammen mit Karikatur und Parodie jetzt auch Gegenstand des neuen § 51a UrhG. Der Begriff „Pastiche" ist in Frankreich schon länger bekannt, für Deutschland aber gänzlich neu.

Die genannten Begriffe Zitat, Parodie, Karikatur und Pastiche beschreiben unterschiedliche Arten der Verwendung von Musik:

Eine Rechtfertigung der Nutzung vorbestehender Musik als Zitat wird gern versucht, hat aber praktisch selten Erfolg. Die Einstufung als Zitat verlangt sowohl dessen ausdrückliche Erkennbarkeit als Zitat aus einem fremden Werk bzw. einer fremden Aufnahme als auch dessen Verwendung zur Erläuterung des eigenen Werkes oder zur kritischen Auseinandersetzung mit dem eigenen Werk. Dies ist bei Sample-Nutzungen regelmäßig nicht die Absicht der Nutzer. Stattdessen steht zumeist die Absicht im Vordergrund, mit dem Ausschnitt oder Sample das eigene Werk zu bereichern, und das allein genügt nicht, um die Nutzung als Zitat zu rechtfertigen.

Die Inanspruchnahme der Privilegierungen als Karikatur bzw. Parodie passen in der Praxis ebenfalls nur selten. Sie setzen voraus, dass Nutzer mit der Verwendung von Ausschnitten vorbestehender Musik Humor oder Spott zum Ausdruck bringen wollen. Doch auch das ist regelmäßig nicht der Grund, weshalb Nutzer Samples verwenden oder Ausschnitte aus Werken verwenden. Insofern können diese Nutzungsformen ebenfalls keine zustimmungsfreie Verwendung ermöglichen (das OLG Frankfurt, Urt. v. 2.2.2023 – 11 U 101/22, GRUR-RR 2023, 290, hat in der Entscheidung „Post vom Anwalt" die Anwendbarkeit der Begriffe sehr ausführlich diskutiert).

Bleibt also das in Deutschland bislang unbekannte Institut der Pastiche. Der Begriff an sich ist schon lange bekannt, und zwar in der

Malerei. Er bezeichnet das Malen im Stile anderer Maler, nicht aber das Kopieren von vorbestehenden Bildern. Diese Definition entspricht jedoch nicht dem, was in der EU-Richtlinie zugrunde gelegt wird. Dabei enthält die EU-Richtlinie keine allgemeingültige und abschließende Definition. Auch die Umsetzung ins deutsche Recht in § 51a UrhG enthält eine solche Definition nicht. Die folgenden Erwägungen sind also letztlich Interpretationsversuche, ohne dass es bislang die erwünschte Klarheit gibt.

Aus den neuen Regelungen der EU-Richtlinie und deren Umsetzung in § 51a UrhG könnte sich ergeben, dass mit der Pastiche ein Oberbegriff für das Verwenden von Samples und das Schaffen von Remixen, Memes, GIFs, Mash-Ups und Interpolationen geschaffen werden soll. Eine EU-weit einheitliche Schrankenregelung für eine (größere) Bandbreite an Kunstformen, die auch ohne vorherige Zustimmung der Rechteinhaber umgesetzt werden können (für eine inhaltliche Einordnung siehe Fromm/Nordemann/*A. Nordemann/Karsch*, § 51a Rn. 4, 11–13, 19–23).

Was sich für Nutzer im deutschen Rechtsraum jedenfalls festhalten lässt, das ist die Absicht des Gesetzgebers, unter den Begriff der Pastiche auch die Verwendung von vorbestehenden Aufnahmen, Filmen und Bildern zu fassen. Wenn bislang Unterschiede gemacht wurden zwischen der Nutzung der Werke, die den Aufnahmen zugrunde lagen (der Song, der in einer Aufnahme dargeboten wird) und der Nutzung der Aufnahmen selbst, dann werden das Werk und die Verkörperung der Werke in digitalen Files jetzt gleichgesetzt, der unbedingte Schutz der Tonträgerhersteller-Rechte wird aufgeweicht.

Noch nicht klar ist hingegen die weitere inhaltliche Definition: Laut deutscher Gesetzesbegründung verlangt die Einordnung als Pastiche ebenfalls eine inhaltliche Auseinandersetzung mit dem Originalwerk bzw. der Originalaufnahme. Der Begründung des deutschen Gesetzgebers zufolge muss diese Auseinandersetzung wertschätzend sein und an das bestehende Werk bzw. die bestehende Aufnahme erinnern (die Begründung der Bundesregierung zum Gesetzentwurf ist abrufbar unter https://dserver.bundestag.de/btd/19/274/1927426.pdf).

Demnach würden zwei Kriterien gelten: Zum einen ist auch für die Einstufung als Pastiche erforderlich, dass das Ausgangswerk als solches erkennbar ist. Bei Memes und GIFs, die offensichtlich aus bekannten Filmproduktionen stammen, ist dieses Kriterium rasch erfüllt. Schwieriger wird es in der Musik, wenn ein Sample so in den neuen Song eingebaut wird, dass es als ein Bestandteil des Songs erkennbar ist, aber nicht als von außen hinzugekommenem Bestandteil.

Zum anderen bedarf es gem. der deutschen Gesetzesbegründung der wertschätzenden Auseinandersetzung. Zum Vergleich wird auf Parodie und Karikatur verwiesen, bei denen die Auseinandersetzung in Form von Humor bzw. Satire erfolgt. „Wertschätzung" bei der Pastiche muss wohl bedeuten, dass der Fremdanteil positiv konnotiert wird im Sinne einer Hommage und nicht in negativer, abwertender Form eingebaut wird.

Genauer werden das Gesetz und vor allem die Gesetzesbegründung leider nicht. Es gibt einzelne Gerichtsentscheidungen, in denen das Vorliegen eines Pastiche anerkannt wurde, neben der Nutzung des 2-Sekunden-Ausschnitts in dem beschriebenen „Metall auf Metall" Verfahren (zuletzt OLG Hamburg, GRUR 2022, 1217, noch nicht rechtskräftig) beispielsweise auch im Fall der nur teilweisen Veränderung eines vorbestehenden Bildes in einem neuen Bild (LG Berlin, ZUM-RD 2022, 498). Hingegen wurde ein Pastiche nicht erkannt in einer nahezu unveränderten Übernahme eines Bildes (LG München I, GRUR-RR 2022, 429). Für eine gesicherte Definition des Begriffs „Pastiche" reichen diese Einzelentscheidungen nicht aus, es bedarf der Entscheidung durch ein höchstes Gericht.

Klarheit verspricht man sich daher vom weiteren Verlauf des schon erwähnten „Metall auf Metall"-Verfahrens, das mittlerweile auf Betreiben des BGH erneut beim Europäischen Gerichtshof liegt. Der BGH hat den EuGH aufgefordert festzustellen, wann Sample-Nutzungen nach EU-weit einheitlichem Maßstab als Pastiche zu qualifizieren sind. Auf Basis dieser Feststellungen soll dann in der eigentlichen Sache ein EU-Recht-konformes Urteil getroffen werden.

Den vom BGH formulierten Fragen zufolge ist im konkreten Verfahren also zu entscheiden, ob der Produzent Moses Pelham den Rhythmus-Pattern aus dem Titel „Metall auf Metall" von Kraftwerk in seinem Song „Nur mir" verwendet hat, um damit das Werk von Kraftwerk wertschätzend zu würdigen. Oder ob es sich letztlich nur um das

Kopieren der Leistung Dritter ohne eine solche Würdigung handelt. Oder genügt die Absicht Pelhams (d. h. seine Intention) zwar den Anforderungen des Gesetzgebers an ein Pastiche, aber diese Absicht wird in der konkreten Umsetzung nicht hinreichend deutlich und kann daher nicht akzeptiert werden?

Das Ziel des Gesetzgebers und der mit der Präzisierung beschäftigten Gerichte lässt sich in Bezug auf die Definition des Pastiche-Begriffes wie folgt zusammenfassen: Man will abgrenzen zwischen zum einen dem bloßen Hineinkopieren von vorbestehender Musik in ein neues Werk, um eigene Produktionsarbeit zu sparen und ohne auf die verwandte Fremdleistung hinzuweisen, und zum anderen dem offen kommunizierten Verwenden von Fremd-Material mit der Absicht, fremde Kunst mit eigener Kunst kreativ zu verbinden. Für beide Fälle soll definiert werden, in welcher Ausgestaltung eine Nutzung zustimmungsfrei möglich ist und in welcher nicht. Und das Ganze soll nicht so kompliziert sein, dass die Nutzung praktisch nicht kalkulierbar ist. Die Praxis des Sampling und das Schaffen von Memes und GIFs als Teil einer kreativen Szene soll in gewissen Grenzen in legaler Art und Weise möglich sein. Gleichzeitig sollen die Rechte der Künstler in Bezug auf ihre Kreativität sowie die Rechte der Tonträgerhersteller in Bezug auf ihr Investment geschützt bleiben. Keine ganz einfache Aufgabe, die der BGH in Sachen „Metall auf Metall“ zu erledigen hat.

Bei Redaktionsschluss dieser Veröffentlichung liegt weder das Urteil des BGH vor noch die Beantwortung der an den EuGH gestellten Fragen. Was allerdings bereits vorliegt, ist die nach den Verfahrensregelungen des EuGH vorgesehene Stellungnahme des Generalanwalts beim EuGH (abrufbar unter https://curia.europa.eu/juris/document/document.jsf?text=&docid=301220&pageIndex=0&doclang=en&mode=req&dir=&occ=first&part=1). Diese Stellungnahme soll das Urteil vorbereiten, auch wenn die Richter an die Erwägungen des Generalanwalts nicht gebunden sind. Der Generalanwalt ist jedenfalls der Auffassung, dass nach der aktuellen Rechtslage die Definition des Pastiche eher eng zu fassen ist, und dass die Verwendung des fremden Materials als solches objektiv deutlich erkennbar sein sollte, damit das Ergebnis als Pastiche eingeordnet werden kann.

Zu hoffen ist, dass die Entscheidung des EuGH Klarheit schafft und nicht mehr neue Fragen aufwirft als bestehende beantwortet.

104. Ich arbeite gerade an einem Musikstück und will kurze Samples aus bestehenden Hits verwenden. Ich habe gehört, dass ich mich bei solchen Zitaten nicht an die Label wenden muss. Stimmt das? Oder anders gefragt: Welche Formen des Samplings sind erlaubt?

Eine Sample-Nutzung liegt vor, wenn ein Ausschnitt aus einer existierenden Musikaufnahme herauskopiert wird und in eine neue Aufnahme eingebaut wird. Eine bestehende Aufnahme, an der Rechte von Urhebern (Komponisten und Texter) und Leistungsschutzberechtigen (Künstlern und Produzenten) hängen, wird für eine neue Aufnahme verwendet. Da liegt es nahe, dass eine solche Nutzung nur mit Zustimmung der Rechteinhaber an der Originalaufnahme erfolgen kann. Doch so einfach ist es nicht, für eine genauere Beantwortung muss man definieren, was unter „kurze Samples“ zu verstehen ist.

Wenn es sich um Ausschnitte handelt, die an prominenter Stelle bzw. in herausgehobener oder erkennbarer Form verwendet werden (unabhängig davon, ob das Sample kurz oder länger ist), dann ist in jedem Fall von Sampling auszugehen, das zustimmungsbedürftig ist. Ein gutes Beispiel ist der „I Got The Power“ Ausschnitt aus dem Song „Love's gonna get you“ von Jocelyn Brown, den Snap! in ihrem Disko-Klassiker „The Power“ wiederholt und markant verwendet haben. Dieser Ausschnitt charakterisiert den neuen Song, hat einen hohen Wiedererkennungswert und es wäre unbillig, den Schöpfern der Originalaufnahme nicht das Recht zu geben, über eine Verwendung zu entscheiden bzw. ihnen nicht die Möglichkeit zu geben, an den Einnahmen aus der Auswertung des Snap! Songs zu partizipieren.

Je länger das Sample ist, desto eher ist von einer Zustimmungspflicht auszugehen, auch wenn das Sample nicht so prominent verwendet wird wie „I Got The Power“.

Wenn es sich hingegen nur um kurze Samples handelt, die in der neuen Aufnahme gar nicht mehr erkennbar sind, dann kann eine Nutzung auch zustimmungsfrei möglich sein. Das hat der BGH vor wenigen Jahren im Rahmen des unter dem Namen „Metall auf Metall“ bekannten Verfahrens klargestellt. In dem Verfahren „Metall auf Metall“ geht es um die geloopte Verwendung eines kurzen Samples aus einem Stück von Kraftwerk in dem von Moses Pelham produzierten

Song „Nur mir“. Das Verfahren ist noch nicht abgeschlossen (siehe Frage 103), aber der BGH hat zwischenzeitlich herausgeschält, dass zumindest zwischen 2002 und 2021 auch die Verwendung kleinster Schnipsel-Samples zustimmungspflichtig war, es sei denn, dass das Sample im neu geschaffenen Werk aufging, also nicht länger als fremde Zutat zu erkennen war.

Daneben besteht die Möglichkeit, ein Sample zustimmungsfrei zu nutzen, wenn dieses als Zitat, Parodie oder Karikatur verwendet wird. Diese inhaltlich sehr spezielle Ausrichtung hat aber in der Praxis nur wenig Relevanz.

Bei der Frage, ob die Nutzung kurzer bzw. weniger prominent verwendeter Samples einer Zustimmungspflicht unterliegen, spielen allerdings auch die Änderungen eine Rolle, die sich aus der Umsetzung der DSM-Richtlinie (Richtlinie (EU) 2019/790) der EU im Jahr 2021 ergeben haben.

Mit Umsetzung der DSM-Richtlinie wurde in Deutschland der Begriff „Pastiche“ als neue Schrankenregelung eingeführt. Schrankenregelungen sind im Gesetz definierte Situationen, in denen eine Nutzung von Werken und Rechten möglich ist, ohne dass die Urheber und Leistungsschutzberechtigten um Zustimmung gefragt werden müssen. Die Frage, die im weiteren Verlauf des Verfahrens „Metall auf Metall“ entschieden werden wird, ist, welche Kategorie an Samples ab jetzt unter den Begriff Pastiche fallen und damit zustimmungsfrei genutzt werden können. Zur genaueren Herleitung des Begriffs und zu möglichen Abgrenzungen siehe Frage 103.

Die Frage wird erst nach Redaktionsschluss dieses Buches entschieden werden. Für den Moment lässt sich daher nur festhalten, dass

- jedenfalls solche Samples, die bei Verwendung im neuen Werk aufgehen und nicht mehr als Zutat von außen erkennbar sind, zustimmungsfrei verwendet werden können, und dass
- besonders prominente Samples, die das neue Werk prägen und den Erfolg des neuen Werkes ausmachen, sowie besonders lange Sample nur mit Zustimmung der Rechteinhaber nutzbar sind.

Bleibt die Frage, wessen Zustimmung eingeholt werden muss. In Frage kommen die Inhaber der Rechte am Ausgangswerk (Komponisten und Texter, regelmäßig von Verlagen vertreten) und die Inhaber der

Rechte an den Aufnahmen (ausübende Künstler und Tonträgerhersteller, regelmäßig gebündelt bei Labels). Da es ja um die Auswertung von Teilen einer Musikproduktion geht, wird die Zustimmung des Labels in jedem Fall erforderlich sein. Ob auch der Verlag um Zustimmung gefragt werden muss, hängt davon ab, ob der genutzte Teil überhaupt urheberrechtsfähig ist. Wenn es nur um wenige Töne geht oder um einen allgemeinen Rhythmus, dann sind Urheberrechte am Werk nicht einschlägig und die Erlaubnis des Verlags daher nicht erforderlich.

105. Wie verhält sich ein Mash-Up/Sampling? Was ist noch Sampling und was ist Plagiat?

Mash-Up, Sampling und Plagiat sind Begriffe, die durch die musikalische Praxis aktuell geworden sind. In allen Fällen geht es darum, bestehende Aufnahmen von musikalischen Werken zu verändern und zu mischen.

Ausgangspunkt ist immer eine bestehende (Original-)Aufnahme eines (Original-)Werkes, die von den Berechtigten veröffentlicht und ausgewertet wird. Die Frage ist, ob die Original-Aufnahme als Ganzes oder in Ausschnitten, verändert oder unverändert in neuen Werken und Aufnahmen ausgewertet werden darf, oder ob dafür die Zustimmung der Inhaber der Rechte am Originalwerk (vertreten durch die Verlage) und der Inhaber der Rechte an den Aufnahmen (ausübende Künstler und Tonträgerhersteller, regelmäßig gebündelt bei Labels) erforderlich ist.

Ein Mash-Up ist das Kombinieren von zwei bestehenden Original-Aufnahmen zu einer neuen Aufnahme. Die Leistung des Produzenten eines Mash-Up besteht also nicht darin, selbst eine neue Aufnahme produziert zu haben, sondern vorbestehende Aufnahmen miteinander kombiniert und damit zu einer neuen (im Sinne von bislang nicht existenten) Aufnahme gemacht zu haben. Grundsätzlich ist davon auszugehen, dass für eine solche Benutzung sowohl die Zustimmung der Rechteinhaber am Original-Werk erforderlich ist als auch die Zustimmung der Rechteinhaber an der Original-Aufnahme. Im Bewusstsein, dass solche Zustimmungen nur schwer zu bekommen sind – gerade, wenn berühmte Aufnahmen großer Stars miteinander kombiniert werden –, sind Mash-Ups in der Vergangenheit nur als illegal veröffentlichte Aufnahmen bekannt geworden, und es war eher die Frage, ob Verlage und Labels die Verbreitung geduldet haben oder eben nicht.

Die Einführung des Begriffs der Pastiche in das deutsche Urheberrecht durch die Umsetzung der DSM-Richtline der EU (siehe Frage 103) hat jetzt die Frage aufgeworfen, ob bestimmte Formen des Mash-Up unter diesen Begriff fallen und damit zustimmungsfrei veröffentlicht werden können. Die Frage ist offen und wird erst nach Redaktionsschluss dieses Buches beantwortet werden.

Das Sampling ist das Verwenden von Teilen einer Originalaufnahme in einer neu produzierten Aufnahme. D. h. im Rahmen der Produktion einer Aufnahme werden als besondere Zutat Ausschnitte aus vorbestehenden Aufnahmen beigefügt. Zur Frage, in welchem Umfang eine solche Nutzung zustimmungsfrei erlaubt ist, siehe Frage 104.

Ein Plagiat ist ein Werk (bzw. eine Aufnahme eines neuen Werkes), das von einem Plagiator als neues und von ihm geschaffenes Werk präsentiert wird. Tatsächlich handelt es sich jedoch um ein vorbestehendes Originalwerk eines Urhebers, unabhängig davon, ob der Plagiator das Originalwerk noch bearbeitet hat oder nicht. Die Einordnung als Plagiat setzt also nicht nur die Tatsache der Verwendung eines Originalwerkes voraus, an dem die Rechte der Originalberechtigten hängen, sondern es setzt auch eine betrügerische Gesinnung in Form der unzutreffenden Behauptung einer Urheberschaft voraus. Hätte der Plagiator das Originalwerk bearbeitet und dafür die Genehmigung des Verlags, der die Rechte am Originalwerk wahrnimmt, eingeholt, dann wäre die Auswertung zwar rechtmäßig, die unzutreffende Behauptung zur Urheberschaft allerdings weiterhin falsch und irreführend. Und die Auswertung einer bearbeiteten Version eines Originalwerkes mit Zustimmung des Verlags bei korrekter Angabe der Urheber ist kein Plagiat mehr, sondern die rechtmäßige Auswertung einer Bearbeitung. Der Dritte kann der Einordnung als Plagiator nur dann entkommen, wenn er das Originalwerk so weitgehend bearbeitet, dass das Originalwerk hinter der neuen Fassung verblasst, also kaum noch erkennbar ist. Das ist aber selten der Fall und ist ja auch nicht das Ziel eines Plagiators, der mit der kreativen Leistung Dritter eigene Erfolge erzielen will.

Teil 4 – Musik konsumieren: Musiknutzer und der Markt

A. Musiknutzung im Überblick *(Fabian Zey)*

Der Genuss von Musik zählt zu den häufigsten Beschäftigungen im Alltag und begegnet einem in ganz vielfältiger Weise. Der „Engaging with Music"-Report von 2023 der IFPI (International Federation of the Phonographic Industry), der Dachverband des Bundesverbands Musikindustrie, zeigt, dass die Menschen in Deutschland durchschnittlich 20,9 Stunden Musik pro Woche hören. Das sind 1,4 Stunden mehr als noch 2021 und liegt leicht über dem weltweiten Durchschnitt von 20,7 Stunden pro Woche (siehe https://www.ifpi.org/wp-content/uploads/2023/12/IFPI-Engaging-With-Music-2023_full-report.pdf). Die Wege, an Musik zu kommen, sind vielfältig. Zum einen gibt es nach wie vor die traditionellen Radiosender, die Musik allgegenwärtig machen und die darüber hinaus auch oder ausschließlich über das Internet senden. Empfangstaugliche Geräte für diese Formen des Musikgenusses sind neben dem klassischen Auto- und Küchenradio heutzutage fast alle Geräte mit Internetzugang, allen voran natürlich das Smartphone.

Der physische Verkauf von Musik, also auf mechanischen Trägermedien wie CD, DVD und Blu-Ray, spielt nur noch eine untergeordnetere Rolle und wird von der inzwischen bedeutendsten Quelle, dem Online-Vertrieb, verdrängt. Laut dem Report „Musikindustrie in Zahlen 2024" des Bundesverbands Musikindustrie sowie dessen Pressemeldung vom 26.2.2026 schrumpfte der Umsatz im physischen Musikverkauf von 1.060 Millionen EUR im Jahr 2015 auf 345 Millionen EUR in 2025 und der Trend dürfte grundsätzlich anhalten (siehe https://www.musikindustrie.de/fileadmin/bvmi/upload/05_Presse/01_Pressemitteilungen/2026/PM_Markt_2025_final_260226.pdf). Lediglich die Verkäufe von Vinyl-Schallplatten verzeichnen ein deutliches Plus von 9,4 Prozent gegenüber 2023 und erreichten 2024 einen Umsatz von 153 Millionen EUR. Im Vergleich zu den Zahlen aus dem Jahr 2015 hat sich der Umsatz für Vinyl etwas mehr als verdreifacht (siehe https://www.musikindustrie.de/fileadmin/bvmi/upload/06_Publikationen/MiZ_Jahrbuch/2024/Musikindustrie_in_Zahlen_2024_geschuetzt.pdf). Auch in 2025 verzeichnete dieses Segment einen Zuwachs um 2,8 Prozent im Vergleich zum Vorjahr. Dominiert wird der Online-Vertrieb vom Audio-Streaming, das den komfortablen – da ubiquitären – Musikgenuss auf einer Vielzahl von Endgeräten erlaubt und in Sekundenbruchteilen Zugriff auf Millionen Songs ermöglicht. Welche Rolle soziale Medien (Facebook, Instagram etc.) zukünftig spielen werden, bleibt abzuwarten. In der Gesamtbetrachtung der Musiknutzung kommt ihnen derzeit noch eine Nischenbedeutung zu.

Es soll bereits an dieser Stelle darauf hingewiesen werden, dass Musik nach wie vor illegal erworben bzw. betrügerisch eingesetzt wird. Erfreulicherweise liegt Deutschland laut dem 2023 IFPI-Report „Engaging with Music“ bei der illegalen Musiknutzung mit nur 21 Prozent unter dem globalen Durchschnitt von 29 Prozent (siehe https://www.ifpi.org/wp-content/uploads/2023/12/IFPI-Engaging-With-Music-2023_full-report.pdf). Das liegt zum einen sicherlich daran, dass Deutschland mit Schweden, dem Vereinigten Königreich, den USA und Mexiko zu den meisten Premium-Account-Nutzern weltweit im Bereich Audio-Streaming gehört.

Zum anderen muss festgestellt werden, dass viele illegale Angebote im Internet in den vergangenen Jahren zunehmend unattraktiv geworden oder – sicherlich auch aufgrund der zahlreichen Gerichtsverfahren, die in den vergangenen Jahren von den verschiedenen Rechteinhabern angestrengt wurden – bereits ganz vom Netz gegangen sind.

Die Entwicklung der physischen Piraterie, also insbesondere CDs oder Vinyl-Schallplatten, die ohne erforderliche Lizenzen hergestellt und auf Flohmärkten oder über das Internet verkauft werden, folgt dem Abwärtstrend des legalen physischen Marktes. Häufig werden nur noch „ausgewählte“ Produkte von Künstlern mit einer großen, weltweiten Fanbase illegal kopiert bzw. als „Sondereditionen“, zum Beispiel in einer andersfarbigen Vinyl als das Originalprodukt, illegal angeboten. Bei echten Fans und Sammlern dürften diese Produkte kaum Beachtung finden, da sie weder offizielle Produkte des Künstlers sind, noch das künstlerische Schaffen vergütet wird.

Piraterie spielt sich heutzutage hauptsächlich im Internet ab. Die Varianten der illegalen Nutzung von Musik im Netz reichen von Stream-Ripping bis hin zu – wenn auch zwischenzeitlich deutlich rückläufigen – kommerziell betriebenen Strukturen im Rahmen des UseNet, über P2P-Netzwerke (oft als „Internettauschbörsen" bezeichnet) und sog. Cyberlocker (auch als „One-Click-Hoster" oder „Sharehoster" bezeichnet). Letztere bieten einen webbasierten Online-Speicherplatz für Daten im Internet an. Zwar besteht für solche Dienste durchaus ein legaler Nutzwert und Bedarf, beispielsweise um Urlaubsfotos und -videos oder größere Dateien anderen zugänglich zu machen – ein Argument, das unter Verkennung oder Ausblendung der tatsächlich massenhaften illegalen Nutzung immer wieder gegen eine Haftbarkeit dieser Betreiber ins Feld geführt wird. Jedoch ging nach Rapidshare, Share-Online und Oboom mit der Website Uploaded.net im Jahr 2022 der letzte illegale Sharehoster in Europa vom Netz. Und auch einige andere Varianten der „Internetpiraterie" werden zunehmend nicht mehr nachgefragt.

Dafür entsteht wieder neues, illegales Verhalten. Zum Beispiel durch die Nutzung von nicht lizenziertem Content über Apps auf Smartphones, also Softwareangeboten, die illegalen Zugang zu Musik ermöglichen (zum Beispiel zu Stream-Ripper, s. hierzu Frage 106). Auch auf legalen Musikplattformen selbst entstehen unlautere Methoden, um Gelder abzuschöpfen. Zum Beispiel durch sog. „Streaming-Manipulation" (siehe hierzu ab Frage 138), durch Playlist Bots, Fake Artists, unautorisierte Versionen von Songs und/oder Namen und Bildnissen, bis hin zu durch KI generierte Musik. Ohne Zweifel verstoßen derartige Praktiken zumindest gegen die Richtlinien der jeweiligen DSPs. In den vergangenen Jahren wurden mehrere erfolgreiche Verfahren gegen Manipulationsdienste, die den Kauf zum Beispiel von Streams angeboten haben, geführt (siehe https://www.musikindustrie.de/presse/presseinformationen/musikindustrie-geht-erneut-erfolgreich-gegen-streamingmanipulationsanbieter-vor). Im Fokus der digitalen Piraterieverfolgung stehen zudem die Möglichkeiten Musik auf illegale Wege im Internet zu entdecken. Also insbesondere über Webseiten mit Download-Links, Trefferergebnisse in Suchmaschinen oder die Verbreitung von Links zu urheberrechtlich geschützten Inhalten in Foren oder sozialen Netzwerken.

B. Musik im Internet – legal oder illegal? *(Fabian Zey)*

106. Was versteht man unter Stream-Ripping und ist es illegal?

Durch Stream-Ripping werden legal gestreamte Inhalte (zum Beispiel auf der Video-Plattform YouTube) unter Zuhilfenahme von Software auf die lokale Festplatte des Nutzers gespeichert. Demnach umgeht Stream-Ripping Software häufig technische Schutzmaßnahmen des betroffenen Streaminganbieters bzw. verstößt gegen die Anbieterrichtlinien. Stream-Ripping ist eine weit verbreitete Form digitaler Urheberrechtsverletzungen, gegen die die Musikbranche gerichtlich vorgeht. Zuletzt hat das OLG Hamburg mit Urteil vom 21.11.2024 (Aktenzeichen: 5 U 54/23) bestätigt, dass ein Host-Provider für die Beteiligung an der Umgehung des Kopierschutzes mittels Stream-Ripping-Software haftet.

107. Was ist Filesharing und ist es illegal?

Filesharing bezeichnet das Freigeben von Dateien auf einem Computer, damit Dritte die Dateien wiederrum auf ihre eigene Festplatte kopieren können. Große Internettauschbörsen werden von Millionen Teilnehmern genutzt und bieten neben Musik auch andere, häufig urheberrechtlich geschützte Inhalte an. Internettauschbörsen und Filesharing sind zwar grundsätzlich neutrale, netzbasierte Technologien und deshalb für sich genommen nicht illegal, jedoch müssen, wie bei der Verwendung jeder anderen Technologie, die Rechte der Kreativen beachtet werden. Eine solche Rücksichtnahme auf die Interessen der Urheber findet in den Internettauschbörsen faktisch nicht statt. Das Bereitstellen urheberrechtlich geschützter Werke (Musik, Filme etc.) per Upload war schon immer illegal. Es ist ohne etwaige Bagatellgrenzen strafbar und kann zivilrechtlich mit Unterlassung- und Schadensersatzforderungen der Rechteinhaber verfolgt werden.

Im Jahr 2003 hat der Gesetzgeber in § 53 UrhG klargestellt, dass auch das Abrufen von geschützten Werken per Download illegal ist, wenn die Vorlage offensichtlich rechtswidrig im Internet zum Download angeboten wird oder die bereitgestellten Dateien offensichtlich rechtswidrig hergestellt wurden. Damit wird klargestellt, dass auch das Downloaden aus einer Tauschbörse zu großen Teilen rechtswidrig ist und ebenso wie der Upload straf- und zivilrechtliche Sanktionen zur Folge haben kann.

108. Darf man aus dem Netz Musikdateien herunterladen?

Nicht, wenn es sich dabei um rechtswidrige Angebote handelt, zum Beispiel in sog. Tauschbörsen. Das Downloaden aus dem Internet ist ohne vertragliche Gestattung des Rechteinhabers nur bei Erfüllung der Voraussetzungen der Privatkopie nach § 53 UrhG zulässig, wenn die bereitgestellte Musikdatei nicht offensichtlich rechtswidrig hergestellt oder offensichtlich rechtswidrig angeboten wurde. Mittlerweile ist den meisten Menschen bekannt, dass Musik (und andere Inhalte) nur in den seltensten Fällen legal in Tauschbörsen angeboten wird.

Einige Künstler und Plattenfirmen stellen jedoch einzelne Songs umsonst ins Internet, dies ist in der Regel deutlich zu erkennen und in diesem Fall natürlich auch legal (siehe hierzu auch Frage 91). Gegen die Nutzung eines kostenpflichtigen legalen Downloadangebots (zum Beispiel auf Amazon) ist natürlich ebenfalls nichts einzuwenden, da diese Anbieter über die erforderlichen Lizenzen verfügen.

109. Welche Sanktionen drohen mir genau, wenn ich geschützte Werke über Tauschbörsen down- oder uploade?

Wer illegal Musikdateien anbietet oder herunterlädt, muss sowohl mit einem strafrechtlichen Verfahren als auch mit einem zivilrechtlichen Verfahren rechnen.

Bei dem strafrechtlichen Verfahren wird Anzeige erstattet (vgl. §§ 106 ff. UrhG). Es droht eine Freiheitsstrafe von bis zu drei Jahren oder Geldstrafe, bei gewerbsmäßigem Handeln sogar eine Freiheitsstrafe von bis zu 5 Jahren. In der Praxis werden oftmals Geldstrafen verhängt.

Daneben werden zivilrechtlich auch Schadensersatzansprüche gemäß § 97 Abs. 2 S. 1 UrhG geltend gemacht. Es sind z. T. hohe zivilrechtliche Unterlassungs- und Schadensersatzforderungen des Rechteinhabers zuzüglich der Anwaltsgebühren und der gerichtlichen Verfahrenskosten zu befürchten. Die Gesamtkosten bemessen sich in erster Linie an der Anzahl der angebotenen Werke.

Die überwiegende Mehrzahl der Verfahren mündet in einen außergerichtlichen Vergleich.

I. Es geht auch ganz legal

110. Woran erkenne ich legale Musikangebote im Internet?

Die Tatsache, dass man für ein Musikstück bezahlen muss, um es herunterzuladen, ist zwar ein Indiz dafür, dass es sich um ein legales Internet-Angebot handelt, aber leider keine Garantie. Ein vergleichsweise geringer Preis für den Musiktitel von zum Beispiel 0,10 EUR über eine beispielsweise aus Russland betriebene Seite mit einer explizit deutschen Ansprache lässt oftmals darauf schließen, dass der Anbieter nicht über die erforderlichen Lizenzen verfügt. Die großen Online-Shops wie zum Beispiel iTunes oder Amazon verfügen über die erforderlichen Lizenzen. Längst wurden Downloadshops von Audio-Streaming-Diensten verdrängt, die zum Teil werbefinanziert und insofern zumindest in Teilen kostenfrei sind bzw. kostenlose Probe-Abonnements anbieten (zum Beispiel Spotify, Amazon Music, Deezer). Auch die Aufmachung und der Kontext der Seite sind zu betrachten. Was gibt es sonst noch zu kaufen? Wofür wird auf den Seiten geworben? Kommerzielle Anbieter von Musik haben es wegen der erzielten Einnahmen nicht nötig, für andere zweifelhafte Produkte zu werben. Ihre Shops sind übersichtlich, in deutscher Sprache und bieten Kontaktadressen in Deutschland, zumindest aber in EU-Ländern. Insofern lohnt sich auch ein Blick in das Impressum der betreffenden Website. Bei vielen Angeboten wird dem Nutzer also sein gesundes Bauchgefühl bzw. ein gewisses Misstrauen weiterhelfen.

111. Wo kann ich im Internet legal Musik konsumieren und welcher Dienst ist zu empfehlen?

Die legale Musiknutzung im Internet wird von Streaming-Diensten dominiert, zu denen zum Beispiel Spotify, Deezer und Apple Music gehören. Viele Streaming-Dienste bieten kostenlose Probeabonnements an und manche stellen neben dem Bezahlbereich auch einen kostenlosen, werbefinanzierten Bereich bereit. Das ermöglicht dem

Nutzer sich einen umfassenden Eindruck von den Musikdiensten zu machen und das passende Angebot auszuwählen.

112. Welche Möglichkeiten der Online- und Offlinenutzung von Musik auf legalen Plattformen gibt es?

Neben dem Auffinden in Sekundenbruchteilen und Abspielen von Songs aus einem Pool von zig Millionen Musikwerken, bieten Streaming-Dienste häufig auch die Möglichkeit Musik und andere Inhalte auf das eigene Gerät herunterzuladen, um sie dann ohne bestehende Verbindung zum Internet zu konsumieren. In der Regel muss das genutzte Gerät mindestens alle 30 Tage einmal mit dem Internet verbunden sein, um weiterhin offline Zugriff auf die Songs zu gewährleisten. Mit Beendigung des Abonnements werden auch die getätigten und für die temporäre Nutzung in diesem Zusammenhang mitlizenzierten Downloads (häufig auch als „tethered Downloads" bezeichnet, also „zeitlich begrenzte" Downloads) gelöscht und sind somit nicht mehr abrufbar.

113. Gibt es eine spezielle Plattform nur für deutsche Musik?

Alle großen kommerziellen DSPs bieten auch Musik aus Deutschland an. Eine spezielle Plattform nur für deutsche Musik ist derzeit nicht bekannt und würde sich mit Blick auf das Geschäftsmodell wohl auch nicht rentieren. Die führenden DSPs bieten allerdings die Möglichkeit, ihr Angebot nach entsprechenden Kriterien zu filtern bzw. stellen speziell kuratierte Playlisten bereit (zum Beispiel „Deutschpop Klassiker" auf Spotify). Darüber hinaus spielen die Anbieter auch Empfehlungen aus, die auf dem bisherigen Nutzungsverhalten basieren und personalisiert sind. Überhaupt sind die Algorithmen und die Musik-Kategorisierung der führenden DSPs innerhalb der letzten Jahre ein wichtiger Bestandteil der Angebote geworden, um einerseits für den jeweiligen Nutzer stehts interessante, neue Inhalte anzubieten; andererseits um sich im Markt entsprechend zu positionieren und sich von Wettbewerbern abzugrenzen. Hinzu kommen noch millionenfache Playlists, die von Musikfans erstellt, geteilt und für alle Nutzer abrufbar sind.

114. Sind die selbstgemachten Videos auf Plattformen wie zum Beispiel YouTube illegal?

Unabhängig von weiteren rechtlichen Bezügen (Rechte am Bild-/Fotomaterial, Persönlichkeitsrechte der abgebildeten Personen) sind die Videos im Hinblick auf benutzte Musik illegal, wenn sie geschützte Musik verwenden und dafür keine besondere Lizenz erworben wurde. Wichtig: Über die erforderliche Lizenz verfügt man noch nicht, wenn man Eigentümer zum Beispiel einer CD oder eines legalen Musikdownloads ist. Dieses Eigentum berechtigt nämlich nur, die CD bzw. den heruntergeladenen Song selbst anzuhören, nicht aber, mit den darauf enthaltenen Stücken nach Belieben zu verfahren. Der jahrelange Streit zwischen YouTube und der Verwertungsgesellschaft GEMA drehte sich damals zentral um die Frage, ob YouTube als Plattformbetreiber Lizenzschuldner ist oder ob die jeweiligen Nutzer, welche die Inhalte bei YouTube hochladen, die notwendigen Lizenzen erwerben müssten. Im Jahr 2016 einigten sich die Google-Tochter und die GEMA auf einen Lizenzvertrag, der rückwirkend ab 2009 gilt. Diese Einigung ermöglicht den Nutzern die Verfügbarmachung von urheberrechtlich geschützter Musik auf YouTube, sofern insbesondere die Leistungsschutzrechte geklärt sind (zumindest die großen Labels haben bestehende Lizenzvereinbarungen mit YouTube und anderen Video-Plattformen abgeschlossen). Weitere Informationen dazu finden sich auch unter: https://www.gema.de/de/hilfe/musiknutzer/musik-nutzen/filme-werbung-internet/musikinhalt-video-plattform-hochladen-was-beachten.

Strittig ist nach wie vor die Frage, ob Plattformen, die insbesondere von Nutzern hochgeladene Inhalte bereitstellen, für die darin verwendete Musik ausreichend bezahlen. In der Öffentlichkeit wurde diese Debatte unter dem Namen „Value Gap" (sinngemäß „Wertschöpfungslücke") bekannt. Jüngstes Beispiel ist der inzwischen beigelegte Streit zwischen der Kurzvideoplattform TikTok und der Universal Music Group, die eine faire Vergütung für ihre Künstler forderte. Bis zur Einigung im Mai 2024 zog die Universal Music Group ihren gesamten Musikkatalog von der Plattform ab, mit der Folge, dass Nutzer für rund drei Monate kein Universal-Repertoire nutzen konnten. Die nächste „Value Gap" Thematik wird sich voraussichtlich um die angemessene Vergütung der Technologieunternehmen drehen, die ihre generative KI-Software mit urheberrechtlich geschützten Inhalten trainieren – häufig noch ohne entsprechende Rechte lizenziert zu haben (siehe Fragen 154 ff.). Die ersten Klagen in den USA sind anhängig (siehe https://www.riaa.com/record-companies-bring-landmark-cases-for-responsible-ai-againstsuno-and-udio-in-boston-and-new-york-federal-courts-respectively/), in Deutschland hat die GEMA als weltweit erste Verwertungsgesellschaft ein Grundsatzverfahren angestoßen (siehe https://www.gema.de/de/aktuelles/ki-und-musik/ki-klage).

II. Unentdeckt im Netz?

115. Wie kann überhaupt jemand herausbekommen, dass ich illegal Musik heruntergeladen habe?

Die Ermittler nutzen genau wie die Rechtsverletzer die illegalen Peer-to-Peer-Netzwerke, die sog. Musiktauschbörsen, im Internet. Sie suchen in der Tauschbörse nach einem bestimmten Musikstück und laden dieses wie ein Musikpirat runter. Dabei dokumentieren sie Tag, Uhrzeit und IP-Adresse des Angebotes und somit des Nutzers, der das Stück hochgeladen hat, und fotografieren die Vorgänge am Computerbildschirm (sog. Screenshots).

Für die Kommunikation im Internet ist den Computern eine bestimmte IP-Adresse zugewiesen, die mit einer Telefonnummer vergleichbar ist. Es gibt sowohl statische (also feste) als auch dynamische IP-Adressen. Sobald ein Computer eine Verbindung mit dem Internet herstellt, wird ihm eine dynamische IP-Adresse für den jeweiligen Nutzungsvorgang zugewiesen. Um Rechtsverletzer verfolgen zu können, ist es erforderlich, herauszufinden, welche natürliche oder juristische Person Inhaber des Anschlusses ist, dem diese IP-Adresse zum Zeitpunkt der Rechtsverletzung zugeordnet war. Anhand der IP-Adresse und der weiteren Daten wird also versucht, den sich hinter der IP-Adresse verbergenden Klarnamen über den Access-Provider zu erfahren.

116. Was bedeutet der zivilrechtliche Auskunftsanspruch?

Der zivilrechtliche Auskunftsanspruch gibt einem Rechteinhaber unter anderem die Möglichkeit von einem Internetprovider Auskunft darüber zu verlangen, welche natürliche oder juristische Person hinter dem Anschluss steht, dem eine bestimmte IP-Adresse zu einem bestimmten Zeitpunkt zugeordnet war.

Über diese Informationen kann allein der Access-Provider Auskunft geben. Unter den Voraussetzungen des zivilrechtlichen Auskunftsanspruchs nach § 101 Abs. 2 bzw. § 101 Abs. 9 UrhG können auch Rechteinhaber Auskunft verlangen, wenn deren Rechte im Rahmen einer Internetnutzung verletzt worden sind.

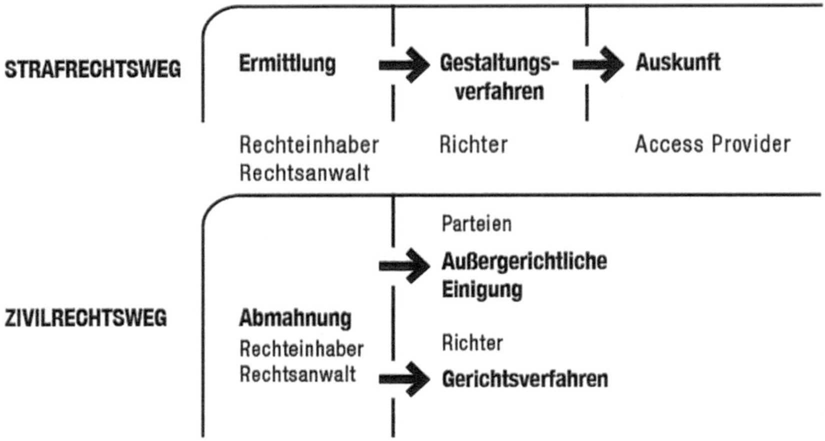

Abbildung 17: Überblick Rechtsdurchsetzung

117. Dürfen Access-Provider meine Daten weitergeben?

Aufgrund des zivilrechtlichen Auskunftsanspruchs nach § 101 Abs. 2 UrhG in Verbindung mit § 101 Abs. 9 UrhG kann der Rechteinhaber vom Access-Provider Auskunft darüber verlangen, welchem Anschluss eine bestimmte IP-Adresse im Zeitpunkt einer Verletzungshandlung zugeordnet war. Voraussetzung für einen solchen Auskunftsanspruch ist, dass die Rechte in gewerblichem Ausmaß verletzt worden sind. Wann eine Rechtsverletzung in gewerblichem Ausmaß vorliegt, wird von den Gerichten unterschiedlich beurteilt. Es ist davon auszugehen, dass die Wahrscheinlichkeit, dass eine Rechtsverletzung gewerbliches Ausmaß hat, umso größer ist, je mehr Titel (oder ein ganzes Musikalbum) davon betroffen und je aktueller diese sind (vgl. OLG Hamburg, MMR 2010, 338 ff. und OLG München, MMR 2012, 116).

Sofern vom Access-Provider für die begehrte Auskunft sog. Verkehrsdaten (zum Beispiel über den genauen Nutzungszeitpunkt und die Nutzungsdauer) preisgegeben werden müssen (diese sind von den sog. Bestandsdaten wie Name und Adresse des Nutzers abzugrenzen), muss der Rechteinhaber zuvor eine richterliche Anordnung beantragen (vgl. Wandtke/Bullinger/*Bohne*, § 101 Rn. 28). Die Unterscheidung zwischen Verkehrs- und Bestandsdaten wird deshalb gemacht, weil durch die Preisgabe von Verkehrsdaten das Verhalten eines bestimmten Nutzers nachvollzogen werden kann, was nach Ansicht des Gesetzgebers einen schwereren Eingriff in den Datenschutz darstellt als die Bekanntgabe von Bestandsdaten.

118. Ich habe eine Abmahnung wegen illegalen Filesharings erhalten. Was bedeutet das?

Wie Eingangs bereits angesprochen liegt Deutschland im internationalen Vergleich unter dem globalen Durchschnitt bei der illegalen Musiknutzung. Auch illegales Filesharing wird immer weniger nachgefragt, weshalb diese Frage erfreulicherweise zunehmend an Relevanz verliert.

In erster Linie bedeutet das, dass eine ermittelte IP-Adresse Ihrem Anschluss zugeordnet wurde, da über diesen offenbar eine Rechtsverletzung stattgefunden hat. Durch eine Abmahnung wird eine Rechtsverletzung angezeigt und dem Rechtsverletzer aufgegeben, die Verletzungshandlung zu unterlassen. Die Abmahnung dient in erster Linie dazu ein gerichtliches Verfahren zu vermeiden. Dem Abgemahnten soll die Gelegenheit gegeben werden auf die Abmahnung so zu reagieren, dass ein gerichtliches Verfahren nicht notwendig wird. Sie beinhaltet in der Regel eine sog. Unterlassungs- und Verpflichtungserklärung. In einer derartigen Erklärung verpflichtet sich der Abgemahnte dazu ein bestimmtes Verhalten zukünftig zu unterlassen. Gleichzeitig verpflichtet er sich üblicherweise für den Fall der Zuwiderhandlung zur Zahlung einer Vertragsstrafe.

Auch wenn der Verletzer die Unterlassungs- und Verpflichtungserklärung abgibt, kann der Rechteinhaber über § 97a UrhG Ersatz der erforderlichen Aufwendungen verlangen.

Wird die Unterlassungs- und Verpflichtungserklärung nicht unterzeichnet, kann der Verletzte gerichtliche Hilfe in Anspruch nehmen, indem er den Erlass einer einstweiligen Verfügung gegen den Rechtsverletzer beantragt (siehe Frage 30).

Die einstweilige Verfügung ist eine vorläufige Entscheidung in einem gerichtlichen Eilverfahren. Aufgrund der Eilbedürftigkeit findet häufig keine mündliche Verhandlung statt. Sofern die einstweilige Verfügung erlassen und dem Antragsgegner (dem Rechtsverletzer) beispielsweise aufgegeben wird, eine bestimmte Handlung zu unterlassen, er sich jedoch darüber hinwegsetzt, besteht die Möglichkeit ein empfindliches Ordnungsgeld gegen ihn zu verhängen.

Eine einstweilige Verfügung entfaltet aber nur vorläufige Wirkung. Um eine Hauptsacheklage zu vermeiden, muss der Gegner, wenn er die einstweilige Verfügung akzeptiert, eine sog. Abschlusserklärung abgeben. Wird eine solche Erklärung nicht abgegeben, so ist die Wahrscheinlichkeit groß, dass der Rechteinhaber seine Ansprüche in einem Hauptsacheverfahren geltend macht. Das verursacht zusätzliche Anwalts- und Gerichtkosten.

119. Was ist ein Streitwert? Muss man das bezahlen?

Streitwerte bilden die Grundlage der gerichtlichen und anwaltlichen Kostenermittlung. Stark vereinfacht gesagt ist der Streitwert diejenige Geldsumme, um die es bei einem Rechtsstreit geht. Bei der Verletzung von Eigentumsrechten richtet sich der Streitwert allerdings oft nach dem Schaden, den ein Verhalten hatte oder haben könnte, wenn es um Unterlassungen geht.

Im Bereich der Urheberrechte kann eine Rechtsverletzung beträchtliche Schäden für den Rechteinhaber nach sich ziehen. Es werden daher relativ schnell sehr hohe Streitwerte erreicht. Dies resultiert unter anderem auch aus der Besonderheit, dass eine Unterlassungserklärung eines Rechtsverletzers nur dann rechtswirksam ist, wenn sie eine bestimmte Strafsumme enthält, die im Falle der erneuten Rechtsverletzung zu zahlen ist. Damit diese Summe auch wirklich eine Strafe darstellt, geht es schnell um mehrere zehntausend Euro. Diese Summe bildet dann den Streitwert, um den sich die Parteien streiten und anhand dessen sich die Anwaltsgebühren bestimmen. Im laufenden

Verfahren bei einer Abmahnung und Aufforderung zur Abgabe einer strafbewehrten Unterlassungserklärung muss der Streitwert nicht bezahlt werden. Allerdings gibt er Auskunft über die (zivilrechtliche) Strafe, die zu zahlen ist, wenn die Rechtsverletzung wiederholt wird.

III. Und wer haftet? *(René Houareau)*

120. Bin ich für illegales Filesharing meiner Kinder haftbar?

Filesharing ist der Oberbegriff für Prozesse, in denen digitale Inhalte wie Musik, Filme oder eBooks über das Internet geteilt werden. Strenggenommen ist das im Bereich der Musik nicht mehr wirklich aktuell. Dennoch macht es Sinn, sich mit der Thematik zu beschäftigen – gerade weil sie bspw. im Filmbereich noch häufig vorkommt. Die Peer-to-Peer Systeme, über die das Filesharing stattfindet, zeichnen sich dadurch aus, dass bei der eigenen Nutzung der Filesharing-Plattformen anderen Teilnehmern der Tauschplattformen der Abruf aller auf dem eigenen Gerät bereitgehaltenen Musik- oder Videodateien ermöglicht wird.

Das Filesharing hat im Bereich Musik in den Jahren nach der Einführung von Streaming-Plattformen wie z.B. AppleMusic und Spotify grundsätzlich an Relevanz verloren. Seit es Streaming-Plattformen gibt, nutzen immer mehr Menschen deren Angebote – vor allem, weil viele ein Abonnement abgeschlossen haben (https://www.musikindustrie.de/presse/presseinformationen/abrufzahlen-der-plattformen-zeigen-nutzung-von-musikstreaming-nimmt-weiter-zweistellig-zu-ueber-236-milliarden-streams-im-jahr-2024). Aber auch wenn die Streaming-Zahlen grundsätzlich steigen, gibt es jedoch noch immer eine nicht unerhebliche Anzahl an Filesharing-Seiten, die täglich zum Tausch von rechtsverletzenden Inhalten genutzt werden.

Im Bereich von Buch und Film stellt Filesharing nach wie vor eine relevante Form der Rechtsverletzung dar – insbesondere im Filmbereich, wo neben illegalen Streaming-Angeboten auch klassische Filesharing-Plattformen weiterhin aktiv genutzt werden (https://variety.com/2023/biz/news/global-content-piracy-soared-18-in-2022-1235519773/).

Grundsätzlich haftet der Inhaber eines Internetanschlusses für illegales Filesharing, unabhängig davon, ob er selbst illegal runtergeladen hat, oder nicht. Nach ständiger Rechtsprechung unterfällt der Anschlussinhaber der sog. Störerhaftung, vgl. Urteil des Landgerichts Frankfurt am Main vom 28.2.2007 – 2-06 O 12/07:

> *„Als Störer kann nach ständiger Rechtsprechung grundsätzlich jeder auf Unterlassung und Beseitigung in Anspruch genommen werden, der auch ohne Verschulden willentlich und adäquatkausal an der Herbeiführung oder Aufrechterhaltung einer rechtswidrigen Beeinträchtigung mitgewirkt hat. Weil die Störerhaftung aber nicht über Gebühr auf Dritte erstreckt werden darf, die nicht selbst die rechtswidrige Beeinträchtigung vorgenommen haben, setzt die Haftung des Störers die Verletzung von Prüfpflichten voraus. Deren Umfang bestimmt sich danach, ob und inwieweit dem als Störer in Anspruch Genommenen nach den Umständen eine Prüfung zuzumuten ist (vgl. BGH GRUR 1999, 418 (419f.) – Möbelklassiker; NJW 2001, 3265 – ambiente.de; BGH GRUR 2004, 860 (864) – Internet-Versteigerung). Unzumutbar ist die Prüfungspflicht, wenn der Störungszustand für den Störer nicht ohne Weiteres oder nur mit unverhältnismäßigem Aufwand erkennbar ist (vgl. BGH GRUR 2001, 1038 (1040) – ambiente.de). […] Die Überlassung von Telefon-, Fax- oder Telefaxanschlüssen an einen Dritten, der seinerseits von diesem Anschluss aus das Schutzrecht verletzende Handlungen begeht, kann zur Störerhaftung führen (OLG Frankfurt, GRUR-RR 2005, 309 – Account Überlassung). Die Verantwortlichkeit folgt daraus, dass er die auf diese Weise ermöglichten Rechtsverletzungen nicht unterbunden hat, obwohl er dazu als Inhaber des Anschlusses die Möglichkeit gehabt hätte und ein Einschreiten von ihm als Überlasser zu erwarten ist (BGH NJW 2000, 213, 214 – Räumschild).“*

Für WLAN-Anschlüsse hat der BGH in der Entscheidung „Sommer unseres Lebens“ (BGH, GRUR 2010, 633 ff.) festgestellt, dass der Inhaber eines ungesicherten WLAN-Netzwerkes für Rechtsverletzungen, die durch Dritte begangen werden, als Störer haftet (siehe dazu auch unten Frage 122).

Unter bestimmten Umständen kann sich der Anschlussinhaber jedoch von einer Haftung als Störer befreien, vgl. LG Flensburg, Urt. v. 4.5.2018 – 8 S 21/16:

> *„Nach den allgemeinen Grundsätzen trägt die Klägerin in einem Verfahren die Darlegungs- und Beweislast dafür, dass die Voraussetzungen des geltend gemachten Schadensersatzanspruchs erfüllt sind. Sie hat darzulegen und im Bestreitensfall nachzuweisen, dass der Beklagte für die von ihr behauptete Urheberrechtsverletzung als Täter verantwortlich ist (BGH, Urteil vom 12.5.2016, I ZR 48/15, Rn. 32). Allerdings spricht eine tatsächliche Vermutung für eine Täterschaft des Anschlussinhabers, wenn zum Zeitpunkt der Rechtsverletzung keine anderen Personen diesen Internetanschluss benutzen konnten (BGH, a. a. O., Rn. 32). Eine die tatsächliche Vermutung ausschließende Nutzungsmöglichkeit Dritter ist anzunehmen, wenn der Internetanschluss zum Verletzungszeitpunkt nicht hinreichend gesichert war oder bewusst anderen Personen zur Nutzung überlassen wurde (BGH, a. a. O., Rn. 33). In solchen Fällen trifft den Inhaber des Internetanschlusses […] eine sekundäre Darlegungslast (BGH, a. a. O., Rn. 33). […] Der Anschlussinhaber genügt seiner sekundären Darlegungslast […] dadurch, dass er dazu vorträgt, ob andere Personen und gegebenenfalls welche anderen Personen selbstständigen Zugang zu seinem Internetanschluss hatten und als Täter der Rechtsverletzung in Betracht kommen (BGH, a. a. O., Rn. 33). In diesem Umfang ist der Anschlussinhaber allerdings im Rahmen des zumutbaren zu Nachforschungen sowie zur Mitteilung verpflichtet, welche Kenntnisse er dabei über die Umstände einer eventuellen Rechtsverletzung gewonnen hat (BGH, a. a. O., Rn. 33). Die pauschale Behauptung der bloß theoretischen Möglichkeit des Zugriffs von im Haushalt des Beklagten lebenden Dritten auf seinen Internetanschluss wird den an die Erfüllung der sekundären Darlegungslast zu stellenden Anforderungen daher nicht gerecht (BGH, a. a. O., Rn. 33). […] Der Inhaber eines Internetanschlusses wird der ihn treffenden sekundären Darlegungslast in Bezug darauf, ob andere Personen als Täter der Rechtsverletzung in Betracht kommen, erst gerecht, wenn er nachvoll-*

> *ziehbar vorträgt, welche Personen mit Rücksicht auf* ***Nutzerverhalten, Kenntnisse und Fähigkeiten*** *sowie in* ***zeitlicher Hinsicht*** *Gelegenheit hatten, die fragliche Verletzungshandlung ohne Wissen und Zutun des Anschlussinhabers zu begehen (BGH, a.a.O., Rn. 34).*“

Sollten die Eltern in einem Prozess in der Lage sein diese von der Rechtsprechung geforderten Auskünfte zu erteilen, können sie der ihnen auferlegten sekundären Darlegungslast gerecht werden und die tatsächliche Vermutung der eigenen Täterschaft widerlegen.

Nach einem Beschluss des Landgerichts Köln vom 7.9.2006 (Az. 28 O 266/06) sind Eltern verpflichtet, technische Vorkehrungen zu treffen, um eine Nutzung ihrer Kinder von illegalen Peer-to-Peer-Systemen zu verhindern (z.B. Einrichtung von Benutzerkonten, Installation von Firewalls, die solche Nutzungen von Peer-to-Peer-Systemen abwehren). Sollten sie technisch hierzu nicht in der Lage sein, müssen sie sich fachkundiger Hilfe bedienen (vgl. LG Köln, Beschl. v. 7.9.2006 – 28 O 266/06; LG Hamburg, ZUM 2006, 661).

121. Ich finde im Internet viele Hinweise auf Downloadseiten und Cyberlocker. Darf ich mir Musikdateien von dort herunterladen?

In den weit überwiegenden Fällen nicht! Wie schon unter Frage 120 gesagt, stellt der illegale *download* im Bereich der Musik kein mehr wirklich aktuelles Problem mehr dar. Seit 2003 ist das Vervielfältigen zum privaten Gebrauch nur (noch) dann gestattet, wenn die Vorlage nicht aus einer offensichtlich rechtswidrigen Quelle stammt. Eine Privatkopie ist auch dann illegal, wenn eine Vorlage offensichtlich rechtswidrig im Internet zum Download angeboten wird. Damit wurde geklärt, dass auch das Downloaden aus einem Filesharing-System oder eben von einem one-click-webhoster rechtswidrig sein kann und ebenso wie der Upload straf- und zivilrechtliche Sanktionen zur Folge haben kann. Für den Nutzer ist – gerade vor dem Hintergrund des längst existierenden großen legalen Musikangebots im Internet sowie der Möglichkeiten, z.B. auf Band-Homepages Musik umsonst legal zu beziehen – offensichtlich, dass die Nutzung entsprechender one-click-webhoster illegal ist. Hand aufs Herz: Wieso sollte das, was gerade über legale Portal kostenpflichtig angeboten wird, „einen Klick weiter“ umsonst sein, wenn es sich nicht z. B. um eine Promotion-Kampagne handelt?

Daran ändern auch die teilweise erhobenen Benutzungsgebühren oder Abonnements auf den illegalen Websites nichts. Diese Gebühren fließen nach den dargestellten Geschäftsmodellen der Anbieter diesen lediglich für die Bereitstellung der Upload-Download-Infrastruktur zu. Von Inhalten selbst distanzieren sich die Anbieter gerade. Der Upload auf eine solche Plattform ist als illegale öffentliche Zugänglichmachung von urheberrechtlich geschützten Werken allerdings stets strafbar und zieht zivilrechtliche Schadensersatzansprüche nach sich.

Die Anbieter agieren hier mindestens am Rande der Rechtswidrigkeit, wie das OLG Hamburg (OLG Hamburg, MMR 2008, 823) klarstellt. Es führt aus:

> *„Ein Geschäftsmodell, das auf Grund seiner Struktur durch die Möglichkeit des anonymen Hochladens in Pakete zerlegter, gepackter und mit Kennwort gegen den Zugriff geschützter Dateien der massenhaften Begehung von Urheberrechtsverletzungen wissentlich Vorschub leistet, kann von der Rechtsordnung nicht gebilligt werden. Die von dem BGH zum Schutze des Dienstbetreibers vorgesehenen Begrenzungen von Prüfungspflichten können insb. dann nicht Platz greifen, wenn der Betreiber ihm zumutbare und nahe liegende Möglichkeiten, die Identität des Nutzers zum Nachweis einer etwaigen Wiederholungshandlung festzustellen, willentlich und systematisch ungenutzt lässt. Lässt der Betreiber eines Sharehosting-Dienstes in Kenntnis begangener Urheberrechtsverletzungen weiterhin einschränkungslos eine anonyme Nutzung seines Dienstes zu, schneidet er dem verletzten Urheber sehenden Auges den erforderlichen Nachweis wiederholter Begehungshandlungen ab, welchen dieser benötigt, um auf der Grundlage der höchstrichterlichen Rspr. seine Rechte erfolgreich und wirksam durchsetzen können. In diesem Fall kann sich der Betreiber zur Vermeidung seiner Verantwortlichkeit als Störer unter bestimmten Voraussetzungen nicht mehr auf eine ansonsten ggf. bestehende Unzumutbarkeit umfangreicher Prüfungspflichten berufen.“*

122. Ich nutze mein W-LAN ungesichert. Dies hat ein Nachbar ausgenutzt und mittels meines Anschlusses illegal Inhalte aus dem Internet heruntergeladen. Kann ich dafür haftbar gemacht werden?

Ja, es kommt eine Haftung auf Unterlassung und Schadensersatz in Betracht. Im Falle eines vollständig ungesicherten Netzwerks haftet der Anschlussinhaber für die dadurch verbundenen Urheberrechtsverletzungen (LG Köln, ZUM-RD 2022, 108; OLG Düsseldorf, MMR 2008, 256; LG Mannheim, NJOZ 2007, 5789; siehe Frage 120). Der Betreiber eines WLAN-Anschlusses muss nach der Rechtsprechung hinreichende Sicherheitsvorkehrungen treffen, um einen Missbrauch durch Dritte zu verhindern. Auch wenn der Anschlussinhaber die Rechtsverletzung nicht wissentlich selbst begangen hat, so haftet er dennoch als sog. Störer für diese Urheberrechtsverletzung. Als Störer haftet jeder, der willentlich und adäquat kausal zu der Rechtsverletzung beiträgt. Um die Störerhaftung nicht auf jeden möglichen Dritten ausufern zu lassen, begrenzt der Bundesgerichtshof diese auf solche Fälle, in denen die in Anspruch genommenen Verletzter eine ihnen zumutbare Prüfungspflicht verletzt haben (vgl. BGH, GRUR 1999, 418, 419f. – Möbelklassiker; NJW 2001, 3265 – ambiente.de; BGH, GRUR 2004, 860, 864 – Internet-Versteigerung).

123. Entsteht durch Tauschbörsen wirklich ein Schaden?

Selbstverständlich. Kaum jemand, der ein Lied zunächst kostenlos heruntergeladen hat, kauft es später. Ebenso dürften diejenigen, die sich Musik im Internet kostenlos herunterladen nicht über einen kostenpflichtigen Streaming-Account, z.B. bei Spotify, verfügen. Denn hätten sie einen solchen Account, könnten sie die Musik einfach auf der Streaming-Plattform herunterladen und würden nicht auf illegale Angebote im Internet zurückgreifen. Wenn die kostenlose (illegale) Download-Möglichkeit nicht bestünde, würden die Nutzer illegaler Angebote Lieder im kommerziellen Download oder über ein Streaming-Abonnement erwerben. Diese Einnahmen fehlen den Künstlern und Tonträgerherstellern natürlich. Neue Musik lässt sich außerdem nur produzieren, wenn man mit der alten genug Geld verdient hat, um die Produktionskosten bezahlen zu können. Diese sind insgesamt erheblich, denn längst nicht alle Musikproduktionen sind erfolgreich genug, um ihre Kosten einspielen und decken zu können.

124. Man hört doch, dass die Einnahmen der Künstler durch Live-Konzerte in den letzten Jahren stetig ansteigen. Kompensiert das nicht die Ausfälle?

Leider nicht. An einem Live-Konzert sind völlig andere Firmen und Unternehmen beteiligt. Plattenfirmen und Tonträgerhersteller bekommen von den Einnahmen der Live-Konzerte in der Regel nichts ab. Insoweit ist es auch nicht richtig zu sagen, die Produktion von Musik und der Vertrieb als CD und Download sei im Internetzeitalter nur noch Werbung für Live-Konzerte. Eine solche Marktstruktur besteht nämlich nicht. Da die Musikindustrie bei diesem Verständnis als unbezahltes Werbeunternehmen tätig wäre, müsste sie ihre Tätigkeit aufgrund von Unwirtschaftlichkeit umgehend einstellen. Dann würde allerdings niemand mehr die Künstler produzieren und in der Folge auch keine Musik mehr entstehen, die auf einem anschließenden Konzert gespielt werden könnte.

125. Gäbe es nicht Alternativen zu der „massenhaften Rechtsverfolgung" der User?

Sicherlich. Seit geraumer Zeit wurde darüber diskutiert, ob es nicht im Sinne aller Beteiligten sinnvoll sei, die gerichtliche oder außergerichtliche Geltendmachung der Ansprüche in ein sanktioniertes Warnsystem zu überführen. Dies hätte den Vorteil, dass der Anschlussinhaber bei dem ersten Verstoß lediglich eine Warnung erhält, in der er über die Rechtsverletzung in Kenntnis gesetzt (damit sind dann z.B. die Eltern im Bilde darüber, dass über ihren Anschluss an Filesharing-Systemen teilgenommen wird) und nicht gleich mit den z.T. hohen Kosten belastet wird. Außerdem besagen Statistiken, dass die weit überwiegende Anzahl von Rechtsverletzern sich spätestens nach dem Erhalt einer zweiten Warnung von Filesharing-Systemen abwenden würde, d.h. auch die Gerichte würden auf diesem Wege entlastet. Wichtig ist jedoch, dass am Ende auch eine Sanktion bei Nichtverfolgung droht, da das ganze sonst einem Freifahrtschein ähnelt. Ein solche System existiert seit einigen Jahren in Frankreich. Dort wird ein „Drei-Verstöße-Verfahren" angewandt. Wird eine IP-Adresse im Zusammenhang mit Urheberrechtsverletzungen im Internet erfasst, erfolgen zunächst zwei Verwarnungen. Sollte ein Anschlussinhaber ein drittes Mal mit Urheberrechtsverletzungen im Internet in Verbindung gebracht werden, erfolgt ein vereinfachtes Gerichtsverfahren, bei dem Geldstrafen auferlegt werden können. Allerdings: Im Bereich Musik ist das Thema nicht mehr allzu relevant, seit sich die Musiknutzung über Streaming durchgesetzt hat.

126. Was war nochmal die „Kulturflatrate"?

Die Kulturflatrate war ein glücklicherweise nie realisiertes und nie ganz durchdachtes Konzept, nicht-kommerzielles Filesharing zu legalisieren und Urheber über eine monatliche Pauschalgebühr zu vergüten. Bei jedem neuen technisch ausgelöstem Problem besteht auch immer wieder der Wunsch eine „one size fits all"-Lösung zu finden. Leider haben solche „Lösungen" aber immer Denkfehler. Nach den damaligen Ansätzen sollten Nutzer einen festen Betrag zahlen und dafür legal auf Musik, Filme oder Bücher zugreifen dürfen. Die Einnahmen sollen über Verwertungsgesellschaften an die Rechteinhaber verteilt werden. Ziel war es, Abmahnungen zu vermeiden und einen „fairen" Ausgleich zwischen Nutzerinteressen und Urheberrechten zu schaffen. Obwohl das Modell politisch diskutiert wurde, wurde es bisher nirgendwo umgesetzt. Denn ganz abgesehen von der Tatsache, dass für die „Kulturflatrate" gar kein einheitliches Konzept existierte: die Kreativen konnten nach keiner der damals existierenden Ideen frei darüber entscheiden, wie und wo ihre Werke und Produkte verwendet werden dürfen. Zum anderen hätte es gerade den mannigfaltigen neuen Geschäftsmodellen die Existenzgrundlage entzogen. Und: alles war unklar und nur schemenhaft diskutiert – der genaue Regelungsgegenstand, die betroffenen Rechteinhaber, die Erhebung und Verteilung und die tatsächliche *Höhe* der „Flatrate".

C. Plattformen und Musiknutzung *(Ulrike Liero)*

I. Nutzungsformen

127. Welche Nutzungsformen gibt es?

• Technisch

Technisch wird Musik nunmehr in der Regel als Stream angeboten, wobei nur eine temporäre Zwischenspeicherung der Dateien auf dem Endgerät der Musiknutzer stattfindet. Es gilt zwischen On-Demand-Streams, d.h. einem Abruf an Orten und zu Zeiten nach Wahl der Nutzer, und linearen Streams, die ähnlich einer Rundfunk- bzw. TV-Sendung von Plattformen zu einer festen Zeit verfügbar gemacht werden (z.B. Live Streams auf Twitch), zu unterscheiden. Zudem gibt es Mischformen bei der Interaktivität von Streams, bei denen anhand eines von den Nutzern ausgewählten Ausgangstitels eine Liste von Folgetiteln generiert wird, deren Abspielreihenfolge nicht beeinflusst werden kann.

• Geschäftsmodell

Wirtschaftlich betrachtet bieten Plattformen wie z.B. Spotify, Amazon Music oder Deezer den Zugriff auf Streams in der Regel als Abonnements für einen bestimmten Zeitraum an (sog. Premium Streams) oder erlauben Nutzern kostenlos – oftmals limitierten – Zugriff finanziert durch das Einspielen von Werbung für Drittprodukte oder -dienstleistungen. Bestimmte Geschäftsmodelle beschränken den Zugriff auf Kataloge und/oder limitieren die Flexibilität beim Abspielen von Titeln (z.B. Abspielen in einer bestimmten Reihenfolge ohne Möglichkeit, einen Titel zu überspringen), z.B. Amazon Music Prime.

• Produkte

Manche Plattformen machen Musik nur als Audio Streams verfügbar; andere Plattformen verbreiten Musikvideos und/oder erlauben mit Lizenzen der Musikrechteinhaber (z.B. Labels, Musikverlage und/oder Verwertungsgesellschaften) die Kombination von Musik- und Videoinhalten insbesondere als User Generated Content (UGC) in unterschiedlicher Länge (z.B. YouTube, TikTok).

128. Warum darf die Nutzung durch Kopierschutz und Exportierbarkeit einer Musikdatei künstlich begrenzt werden, wenn ich Geld für diese bezahlt habe?

Das Geschäftsmodell der Premium-Streams bzw. Abonnements ist so konzipiert, dass eine faire Vergütung der Künstler und Urheber nur gewährleistet werden kann, wenn eine wiederkehrende Vergütung für jeden Abruf geleistet wird. In den Allgemeinen Geschäftsbedingungen der Plattformen sind Modalitäten vorgesehen, die Abonnenten zum Beispiel für unterwegs die Möglichkeit zur Offline-Nutzung geben.

129. Was versteht man unter einer titelbasierten Nutzung mit abrufbezogener Abrechnung?

Manche Geschäftsmodelle bestehen darin, Entgelte der Kunden für eine einzelne Nutzungshandlung einzunehmen. So wird z. B. für den Download von Alben oder Einzeltiteln ein Endkundenpreis für den jeweiligen Abruf verlangt; die Nutzer können den Titel entsprechend den allgemeinen Geschäftsbedingungen dauerhaft speichern und müssen keine wiederkehrende Abonnementgebühr bezahlen, wenn sie den Titel oder das Album z. B. mobil oder zuhause auf verschiedenen Endgeräten abspielen. Künstler und Urheber werden (ähnlich wie bei CD-Verkäufen) mit einem Prozentsatz an dem ursprünglich gezahlten Endkundenpreis vergütet. Wie oft Hörer den gespeicherten Titel abspielen beeinflusst die Vergütung der Künstler und Urheber nicht.

130. Wie wird auf Abspielbasis abgerechnet?

Während bei einem einzeltitelbasierten Geschäftsmodell wie z. B. Downloads (vgl. Frage 129) irrelevant ist, wie oft ein Titel (später) abgespielt wird, werden Abonnement- und Werbeeinnahmen aus Streaming-Geschäftsmodellen, die Zugriff auf nahezu unendlich viele Titel vermitteln, auf Abspielbasis abgerechnet. Nutzungen finden ausschließlich auf der Plattform der Anbieter statt und sind deshalb nachvollziehbar. Die Anzahl der relevanten Abspielvorgänge (in der Regel „Plays“ über 30 Sekunden) gibt für einen Betrachtungszeitraum vor, wie die Ausschüttung der Vergütung an Künstler und Urheber aus dem Topf der Abonnement- und Werbeeinnahmen gewichtet wird. Über

Detailfragen bei der Gewichtung wird debattiert (vgl. Fragen 132 bis 134).

131. Welche zentralen Abonnementverfahren gibt es derzeit auf dem Markt (und darf ich die Musik speichern)?

In sog. Premium-Abonnements können Nutzer eine nahezu unbegrenzte Anzahl von Musiktiteln streamen. Die Angebote unterscheiden sich unter anderem nach Tonqualität, nach Verfügbarkeit von Videoinhalten im Abonnement, Abspielbarkeit auf unterschiedlichen Geräten bzw. deren Anzahl, Möglichkeit zusätzliche Nutzer zum Nutzungskonto hinzuzufügen (z. B. Family oder Duo Account), Umfang der Kataloge sowie Interaktivität der Nutzung. Teilweise sind Nutzungsmöglichkeiten in Angeboten von Telekommunikationsanbietern inbegriffen bzw. gegen einen Aufpreis erhältlich. Eine zeitlich begrenzte Speichermöglichkeit, sog. Offline-Caching, die es erlaubt auch ohne aktiven Internetzugang, Musik zu hören, ist in der Regel von den Nutzungsbedingungen der verschiedenen Plattformen umfasst. Eine permanente Speicherung ist nicht vorgesehen. So wird die faire Vergütung der Kreativschaffenden gewährleistet, indem sie an den wiederkehrenden Abonnementeinnahmen beteiligt werden.

II. Abrufzahlen

132. Wie wird nach Abrufzahlen vergütet?

Die Abonnement- und Werbeeinnahmen werden gemäß der tatsächlichen Abrufzahlen im jeweiligen Service in einem gewissen Zeitraum (meistens je Monat) aufgeteilt. Grob gesagt bedeutet dieser Ansatz, dass sämtliche Einnahmen, die ein Service von sämtlichen Abonnements bzw. Werbetreibenden für einen Zeitraum erhält, unter allen Künstlern bzw. Urhebern aufgeteilt werden, deren Musik in diesem Zeitraum auf dem Service abgespielt wird. Das Verhältnis bestimmt sich dabei nach dem Anteil, den die Streams eines Künstlers bzw. Urhebers an der Gesamtzahl aller Abrufe auf dem Service in dem Zeitraum haben. In der Regel werden Streams bzw. „Plays“ ab einer Mindestabspielzeit von 30 Sekunden gewertet.

III. User-Centric

133. Was beinhaltet der User-Centric Ansatz?

Der Ansatz, sämtliche Abonnementeinnahmen unter allen Künstlern bzw. Urhebern nach Gesamtabrufzahlen zu verteilen (vgl. Frage 132), ist Kritik ausgesetzt. So wird argumentiert, dass z. B. unabhängige Künstler und/oder Genres mit eingefleischten Fans, die keine oder kaum sog. Mainstream-Musik hören, fairer behandelt werden, wenn deren Gelder nicht an alle Künstler ausgeschüttet werden (vgl. https://www.musicbusinessworldwide.com/135000-artists-are-now-getting-paid-through-soundclouds-fan-powered-royalties-platform1/) Hier möchten Verfechter des User-Centric-Modells Abhilfe schaffen und die monatliche Zahlung eines jeden Abonnenten (bzw. „users“) für sich genommen an die jeweils abgespielten Künstler und Urheber verteilen. Sämtliche Ansätze der Verteilung bergen wie so oft Vor- und Nachteile für verschiedene Interessensgruppen unter den Künstlern und Urhebern. So hat bspw. eine Studie des französischen National Music Centre aus dem Jahr 2021 (vgl. https://cnm.fr/communiques/le-cnm-evalue-limpact-dun-changement-eventuel-de-mode-de-remuneration-par-les-plateformes-de-streaming/) ergeben, dass für kleinere oder mittelgroße Künstler oft nur vergleichsweise geringe finanzielle Verbesserungen (im Schnitt „nur wenige Euro im Jahr“) ergeben würden (trotz teils beachtlicher prozentualer Veränderungen).

134. Welche Plattformen vergüten nach dem user-centric-Modell?

Es gibt verschiedene Ansätze der unterschiedlichen Plattformen. Das Feld ist beweglich und die Bewertung seitens der Plattformen wandelt sich – auch regional durchaus unterschiedlich.

135. Was ist „fair use“ und wann gilt die Nutzung als angemessen?

„Fair Use“ ist ein Begriff aus dem US-Urheberrecht, der in andere Rechtsordnungen exportiert wurde. Unter der „Fair Use“-Doktrin findet eine Abwägung zwischen den Interessen der Rechteinhaber und der Allgemeinheit statt, um eine Nutzung von geschützten Werken in

Einzelfällen auch ohne Erlaubnis der Rechteinhaber zu ermöglichen. Um die Angemessenheit der Nutzung festzustellen, müssen US-Gerichte § 107 des US-amerikanischen Copyright Act (17 U. S.C.) auslegen und bewerten dabei den Zweck der Nutzung (z. B. gewerbsmäßig oder nicht), die Art des Originalwerks, den Umfang der Nutzung und deren Auswirkungen auf den Marktwert des Originalwerks. So sind z. B. Nutzungen in der Berichterstattung, Lehre oder im Rahmen von Parodien in der Regel gestattet. In Deutschland gibt es im Urheberrechtsgesetz Schrankenbestimmungen, die die Funktion des Ausgleichs zwischen Schutzinteressen der Rechteinhaber und Nutzungsinteressen der Allgemeinheit erfüllen sollen. (nähere Ausführungen zu den Fragen 103 ff.)

136. Welche rechtlichen Grenzen hat fair use im Kontext von Musik?

Sich auf „Fair Use" oder Schrankenbestimmungen nach deutschem Recht wie Zitat (§ 51 UrhG), Karikatur, Parodie und Pastiche (§ 51a UrhG) oder die Kunstfreiheit nach Art. 5 Abs. 3 GG zu berufen, wenn man Musiktitel als Samples in einem neuen Titel oder zur Unterlegung von Videos verwendet, birgt erhebliche rechtliche Risiken.

So setzen Zitate, Karikaturen und Parodien zwingend eine inhaltliche Auseinandersetzung mit dem Originalwerk voraus. Hinsichtlich der Bewertung, ob eine Verletzung von Urheberrechten an Komposition/ Text und/oder von Leistungsschutzrechten an der Tonaufnahme vorliegen, werden unterschiedliche Maßstäbe angewandt. Die Rechtsprechung ist uneinheitlich. Der Rechtsstreit zwischen Moses Pelham und der Gruppe Kraftwerk hinsichtlich eines Samples aus dem Titel „Metall auf Metall" beschäftigt seit 1999 mehrere deutsche und europäische Gerichtsinstanzen (siehe hierzu Frage 103). Der Anwendungsbereich des durch das „Gesetz zur Anpassung des Urheberrechts an die Erfordernisse des digitalen Binnenmarktes" zum 7.6.2021 eingeführten Begriffs „Pastiche" (also „Nachahmung") ist durch die Rechtsprechung noch nicht präzisiert. Da Schrankenbestimmungen einen Eingriff in das grundrechtlich geschützte Eigentum (Art. 14 GG) darstellen, ist von einer engen Auslegung auszugehen. Im Sinne einer rechtssicheren Auswertung sollte der Weg der Sample-Klärung im Vorfeld einer Veröffentlichung beschritten werden.

Hinsichtlich der Unterlegung von Videos mit Musik insbesondere für Social Media gilt zu beachten, dass (wenn „fair use“ oder Schrankenbestimmungen nicht greifen) bei kommerzieller Nutzung grundsätzlich Synchronisationsrechte bei Musiklabels und Musikverlagen zu klären sind. Plattformen mit User Generated Content (UGC) wie YouTube oder TikTok können ihren Nutzern lediglich Synchronisationsrechte für den nicht-kommerziellen Upload von Videos vermitteln. Insbesondere eine Verknüpfung von Musik aus den bereitgestellten UGC-Libraries mit Werbebotschaften ist ohne eine zusätzliche Vergütungsabrede mit Musiklabels und Musikverlagen als Vertretern der Musikschaffenden unzulässig (siehe auch Ausführungen zu den Fragen 103 bzw. 114ff.).

D. Streaming als vorherrschende Nutzungsform *(Fabian Zey)*

I. Lizenznehmer und Vergütungsmodelle

Die weltweite Entwicklung der Umsätze aus dem Geschäft mit Musik-Streaming zeigt, wie populär und wichtig insbesondere Abonnement basierte Streaming-Dienste in den vergangenen Jahren geworden sind. Seit 2017 kommt Streaming der größte Umsatzanteil zu und im Jahr 2024 stellen werbefinanzierte und durch Abonnements bezahlte Streams weltweit mit 69 Prozent den mit Abstand stärksten Umsatzanteil, weit vor den physischen Erträgen, die mit 16,4 Prozent abgeschlagen auf den zweiten Platz folgen. Die Abonnementeinnahmen erzielten im Jahr 2024 ein Plus von 9,5 Prozent, 752 Millionen Personen haben einen Musikstreaming-Abonnement abgeschlossen (siehe IFPI Global Music Report 2025, abrufbar: https://www.ifpi.org/wp-content/uploads/2024/03/GMR2025_SOTI.pdf).

Mit Blick auf die prozentualen Anteile an der Gesamtzeit des Musikhörens in Deutschland ist das abonnementbasierte Audio-Streaming mit 24,9 Prozent der Radionutzung mit 28,9 Prozent beinahe gleichauf. Fasst man die On-Demand Streaming Kategorien Premium-Audio-Streaming, Video-Streaming (zum Beispiel YouTube) und kostenloses Audio-Streaming zusammen, so macht das abrufbasierte Streaming 50,1 Prozent der Gesamtzeit des Musikhörens aus und liegt damit weit vor der Radionutzung (siehe Musikindustrie in Zahlen 2024, abrufbar: https://www.musikindustrie.de/fileadmin/bvmi/upload/06_Publikationen/MiZ_Jahrbuch/2024/Musikindustrie_in_Zahlen_2024_geschuetzt.pdf).

Die Vorteile, die Streaming-Dienste mit sich bringen, liegen auf der Hand: Nutzern steht zu jeder Zeit ein einfach zu bedienendes Angebot bereit, welches legal Zugriff auf Millionen, stets aktualisierte Songs ermöglicht – und das quasi orts- und geräteunabhängig, ohne Speicherplatz in Anspruch zu nehmen. Darüber hinaus wird neue Musik vorgeschlagen und Nutzer können ihre Lieblingssongs zu Playlisten hierzufügen, existierende Playlisten verwenden und Musik mit anderen Nutzern teilen. Die DSPs bieten dadurch auch einen sozialen Austausch und erleichtern das Entdecken neuer Künstler und Songs.

137. Wer ist Lizenzgeber, wer erwirbt die Lizenzen und wie werden Künstler und Urheber daran beteiligt?

Damit ein DSP wie zum Beispiel Spotify Musik legal anbieten kann, benötigt er zum einen die Leistungsschutzrechte, die bei den Musiklabels liegen. Zum anderen muss er die Urheberrechte über die jeweilige, lokale Verwertungsgesellschaft lizenzieren, in Deutschland ist das die GEMA. Für multiterritorial agierende Dienste werden die Rechte der GEMA in aller Regel über ICE vergeben, einem Gemeinschaftsunternehmen der britischen Verwertungsgesellschaft PRS, der schwedischen STIM sowie der deutschen GEMA, die Rechte dieser Verwertungsgesellschaften sowie größerer Verlage aus einer Hand vergibt (siehe www.iceservices.com). Auf Basis der Verträge mit den Labels und der Tarife bzw. Verträge mit den Verwertungsgesellschaften werden die Musiknutzungen vom DSP an die Rechteinhaber gemeldet, abgerechnet und ausgezahlt. Die Verwertungsgesellschaft schüttet die Tantiemen an ihre Berechtigten, also den Urhebern wie auch ihren Verlagen, aus. Ebenso beteiligen die Tonträgerhersteller ihre Rechtegeber an den aus der Lizenzierung generierten Einnahmen. In der Regel sind das die ausübenden Künstler selbst, die ihre Rechte zum Beispiel im Rahmen von Bandübernahmeverträgen den Tonträgerhersteller eingeräumt haben. Informationen zu Abrechnungsmodellen: siehe Fragen 129 ff.

138. Was ist Streaming-Manipulation?

Mit dem technologischen Wandel verändern sich auch die illegalen Nutzungen und Methoden. Einer dieser Praktiken ist der Ansatz, die Abrufe von bestimmten Songs insbesondere auf abonnementbasierten Diensten (Spotify, Amazon Music, YouTube Music etc.) künstlich zu erhöhen. Künstliche Generierung bedeutet, dass die Streams nicht organisch durch interessierte, menschliche Nutzer des DSPs zustande kommen, sondern durch hierfür eigens bezahlte Personen (zum Beispiel durch „Stream-Farming“, gehackte Accounts oder Account-Nutzung durch abgelaufene, gestohlene oder virtuelle Kreditkarten) bzw. maschinell und automatisch handelnde Bots. Bots sind Programme, die weitgehend autark wiederholende Aufgaben abarbeiten. In diesem Fall rufen sie laufend bestimmte Musikwerke ab.

Die Arten der Manipulation sind vielfältig. Beispielsweise die unautorisierte Verwendung von Namen bekannter Künstler („name-hijacking“), damit der Song in Suchen leichter gefunden und in reichweitenstarke Playlisten aufgenommen wird. Oder das erneute Hochladen von bekannten Musikaufnahmen, die jedoch so geschnitten sind, dass sie vom Contentsystem des DSPs nicht erkannt werden. Oder die auch als „Long-Tail-Streaming-Fraud“ bezeichneten Manipulationen, die sich bewusst jenseits der top 10.000 Charts abspielen und deren Aufnahmen beispielsweise nur Hintergrundgeräusche beinhalten.

Der von der IFPI im Jahr 2019 veröffentlichte (nicht mehr erneuerte) „code of best practice“ zum Thema Streaming-Manipulation zielte darauf ab, derartige Manipulationen zu erkennen, zu verhindern und mögliche Auswirkungen auf den Markt abzuschwächen (siehe: https://www.ifpi.org/ifpi-joins-a-broad-coalition-of-industry-stakeholders-to-tackle-stream-manipulation). Die damaligen Unterzeichner des Kodex, darunter unter anderem alle Major-Tonträgerhersteller sowie große DSPs wie Amazon und Spotify, definierten Streaming-Manipulation wie folgt:

„Streaming-Manipulation ist die künstliche Erzeugung von Online- oder Offline-Abrufe auf audio- und audiovisuellen Streaming-Diensten durch menschliche oder nicht-menschliche Mittel, das heißt wenn diese Abrufe kein echtes Hören darstellen. Streaming-Manipulation kann in Bezug auf einzelne oder mehrere Musikaufnahmen angewendet werden, um die Position in den Charts künstlich zu verbessern, den Marktanteil zu erhöhen, Lizenzgebühren zu steigern oder zu anderen unlauteren Zwecken.“.

Ein weiteres Ziel kann die illegale Beeinflussung eines Empfehlungssystems (Suchvorschläge, Playlisten) sein. Neben der Erzeugung von Streams, ist auch die künstliche Beeinflussung von anderen, wichtigen Kennzahlen wie Follower, Likes, Kommentaren und Re-Postings Ziel der Manipulationen, da sie ebenfalls zu einer (unfairen) Vorteilserlangung führen können.

Die Anzahl an Streams (und die damit einhergehende Berechnung der Musikcharts) ist ein Spiegelbild für die Popularität eines Songs und beeinflusst den Nutzer in seiner Musikauswahl. Denn hohe Abrufzahlen suggerieren den Nutzern, dass andere Musikliebhaber den Song bereits vielfach gehört haben, mit der Musikaufnahme also eine entsprechende Beliebtheit einhergeht. Das beeinflusst die Entscheidung, ob der betreffende Song überhaupt angehört werden sollte. Da die Abrufe aber nicht organisch zu Stande gekommen sind, wird der Nutzer hierüber getäuscht und in die Irre geführt. Das wiederum hat Auswirkung auf die Vergütung, welche sich anhand der Abrufzahlen berechnet und durch die Manipulation verfälscht wird. Infolgedessen wird auch der DSP über die tatsächliche Anzahl von Abrufen getäuscht und die Auszahlung der Vergütung manipuliert.

Derartige Praktiken werden insbesondere Künstlern, Managements und Tonträgerherstellern von organisiert handelnden Akteuren gegen Bezahlung angeboten. In Deutschland wurden in den vergangenen Jahren vom BVMI eine Vielzahl erfolgreicher Verfahren gegen solche Angebote geführt. Die Gerichte stellten fest, dass Anbieter von Streaming-Manipulation nach § 8 Abs. 1 UWG zur Unterlassung verpflichtet sind. Das entgeltliche, künstliche Generieren von Streams, Followern, Likes und Kommentaren ist eine irreführende geschäftliche Handlung i. S. d. § 5 Abs. 1 UWG und damit unlauter.

139. Wie erkennt man Streaming-Manipulation?

DSPs generieren eine riesige Datenflut, aus denen sich durch entsprechende Analyse Rückschlüsse auf manipulatorische Methoden ziehen lassen. Viele Anbieter verfügen über Werkzeuge und Algorithmen des maschinellen Lernens sowie automatische Warnsysteme, um verdächtige Streaming-Aktivitäten und andere betrügerische Vorgänge in ihren Diensten aufzudecken. Auch viele der Rechteinhaber selbst analysieren die ihnen über ihr Repertoire bereitgestellten Daten der DSPs intensiv auf Manipulationen – teilweise unter Zuhilfenahme von spezialisierten Dienstleistern. Dazu zählt auch der vom BVMI entwickelte „Streaming Anomaly Detection“-Ansatz (kurz „SAD“), der mit der GfK Entertainment GmbH und der Wirtschaftsuniversität Wien neue Wege zur Eindämmung von Streaming-Manipulationen verfolgt.

Im Rahmen der Prüfungen werden zahlreiche Parameter miteinander verglichen (Hördauer, wiederholte Streams, Art des verwendeten Endgeräts etc.) und auf entsprechende Plausibilität hin überprüft. Die DSPs haben den Vorteil, dass sie über den gesamten Musikkatalog, den sie ihren Nutzern zur Verfügung stellen, Analysen betreiben können. Wohingegen die Rechteinhaber nur auf ihr Repertoire begrenzte Dateneinsicht haben. Andererseits können sie die Leistungen über mehrere DSPs hinweg vergleichbar machen. Dennoch kommt den Streaming-Anbietern eine Schlüsselrolle in der Erkennung von Anomalien zu, da nur sie über alle Daten in jeder Granularität verfügen und ihre technischen Einrichtungen und Nutzungsbedingungen anpassen können.

140. Warum ist Streaming-Manipulation schädlich für die Branche?

Eine Studie der Centre national de la musique (CNM) – eine von der französischen Regierung im Jahr 2020 gegründeten, dem Kulturministerium unterstehende Organisation – aus dem Jahr 2021 ergab, dass mindestens ein bis drei Prozent aller getätigten Streams der an der Studie teilnehmenden DSPs Spotify, Deezer und Qobuz betrügerisch sind (vgl. Seite 47: https://cnm.fr/wp-content/uploads/2023/01/2023_-CNM-_Manipulation-des-streams_ENG.pdf). Überträgt man das Ergebnis der Studie auf den durch Streaming-Anbieter global erzielten Umsatz im Jahr 2021, könnte der Schaden auf rund 500 Millionen EUR beziffert werden. Diese Zahl verdeutlicht, dass der Betrug durch Streaming-Manipulation hauptsächlich von der Motivation getrieben wird, Gelder unrechtmäßig aus dem digitalen Musikmarkt abzuzweigen. Hierbei ist zu beachten, dass in bisherigen Transaktionsmodellen (zum Beispiel dem CD- oder Download-Kauf) jeder Nutzer theoretisch unbegrenzt viel Geld für Musik ausgeben kann. Die Einnahmen im Streaming-Bereich sind hingegen auf den jeweiligen Abonnementpreis pro Nutzer begrenzt. Wird diesem begrenzten Einnahmentopf – an denen die Rechteinhaber in der Regel anteilig an den Gesamtstreams beteiligt werden – aufgrund von manipulierten Abrufzahlen Gelder entzogen, erhalten die Rechteinhaber automatisch geringere Auszahlungen.

Neben der Tatsache, dass den Rechteinhabern, Künstlern und Werbetreibenden dadurch wirtschaftlicher Schaden entsteht, sind die Probleme vielfältig: Die Refinanzierbarkeit von Investitionen in (neue) Künstler durch Tonträgerhersteller wird schwieriger, da dem System Mittel fehlen. Es mangelt aber auch an belastbaren Daten, die zur Entscheidungsfindung über den Beginn oder Fortbestand der Zusammenarbeit mit einem Künstler herangezogen werden oder zur zielgenauen Planung von Werbemaßnahmen notwendig sind. Künstler selbst werden benachteiligt, da ihre Arbeit als Musiker durch Streaming-Manipulation entwertet wird und aufgrund falsch trainierter Algorithmen in den Hintergrund rücken kann. Streaming-Manipulation verfälscht die Wahrnehmung von Musikfans, untergräbt das Vertrauen in die gesamte Musikindustrie und schadet der kulturellen Entwicklung.

141. Gibt es wirksame Mittel gegen Streaming-Manipulation?

Auf der technischen Ebene können bestimmte Formen von Manipulationen zumindest erschwert werden, insbesondere durch den gleichzeitigen Einsatz unterschiedlicher Mittel. Hierzu zählen unter anderem lernende Algorithmen zur Erkennung von Anomalien, wirksames Fingerprinting und verbesserte Firewalls. Durch sicherere Nutzer-Authentifizierungen kann das massenweise Streamen durch Bots erschwert werden. Der Erstellung von Fake-Artist-Accounts kann durch strengere Authentizitätsprüfungen begegnet werden.

Neben der technischen Seite reagieren die DSPs auch auf Basis ihrer Nutzungsbedingungen. So werden, je nach Schwere des Verstoßes, eine Reihe von Sanktionen und Maßnahmen durchgeführt. Hierzu zählt das sog. „Shadow Banning", bei dem die Inhalte zwar noch sicht- und abrufbar sind, vom Algorithmus aber ausgeschlossen werden. Des Weiteren werden erkannte Fake Streams aus der Statistik gelöscht und fließen nicht in die Lizenzabrechnung mit ein. In manchen Fällen wird das Profil bzw. der Künstler vom Streaming-Dienst dauerhaft geblockt oder gelöscht. Ein weiterer wichtiger Ansatzpunkt sind strikte Richtlinien zur Anlieferung von Inhalten. Ähnlich wie bei vielen Social Media Plattformen, kann ein Melde-Button für verdächtige Inhalte ebenfalls ein probates Mittel sein. Zwischenzeitlich haben alle bedeutenden Streaming-Anbieter eigene Ermittlungsteams eingerichtet, die sich ausschließlich um die Aufdeckung und Bekämpfung von illegalem Verhalten kümmern.

Flankiert werden diese Maßnahmen insbesondere von den Tonträgerherstellern und ihren eigenen Ermittlern und Systemen. Dies führt in der Praxis beispielsweise dazu, dass externe Promotionpartner vor Beauftragung noch intensiver auf einschlägige oder gar dubiose Handlungsweisen hin überprüfen werden.

Ob die Abkehr vom Pro-Rata Vergütungsmodell Abhilfe schaffen könnte, ist mindestens fraglich. So wären beispielsweise im User-Centric Payment System gehackte Accounts für Betrüger noch lukrativer. Wie in anderen Branchen auch, wird kriminelle Energie letztlich immer versuchen, bestehende Systeme auszutricksen – es bleibt daher insbesondere ein technologisches „Katz und Maus Spiel".

II. Datenanalyse

142. Welche Auswirkungen hat die Datenauswertung auf die Musikindustrie und ihre Beteiligten?

Über die oben angesprochene Bedeutung zur Aufdeckung und Abwehr von Streaming-Manipulation hinaus sind Daten spätestens seit der permanenten Nutzung von Streamingdiensten und Social Media Interaktionen ein elementarer Bestandteil für die Musikindustrie geworden. Spezialisierte Datenanalyse-Plattformen, wie beispielsweise Chartmetric, bieten Künstler aber auch interessierten Laien umfangreiche, aufgearbeitete Daten rund um das Thema Musikauswertung an.

Für Tonträgerhersteller sind Daten wichtig, um eine höhere Transparenz, auch innerhalb des Unternehmens, zu schaffen. Es geht darum, den Austausch zwischen Kreativabteilungen, Vertriebseinheiten und dem Finanzwesen zu fördern, Datensilos zu minimieren und die Datenlage für die Entscheidungsfindung richtig zu interpretieren. Wodurch werden die Streams eines Songs oder Albums generiert und wie werden sie sich entwickeln? Wie kann die Produktplanung und Marketingstrategie optimiert werden? Ist das ein interessantes Singletrack Thema, oder ein langfristiger Aufbau eines Künstlers?

Die Daten der DSPs können auch Einfluss auf die Produktion von Musik haben. Abhängig davon, ob ein Einzelsong für die Charts geplant ist, Teil einer Albumveröffentlichung wird oder in den volumenstarken top 25.000 Songs stattfinden soll, können Songs unterschiedlich produziert werden. Beispielsweise durch die Anpassung der Lautstärke, Beachtung der Länge, usw. Mittel- und langfristig sind auch Trends und Gerne-Entwicklungen für Produzenten und Tonträgerhersteller interessante Informationen.

Geht es um Investitionsfragen aus Sicht eines Tonträgerherstellers, beispielsweise um die Höhe einer Vorauszahlung für einen Künstler, um einen neuen Lizenzvertrag mit einem DSP oder Marktvergleiche, stellen Daten eine unverzichtbare Grundlage zur finanziellen Einordnung dar. Das bedeutet auch, dass andere Marktteilnehmer die Daten gleichermaßen zu ihren Gunsten interpretieren können. Durch diese höhere Transparenz kann ein zum Beispiel noch relativ unbekannter Künstler erfolgreicher Verhandlungen führen.

Abschließend lässt sich festhalten, dass Data Analytics für viele Marktteilnehmer ein entscheidendes Werkzeug zur Strategieentwicklung und Entscheidungsfindung geworden ist. Dennoch lässt sich der Erfolg trotz der Menge an Daten und Erkenntnisse nicht sicher prognostizieren. Musik ist und bleibt ein subjektives und emotionales Erlebnis.

E. Offline aber doch aktuell: Die Privatkopie *(Dr. Florian Drücke)*

143. Gibt es ein Recht auf Privatkopie?

Ein solches Recht auf Privatkopie gibt es im deutschen Recht nicht. Es existiert lediglich eine gesetzliche Erlaubnis zur Vervielfältigung zum privaten Gebrauch nach § 53 Abs. 1 UrhG. Diese sog. Schranke des Urheberrechts des Werkschöpfers wurde bei der Verabschiedung unseres Urheberrechtsgesetzes im Jahre 1965 durch den Gesetzgeber eingeführt, weil es mit der damaligen Technik unmöglich war, das private Kopieren zu verhindern oder einzeln abzurechnen. Die Privatkopie ist deshalb kein Recht des Nutzers, sondern nur eine Einschränkung der Alleinbefugnis des Urhebers. Man kann es sich vorstellen wie ein Verbotsrecht, das der Urheber eigentlich hat, aber nicht geltend machen darf. Aus Sicht des Nutzers wirkt diese Nichtgeltendmachung lediglich ähnlich wie ein Recht. Es stellt im juristischen lediglich einen Rechtsreflex dar.

Als Ausgleich für diese Einschränkung erhalten die Urheber eine pauschale Vergütung auf Vervielfältigungsgeräte (z. B. Handy) und Leerträger (z. B. Rohlinge, Festplatten). Die Geltendmachung dieser Vergütungsansprüche ist die Hauptaufgabe der ZPÜ, einem Zusammenschluss von verschiedenen Verwertungsgesellschaften, der von der GEMA administriert wird (nähere Informationen finden sich unter https://www.gema.de/zpue).

Man kann sich vor diesem Hintergrund beispielsweise nicht gegenüber den Rechteinhabern eines Musikstückes darauf berufen, dass eigentlich eine Privatkopie zulässig wäre, und von diesen die Möglichkeit verlangen, den Kopierschutz zu überwinden. Der Gesetzgeber hat diesen Konflikt gesehen und zugunsten der Rechteinhaber gelöst. Dies ist auch eine Folge der rechtlichen Einordnung der Privatkopie. Sie ist gerade kein durchsetzbares eigenes Recht der Verbraucher. Sobald der Rechteinhaber die Anfertigung von Kopien im privaten Umfeld kontrollieren kann und möchte, soll ihm diese Möglichkeit vom Gesetz auch eingeräumt werden. Der Rechteinhaber gewinnt die Herrschaft, über die ihm bis 1965 zustehenden Befugnisse aufgrund der nunmehr bestehenden technischen Kontrollmöglichkeit zurück und der Rechtsreflex verschwindet. Dabei ist allerdings zu berücksichtigen, inwieweit technische Schutzmaßnahmen (Kopierschutzsysteme) verwendet werden, § 54a Abs. 1 S. 2 UrhG.

144. Ist es legal, einen Song per Bluetooth (z. B. AirDrop oder Quick Share) an einen Freund zu verschicken?

Die Regelungen über die Vervielfältigung im Urheberrecht sind grundsätzlich technologieneutral formuliert (vgl. Wandtke/Bullinger/*Lüft*, § 53 Rn. 12). Ob ein Song per CD oder Funkverbindung weitergereicht wird, spielt also grundsätzlich keine Rolle. Es wird im Falle der Versendung via Bluetooth eine Vervielfältigung des Songs angefertigt, was allein dem Rechteinhaber vorbehalten ist. Die Weitergabe ist demnach nur dann möglich, wenn man dieses Recht beim Kauf des Songs erhalten hat, was kaum der Fall sein wird. Auch von einem digitalen Song auf dem Handy ist jedoch eine Privatkopie möglich. Es müssen aber die Voraussetzungen nach § 53 UrhG eingehalten werden. Der Song darf zudem nicht aus einer offensichtlich rechtswidrigen Quelle stammen (z. B. aus Tauschbörsen oder von illegalen Download-Websites) oder rechtswidrig hergestellt worden sein (z. B. von einer kopiergeschützten CD unter Umgehung des Kopierschutzes gerippt). Dann ist nämlich die Kopie ebenfalls illegal.

Die Weitergabe ist daher fast ausschließlich nur in Fällen legal, in denen der Song von einer Original-CD ohne Umgehung eines Kopierschutzes erlangt wurde und die Weitergabe zu einem privaten Gebrauch geschieht. Privat ist der Gebrauch, sofern er innerhalb der eigenen Privatsphäre oder im Freundeskreis erfolgt und beispielsweise dazu dienen soll, den Inhalt zu diskutieren oder sich damit auseinanderzusetzen. Maßgeblich ist der bei einer Kopie beabsichtigte Gebrauchszweck. Es muss schon bei Anfertigung der Kopie der beabsichtigte Gebrauchszweck darin liegen, diese einem Familienmitglied oder einem Angehörigen des eigenen Freundeskreises zur Verfügung zu stellen.

Grundsätzlich gilt es sich vor Augen zu führen, dass die Schranke der Privatkopie zu keiner Zeit die Vollversorgung mit kostenlosen Inhalten zum Ziel hatte, sondern nur in Einzelfällen eine Kopie ermöglichen soll. Im Ergebnis dürfte daher nur die Weitergabe zwischen eigenen Endgeräten bzw. innerhalb der Familie oder im engen Freundeskreis zulässig sein.

145. Dürfen Lehrer Musikstücke in E-Learning-Plattformen einstellen oder im Schulunterricht abspielen?

Generell sieht die Schranke des § 60a UrhG die erlaubnisfreie Benutzung u. a. für Lehrkräfte oder Schüler von frühkindlichen Bildungseinrichtungen, Schulen, Hochschulen sowie Einrichtungen der Berufsbildung oder der sonstigen Aus- und Weiterbildung vor, sofern sie keine kommerziellen Zwecke verfolgt und zur Veranschaulichung des Unterrichts dient. Diese „Unterrichtsschranke" erlaubt es, urheberrechtlich geschütztes Fremdmaterial zu Bildungszwecken zu vervielfältigen (§§ 15 Abs. 1 Nr. 1, 16), zu verbreiten (§§ 15 Abs. 1 Nr. 2, 17), öffentlich zugänglich zu machen (§§ 15 Abs. 2 Nr. 2, 19a) oder öffentlich in sonstiger Weise wiederzugeben (§§ 15 Abs. 2, 19 ff.), ohne eine Erlaubnis des Rechteinhabers einholen zu müssen, sofern die Voraussetzungen aus § 60a UrhG vorliegen. Das gilt für den Unterricht selbst sowie für dessen Vor- und Nachbereitung, sodass der § 60a UrhG auch das Einstellen von urheberrechtlich geschützten Inhalten in Online-Lernplattformen erlaubt, so lange sichergestellt ist (z. B. durch ein Passwort), dass nur diejenigen Schüler darauf zugreifen können, an die sich das Angebot richten soll. Die Schranke gilt allerdings nicht unbegrenzt. Sie beschränkt die erlaubnisfreie Nutzung auf maximal 15 % eines Werkes. Abweichend von dieser Begrenzung dürfen „Werke geringen Umfangs" gleichwohl vollständig genutzt werden. Nach der Gesetzesbegründung zu § 60a Abs. 2 UrhG gelten als Obergrenze eines geringen Umfangs fünf Minuten eines Musikstücks. Bis zu dieser Länge dürfen Musiktitel verwendet werden. Außerdem muss eine Quelle angegeben werden, aus der das Werk stammt. Nach § 60h UrhG haben Rechteinhaber einen Anspruch auf Zahlung einer angemessenen Vergütung für die Nutzung. Diese muss allerdings nicht durch Lehrer oder Schüler selbst gezahlt werden, sondern ist Gegenstand von Gesamtverträgen zwischen den begünstigten Bildungseinrichtungen und Institutionen sowie Verwertungsgesellschaften. Im Übrigen richten sich die Nutzungen auch nach den Nutzungsbedingungen der verschiedenen digitalen Angebote.

Für das Abspielen von Musikstücken vor einer Schulklasse ist wie so oft auch hier die Antwort: Es kommt darauf an. Konkret, ob es sich bei dem Abspielen vor einer Schulklasse um eine öffentliche Wiedergabe handelt, § 15 Abs. 3 UrhG. Denn sofern sich die Wiedergabe an die Öffentlichkeit richtet, muss der Urheber bzw. der Rechteinhaber nämlich grundsätzlich damit einverstanden sein und diese Nutzung vorher vertraglich gestatten (siehe dazu Frage 39); für erschienene Tonträger gilt insoweit grundsätzlich ein Vergütungsanspruch. Es wird häufig vertreten, dass das Abspielen, z. B. eines Musikstückes, vor einer Schulklasse, also dem Klassenverband als ein „bestimmt abgegrenzter Personenkreis“ (siehe Dreier/Schulze/*Dreier*, § 60a Rn. 6), als nicht-öffentlich zu betrachten sei. Im Übrigen gilt § 60h Abs. 2 UrhG, wonach die öffentliche Wiedergabe (mit Ausnahme der öffentlichen Zugänglichmachung) für Angehörige von Bildungseinrichtungen und deren Familien und damit jedenfalls auch für Lehrende und Teilnehmer der jeweiligen Veranstaltung gemäß § 60a Abs. 1 Ziff. 1 UrhG – als Ausnahme von der generellen Vergütungspflicht für Schrankennutzungen nach § 60h Abs. 1 UrhG – vergütungsfrei ist.

Für andere, darüberhinausgehende, aber sehr praxisrelevante musikalische Aktivitäten an Schulen finden sich bei der GEMA eine gute Übersicht inkl. der Formulare: https://www.gema.de/de/musiknutzer/branchen/allgemeinbildende-schulen.

146. Dürfen Lehrer private CDs, DVDs, oder Blu-rays im Schulunterricht kopieren?

Nein. Die Vervielfältigungsrechte für die Musik auf CDs liegen beim Rechteinhaber. Ausnahmsweise dürfen Vervielfältigungen für den privaten Gebrauch (§ 53 Abs. 1 UrhG) angefertigt werden. Die Ausnahme greift für Lehrer im Unterrichtsgebrauch jedoch nicht durch. Der Schulunterricht in einer Klasse ist schon kein „privater Gebrauch“. Auch gibt es keinen Rahmenvertrag für Kopien ähnlich wie für Fotokopien an Schulen.

F. Musik und das Web3 *(René Houareau)*

I. Blockchain und NFTs

147. Wie funktioniert die Paarung „Musik + NFT"?

Nicht austauschbare Token (Non-Fungible Token), sog. NFTs, sind digitale Zertifikate, die einem einzigartigen Vermögenswert – etwa einem Kunstwerk – zugeordnet sind und auf einer Blockchain gesichert werden. Diese Technologie soll gewährleisten, dass ein NFT gekauft, verkauft oder vervielfältigt, jedoch nicht ersetzt werden kann. Im Unterschied zu Token, die nur sich selbst repräsentieren (wie etwa Währungstoken wie Ethereum), verweisen NFTs auf einen externen Bezugspunkt außerhalb der Blockchain – zum Beispiel ein Musikstück, das auf einem separaten Datenträger gespeichert ist. Ein NFT dient dabei lediglich der Dokumentation, da er selbst weder ein physisches Objekt darstellt noch ein Werk enthält. Der Versuch, ein Werk direkt innerhalb eines NFTs zu speichern, scheitert meist am begrenzten Speicherplatz der Blockchain (*Heine/Stang*, MMR 2021, 755, 756). Der NFT fungiert daher in erster Linie als Nachweis auf der Blockchain – er dokumentiert die Existenz eines bestimmten Gegenstands oder Werks sowie die Transaktionen, die den NFT betreffen (*Heine/Stang*, MMR 2021, 755, 755). NFTs werden mittlerweile auch auf dem Musikmarkt genutzt. So hat die Band *Kings of Leon* ihr Album *When You See Yourself* im Jahr 2021 als NFT veröffentlicht (vgl. https://www.rollingstone.com/pro/news/kings-of-leon-when-you-see-yourself-album-nft-crypto-1135192/). Zusätzlich zum digitalen Download erhielt jeder Käufer eine limitierte Vinyl des Albums. Der DJ und Produzent *Don Diablo* hat – ebenfalls im Jahr 2021 – den Konzertfilm „Destination Hexagonia" für 1,2 Millionen US-Dollar über die NFT-Plattform Superrare verkauft (vgl. https://www.musikwoche.de/live/don-diablo-verkauft-erstes-nft-konzert-fuer-12-millionen-dollar-200f1b6b45443a2cfbb2e35c050ece97). Der DJ und Produzent *Steve Aoki* hat mit „A0K1VERSE" ein ganzes Ökosystem in Form eines NFT-Marktplatzes geschaffen, der Fans in einer Art Social Club den Zugang zu exklusiven Inhalten und eine direkte Beziehung zum Künstler in Form von Freikarten und besonderen Auftritten garantieren soll (vgl. https://emastered.com/de/blog/nft-music). Mit dem Erwerb eines NFTs geht weder das Eigentum an einem Werk über, noch werden Urheberrechte übertragen. Ein NFT kann das Urheberrecht an dem damit verknüpften Werk nicht vermitteln – das ergibt sich bereits aus § 29 Abs. 1 UrhG, wonach das Urheberrecht grundsätzlich nicht übertragbar ist. Der Kauf eines NFTs hat daher vielmehr symbolischen Charakter: Der Käufer erscheint auf der Blockchain als Erwerber bzw. als „Eigentümer" der zugehörigen Dokumentation. Dass in der Regel nicht mehr als diese digitale Eigentumsposition erworben wird, zeigt sich auch daran, dass der Erwerb eines Werk-NFTs in den meisten Fällen keinen exklusiven Zugriff auf das zugrunde liegende Werk beinhaltet – etwa auf ein vom Künstler geschaffenes Kunstwerk (*Richter*, NJW 2022, 3469 Rn. 14). Oft handelt es sich sogar um Werke, die ohnehin öffentlich zugänglich sind. Der Zweck des NFT-Erwerbs besteht in solchen Fällen allein darin, sich als „Eigentümer" des digitalen Zertifikats zu diesem Werk ausweisen zu können.

Die derzeit gängigste Ausgestaltung von NFTs besteht in einer Kombination aus dem Hochladen von Metadaten zu den schützenswerten Inhalten und der Verlinkung des Speicherorts dieser Inhalte mit dem NFT (*Rauer/Bibi*, ZUM 2022, 20, 23). Beides muss in einem sog. Smart Contract festgehalten werden. Üblicherweise kommen dabei zusätzlich Hash-Werte zum Einsatz, die der eindeutigen Identifizierung der Inhalte dienen. Es gibt auch Fälle, in denen mit dem Erwerb des NFT ein exklusiver Zugriff auf ein Werk ermöglicht wird, indem erst nach einem Kauf des NFT der Zugriff auf das Werk freigeschaltet wird, das der Öffentlichkeit ansonsten verborgen bleibt (*Richter*, NJW 2022, 3469 Rn. 16). In dieser Variante finden durchaus urheberrechtlich relevante Vorgänge statt. Denn mit dem Kauf eines solchen NFT mit exklusivem Inhalt, könnten dem Erwerber Nutzungsrechte eingeräumt werden. Maßgeblich dafür, ob dem Erwerber diese Rechte eingeräumt werden sollen, ist die Ausgestaltung des zu dem NFT gehörenden Smart Contracts. Smart Contracts sind keine Verträge im rechtlichen Sinne, sondern Computerprogramme, also Software-Codes mit Befehlsketten, die in eine Blockchain eingespielt werden können und dort mit einer gleichbleibenden Adresse fest verankert sind. Sie werden auch Protokolle genannt und können bestimmte Handlungen ausführen, dokumentieren oder kontrollieren. Der Smart Contract kann entsprechend auf allen teilnehmenden Rechnern gespeichert und dort aufgerufen werden, wobei nachträgliche

Veränderungen nicht möglich sind. Nur, sofern er oder die Metadaten des NFT ausdrücklich das Einräumen von Nutzungsrechten vorsehen, gehen diese auch auf den Erwerber über. Dies ergibt sich aus dem Gedanken des § 44 Abs. 1 UrhG, der für den Fall der Veräußerung eines Originals ohne anderweitige Absprache festlegt, dass einem Erwerber im Zweifel keine Nutzungsrechte an dem Werk eingeräumt werden (*Heine/Stang*, MMR 2021, 755, 757).

148. Wer ist an den Umsätzen mit einem Musik-NFT beteiligt?

Künstler unter Vertrag:

Steht der Künstler bei einem Musiklabel unter Vertrag und bezieht sich die Rechteübertragung aus dem Künstlerexklusivvertrag auch auf eine Verwertung des Werkes durch den Verkauf von NFT, erfolgt eine anteilige Beteiligung des Künstlers an den Umsätzen, wenn ein Label musikalische Werke als NFTs verkauft. Sofern dies nicht der Fall ist und sich der Rechteverwerter vertraglich die Verwertung im Rahmen von unbekannten Nutzungsarten vorbehält, muss er dennoch vor Aufnahme der Verwertungshandlung den Urheber oder Leistungsschutzberechtigten über die geplante neue Verwertung informieren und die Widerspruchsfrist abwarten (*Spikowius/Rack*, MMR 2022, 256, 260). Erklärt sich der Urheber/Leistungsschutzberechtigte mit der Verwertung einverstanden, ist er entsprechend an den Umsätzen zu beteiligen.

Anders ist es, wenn der Verkauf von NFT ausdrücklich nicht Teil der im KEV erfolgten Rechteeinräumung war und auch eine Verwertung von unbekannten Nutzungsarten nicht vorgesehen ist. Der Rechteverwerter kann den Verkauf von NFTs dann nicht betreiben, ohne eine neue Vereinbarung mit dem Künstler zu schließen.

Künstler ohne Vertrag:

Hat der Künstler keinen Vertrag mit einem Musiklabel, so steht es ihm frei selbst NFTs mit seinen Werken zu erstellen und dadurch eigene Einnahmen zu generieren. Ähnlich wie bei der Nutzung von Spotify und Youtube können die Künstler ihre Werke dort veröffentlichen. Dafür müssen sie einen Musik-NFT innerhalb einer Blockchain erstellen und das Werk darauf verlinken.

Es ferner möglich, eine Beteiligung bei Weiterveräußerungen von NFTs in den sog. Smart Contracts als Bedingung (Scarcety) festzuhalten. So könnte beispielsweise eine prozentuale Beteiligung an jedem Weiterverkauf des NFT bestimmt werden, wobei die Höhe frei durch den Ersteller des NFT bestimmbar ist. Bei einem Weiterverkauf würde die Blockchain die entsprechende Beteiligung an den Ersteller des NFT direkt überweisen. Diese Beteiligung kann allerdings nur initial beim Erstellen des NFT zusammen mit den Smart-Contract festgelegt werden. Denn nach dem Abschließen des Erstellens sind Änderungen an dem NFT selbst bzw. dem Smart Contract nicht mehr möglich. Diese fortlaufende Beteiligung können sich sowohl der Künstler selbst als auch ein Rechteverwerter einräumen lassen, wenn sie den NFT erstellen.

Plattformbetreiber:

Die Betreiber der Plattformen, über die NFTs erstellt und verkauft werden können (z.B. OpenSea oder Rarible) erheben in der Regel eine Plattformgebühr, sodass auch sie an den Umsätzen aus einem Verkauf von Musik-NFTs beteiligt werden.

Verwertungsgesellschaften:

Die italienische Verwertungsgesellschaft SIAE hat angekündigt die von ihr verwalteten Rechte über NFTs auswertungsfähig machen zu wollen. Diese Ankündigung hat bisher allerdings noch keine weitere Konkretisierung erfahren.

149. Welchen Einfluss haben NFTs auf die Musikindustrie?

Obwohl mit dem Kauf eines NFT nicht zwangsläufig auch das Eigentum an einem Werk erworben wird und der generelle NFT-Trend in den letzten Jahren sehr volatil war, können NFTs einen relevanten Wert haben. Dies lässt sich gut durch einen Vergleich mit realen Kunstwerken veranschaulichen: Allein die Möglichkeit, sich als Eigentümer einer Sammlung ausgeben zu können, die in einem Museum öffentlich ausgestellt ist, stellt einen eigenen Wert dar. Obwohl sich die Sammlung physisch in einem Museum befindet und allen Besuchern für den Werkgenuss zugänglich ist, entsteht der immaterielle Wert in diesem Fall allein durch den Status, als Eigentümer der Sammlung aufzutreten – nicht durch die exklusive Verfügbarkeit des Werks. Vor diesem Hintergrund ist es naheliegend, dass gleiches auch in Bezug auf Musik-NFTs möglich ist. Sei es für den Zugang zu exklusivem Content oder für die symbolische Stellung als NFT-Eigentümer eines Musikwerkes, dessen Eigentümerstellung auf einer Blockchain dokumentiert ist. Der Verkauf und Erwerb von Musik-NFTs bietet Künstlern und Labels mithin das Potenzial einer neuen Einnahmequelle. Auch den Fans als Unterstützern eines Künstlers eröffnen sich neue Möglichkeiten ihn zu unterstützen und dies nach außen kundzutun.

II. Extended Reality

150. VR/AR/MR-Technologien und Musik – Wer besitzt welche Rechte?

Fragestellungen im Zusammenhang mit den neuen Technologien wie Virtual Reality (VR), Augmented Reality (AR) oder der Mixed Reality und der Inhaberschaft von Rechten richten sich grundsätzlich nach denselben Maßstäben wie in der analogen Welt. Das Urheberrecht findet also auch im Zusammenhang mit virtuellen Diensten, Spielen und Plattformen Anwendung. Rechteinhaber haben auch in diesem Umfeld die ihnen in der analogen Welt eingeräumten Rechte. Sollen Musikaufnahmen im Metaverse durch einen User ausgewählt und auf dessen VR-Brille abgespielt werden, müssen dafür die entsprechenden Rechte bei den jeweiligen Rechteinhabern eingeholt werden. Beispielsweise das Ausschließlichkeitsrecht der öffentlichen Zugänglichmachung eines Tonträgers nach § 19a UrhG, das auch im digitalen Umfeld dem Tonträgerhersteller obliegt, vgl. § 85 UrhG. Das Urheberrecht bietet mithin auch für neue Technologien ausreichend Werkzeuge, um aktuellen Herausforderungen begegnen zu können und im besten Fall neue Märkte zu erschließen.

III. Metaversum

151. Welche neuen Möglichkeiten bietet das Metaverse für die Musikbranche?

Das Metaverse wird definiert als ein virtueller Raum, der durch verschiedene Wesensmerkmale wie eine virtuelle Realität, virtuelle Vermögensgegenstände, digitale Identitäten oder eine Interoperabilität geprägt ist (*Kaulartz/Schmid/Müller-Eising*, RDi 2022, 521, 522). Innerhalb des Metaverse können Unternehmen digitale Produkte und Dienstleistungen, wie z. B. virtuelle Konzerte zum Verkauf anbieten (*Strobl*, ZUM 2023, 492, 493). Es bietet der Musikbranche weitreichende Potenziale, die sowohl auf Seiten der Fans als auch der Kreativschaffenden neue Möglichkeiten eröffnen. Virtuelle Konzerte, digitale Begegnungsformate sowie der Vertrieb von (virtuellen) Merchandise-Artikeln seien nur beispielsweise genannt.

Der Besuch eines Konzerts im Metaverse ist mittels Avataren, die es den Nutzern erlauben sich innerhalb eines digitalen Raums zu bewegen, möglich geworden. Dabei können nicht nur audiovisuelle Inhalte rezipiert, sondern auch Interaktionen mit anderen Besuchern sowie mit den auftretenden Künstlern vorgenommen werden, sodass eine neue Form der Teilhabe ermöglicht wird. Durch den Einsatz von Augmented-Reality-Technologien lassen sich außerdem digitale Inhalte in Echtzeit in die reale Welt integrieren. Gleichzeitig können aber auch reale Konzerte in virtuelle Welten überführt werden und über mobile Endgeräte oder spezielle Wearables können Merchandise-Produkte virtuell betrachtet, getestet und unmittelbar bestellt werden. Über die fanorientierten Möglichkeiten hinaus bietet das Metaverse auch für Musikschaffende neue Möglichkeiten bei der Produktion. Virtuelle Räume ermöglichen kollaboratives Arbeiten über räumliche Distanzen hinweg. Künstler können sich digital vernetzen, gemeinsam kreative Prozesse gestalten und unabhängig von physischen Studios Musik produzieren.

152. Wie wird Musikrecht im Metaverse durchgesetzt?

Da es sich bei dem Metaverse um eine globale und oft dezentrale Umgebung handelt, kann es im Einzelfall schwer sein, bestehendes Recht durchzusetzen. Kommt es zu einer rechtswidrigen Nutzung eines geschützten Werkes im Metaverse, ist zuallererst zu klären, welches Recht zur Bewertung der Frage einer Verletzungshandlung herangezogen werden kann. Ist deutsches Recht zwar nach dem sog. Schutzlandprinzip anwendbar, bleibt für eine Ahndung der Verletzung maßgeblich, ob einer Rechtsverletzung im Inland vorliegt (*Strobl*, ZUM 2023, 492, 494). Der vom EuGH zur Frage der Abrufbarkeit rechtsverletzender Inhalte entwickelte Grundsatz lässt sich auf das Metaverse nicht unmittelbar übertragen. Denn dem Metaverse als eine Art „Universum“ fehlt es schon an einem eindeutig bestimmbaren Bezugsort. Die Anwendung deutschen Rechts kommt aber dann in Betracht, wenn eine bestimmungsgemäße Nutzung des Metaverse aus Deutschland heraus erfolgt ist und keine weiteren Anhaltspunkte dafür bestehen, dass eine anderweitige Beurteilung notwendig ist (*Strobl*, ZUM 2023, 492, 495).

Neben der Haftung von Nutzern des Metaverse, ist auch die täterschaftliche Haftung von Plattformbetreibern möglich, sofern diese ihrer von der Rechtsprechung auferlegten Verkehrssicherungspflichten nicht nachkommen. Ähnlich wie im Internet ist dieser Rückgriff notwendig, da ein einzelner Nutzer, der Rechtsverletzungen verursacht, oftmals nur sehr schwer ausfindig zu machen ist. Wird der Betreiber von einer Verletzungshandlung in Kenntnis gesetzt und löscht bzw. sperrt die verletzenden Inhalte nicht umgehend, wird von einem vorsätzlichen Handeln des Plattformbetreibers ausgegangen und daraus eine täterschaftliche Haftung abgeleitet (EuGH, ZUM 2021, 682 Rn. 102 – YouTube und Cyando; vgl. *J. B. Nordemann*, ZUM 2022, 806, 809). Gleiches gilt, sofern der Betreiber weiß oder wissen müsste, dass über die Plattform rechtsverletzende Handlungen erfolgen und keine Maßnahmen ergriffen werden, um diese zu unterbinden (EuGH, ZUM 2021, 682 Rn. 102 – YouTube und Cyando; vgl. *J. B. Nordemann*, ZUM 2022, 806, 809).

VI. Ausblick – rechtliche Regelungen zukünftiger Auswertungsformen

153. Wie kann ich mir Rechte an noch nicht entwickelten Auswertungsformen der Zukunft sichern bzw. rechtssicher einräumen lassen?

Grundsätzlich lässt sich für alle zukünftigen und ungewissen Auswertungsformen festhalten, dass deren Bewertung stets unter Anwendung und Übertragung der bereits bestehenden Gesetze erfolgt.

Rechteerwerber sollten sich, um auch noch nicht entwickelte Formate in eine Rechteeinräumung mit einzubeziehen, vertraglich auch unbekannte Nutzungsarten (§ 31a UrhG) einräumen lassen. Dabei ist zu beachten, dass ein Künstler über die beabsichtigte neue Nutzungsart informiert werden muss und es diesem anschließend drei Monate lang freisteht, die Rechtseinräumung für die unbekannte Nutzungsart zu widerrufen (§ 31a Abs. 1 S. 3, 4 UrhG). Das Widerrufsrecht entfällt allerdings, sofern sich die Parteien nach Bekanntwerden der neuen Nutzungsart auf eine Vergütung gemäß § 32c Abs. 1 UrhG geeinigt oder sie eine gemeinsame Vergütungsregel vereinbart haben (§ 31a Abs. 2 UrhG). In der Literatur wird auch die Nutzung geschützter Werke im Metaverse teilweise als eine neue Nutzungsart verstanden (*Strobl*, ZUM 2023, 492, 498). Die Diskussion hierzu ist jedoch noch weitestgehend offen.

VII. Fragen zur Künstlichen Intelligenz

154. Kann eine KI meine Musik/Aufnahmen einfach so nutzen?

Die Frage, ob geschützte Materialien für das Training von KI-Modellen genutzt werden dürfen, ist noch immer sehr umstritten und lässt sich aktuell noch nicht abschließend beurteilen. Es gibt Stimmen, die der Meinung sind, das Nutzen von geschützten Materialen falle unter die sog. Text and Data Mining-Schranke aus § 44b UrhG und sei erlaubt, soweit kein Vorbehalt durch die Rechtinhaber erklärt worden ist.

Überzeugender ist es, die Nutzung von geschützten Materialen zu Trainingszwecken von einer Lizenz des Rechteinhabers abhängig zu machen. Allerdings kommt es in der Praxis nicht selten vor, dass ein Training mit geschütztem Material ohne eine entsprechende Lizenz erfolgt. Der Nachweis des Trainings ohne Lizenz gestaltet sich in der Praxis allerdings äußerst schwierig. Er lässt sich durch den Urheber eines Songs in der Regel nur dann erbringen, wenn der Liedtext im KI-Output eine so deutliche Übereinstimmung mit dem Originaltext aufweist, dass ein Training mit dem geschützten Werk nahegelegt werden kann. Für Inhaber von Leistungsschutzrechten – etwa dem Tonträgerherstellerrecht – gestaltet sich der Nachweis deutlich schwieriger. Sie müssen nachweisen, dass zwischen dem Originalsong und dem KI-generierten Output eine klangliche Übereinstimmung besteht, was in der Praxis nur durch den Abgleich melodischer, harmonischer oder rhythmischer Elemente möglich ist.

Eine abschließende Beurteilung der Rechtmäßigkeit obliegt den Gerichten, beispielsweise in den aktuell anhängigen Klagen der GEMA gegen Suno Inc. und Open AI (vgl. https://www.gema.de/de/aktuelles/ki-und-musik/ki-klage). Das Urteil des LG München in dem Verfahren gegen Open AI liegt vor und ist für die Rechteinhaber vielversprechend, die weitere Entwicklung bleibt abzuwarten (LG München I: Unzulässige Vervielfältigung durch Memorisierung von Werken im und durch KI-Sprachmodell – GEMA/Open AI (GRUR 2025, 1917 ff.)). In den USA gibt es bereits Rechtsprechung, die das Training von KI-Modellen mit urheberrechtlich geschützten Inhalten nicht über die Fair-Use-Doktrin erlaubt, sofern das Training einen kommerziellen Zweck verfolgt und die Nutzung der KI-Anwendung einen negativen Einfluss auf den Wert oder den potenziellen Markt des Original-Werks hat, das zum Training verwendet worden ist (*Deiters*, MMR-Aktuell 2025, 01173).

155. Ich habe mir mit einer KI eine eigene Musikaufnahme erstellen lassen. Bin ich nun Inhaber eines Tonträgerherstellerrechts an der Aufnahme?

Ein von einem Menschen komponiertes Musikwerk genießt regelmäßig einen vielseitigen urheberrechtlichen Schutz. Neben der Urheberschaft an einem Musikwerk nach § 2 Abs. 1 Nr. 2 UrhG, entsteht auch das Tonträgerherstellerrecht nach § 85 UrhG (siehe oben Frage 41). § 2 Abs. 2 UrhG regelt, dass nur persönlich geistige Schöpfungen – mithin die intellektuellen Leistungen eines Menschen – einen urheberrechtlichen Schutz genießen können. Autonom mittels einer KI hergestellte Werke können dieser Anforderung insofern schon nicht gerecht werden, sodass sie urheberrechtlich regelmäßig nicht schutzfähig sind. Da in diesen Fällen schon kein schutzfähiges Werk vorliegt, kann auch kein Urheberrecht daran erworben werden. Eine anderweitige Beurteilung ließe sich nur rechtfertigen, sofern eine KI-Anwendung lediglich als Werkzeug zur Optimierung eines eigens komponierten Musikstücks eingesetzt werden würde (*Wiedemann/Stocks*, GRUR 2025, 360, 361).

Losgelöst vom urheberrechtlichen Schutz entsteht das Recht des Tonträgerherstellers nach § 85 UrhG unabhängig von einer persönlich geistigen Schöpfung. Eine urheberrechtliche Schutzfähigkeit braucht es für das Entstehen des Tonträgerherstellerrechts insofern nicht und es ist möglich, ein Tonträgerherstellerrecht an einem KI-generierten Song innezuhaben, ohne dass für diesen Song überhaupt ein Urheberrecht besteht. Das resultiert aus den unterschiedlichen Schutzzwecken der Rechte. Während das Urheberrecht an die persönliche Kreativität eines Urhebers anknüpft und diese schützt, entsteht das Tonträgerherstellerrecht aufgrund der organisatorischen und wirtschaftlichen Leistung des Tonträgerherstellers (meistens das jeweilige Label). Das dem Tonträgerhersteller zugesprochene Verwertungsrecht soll dessen wirtschaftliches Risiko kompensieren.

Im Zusammenhang mit der Verwendung von KI-Anwendungen ist es von Bedeutung, dass die erstmalige Fixierung des Outputs auf einem Sever des Nutzers der KI-Anwendung erfolgt. Denn § 85 UrhG schützt nur die erstmalige Fixierung einer Tonaufnahme. Wird eine KI-Anwendung verwendet, die den Output zunächst auf einem eigenen Server speichert und dem Nutzer den Output anschließend zum Download auf einen Server anbietet, entsteht schon deshalb kein Tonträgerherstellerrecht bei dem Nutzer.

156. Ein Künstler interpretiert ein KI-generiertes Werk. Ist er Inhaber eines Leistungsschutzrechtes geworden?

Nach § 73 UrhG ist ein ausübender Künstler, wer „ein Werk oder eine Ausdrucksform der Volkskunst aufführt, singt, spielt oder auf eine andere Weise darbietet". Dies sind im Bereich der Musik beispielsweise Sänger, Musiker, Schauspieler, Toningenieure oder jeder andere Werkinterpret (siehe Frage 38). Ihnen allen steht das Recht des ausübenden Künstlers zu, sofern sie ein Werk selbst künstlerisch darbieten oder auf die künstlerische Darbietung eines Dritten Einfluss nehmen. Der Wortlaut von § 73 UrhG setzt die Darbietung eines Werkes voraus. Das erfordert ein Werk im Sinne des § 2 Abs. 2 UrhG, mithin eine persönlich geistige Schöpfung eines Menschen. Interpretiert ein Künstler ein KI-generiertes Werk, fehlt es ggf. bereits am erforderlichen Werkschutz, sodass ein Leistungsschutzrecht nach § 73 UrhG nicht entstehen kann. Dies folgt aus dem Grundsatz der sog. strengen Werksakzessorietät. Danach kann ein Leistungsschutzrecht nur dann entstehen, wenn das zugrunde liegende Werk ein urheberrechtlich geschütztes Werk ist, das den Anforderungen des § 2 Abs. 1 und 2 UrhG genügt. Entgegen diesem Grundsatz vertreten jedoch auch einige Stimmen in der Literatur die Auffassung, ein Leistungsschutzrecht könne auch dann entstehen, wenn das interpretierte Werk nicht die Anforderungen des § 2 Abs. 1 und 2 UrhG erfüllt (*Lutzhöft/Hendel*, GRUR 2024, 1841, 1847; Dreier/Schulze/*Dreier*, § 73 Rn. 8.). Begründet wird das damit, dass auch Werke, die keine persönliche geistige Schöpfung darstellen, ausreichend Spielraum für eine eigenständige, schutzfähige Darbietung bieten können. Auch der Entwurf des Gesetzes über das Urheberrecht und verwandte Schutzrechte aus dem Jahr 1962 hat für den Schutz des ausübenden Künstlers kein urheberrechtlich geschütztes Werk vorausgesetzt (BT-Drs. IV/270, S. 90).

Ob eine strenge Werksakzessorietät auch hinsichtlich der Interpretation von KI-generierten Werken gilt, lässt sich vor diesem Hintergrund noch nicht abschließend beurteilen. Vielmehr wird es dafür eine höchstrichterliche Entscheidung brauchen.

Anhang

1. GEMA BERECHTIGUNGSVERTRAG

Fassung aufgrund der Beschlüsse der ordentlichen Mitgliederversammlung vom 14./15. Mai 2025

Berechtigungsvertrag zwischen der/dem unterzeichneten

Urheberin/Urheber ______________________________

Musikverlag ______________________________

Rechtsnachfolgerin/Rechtsnachfolger ______________________________

– im Folgenden kurz Berechtigte/r genannt –

und

der **GEMA Gesellschaft für musikalische Aufführungs- und mechanische Vervielfältigungsrechte**, vertreten durch ihren Vorstand in 10787 Berlin, Keithstraße 7,

– im Folgenden kurz GEMA genannt –

Kapitel 1: Die Übertragung von Rechten und Ansprüchen an die GEMA

Präambel

Der/die Berechtigte räumt hiermit der GEMA als Treuhänderin für alle Länder alle ihm/ihr gegenwärtig zustehenden und während der Vertragsdauer noch zuwachsenden, zufallenden, wieder zufallenden oder sonst erworbenen urheberrechtlichen Nutzungsrechte sowie gesetzlichen Auskunfts- und Vergütungsansprüche im nachfolgenden Umfang zur Wahrnehmung nach Maßgabe der folgenden Bestimmungen ein (nachfolgend „Rechteübertragung“). Die Rechteübertragung erfolgt ausschließlich und bezieht sich auf Rechte und Ansprüche des/der Berechtigten an textierter und untextierter Musik, auch soweit die Werke während der Vertragsdauer noch geschaffen werden.

Soweit der/die Berechtigte über die vorgenannten Rechte und Ansprüche gegenwärtig nicht verfügen kann, werden sie für den Fall übertragen, dass ihm/ihr die Verfügungsbefugnis wieder zufällt. Die Rechteübertragung umfasst die vorgenannten Rechte und Ansprüche auch insoweit, als der/die Berechtigte sie durch Rechtsnachfolge erlangt oder erlangt hat.

Gegenstand der Rechteübertragung sind die nachfolgend genannten urheberrechtlichen Nutzungsrechte und gesetzlichen Auskunfts- und Vergütungsansprüche.

§ 1 Aufführungs- und Vortragsrecht

[1] Übertragen wird das Aufführungsrecht an Werken der Musik sowie im Falle der Aufführung textierter Musik das Vortragsrecht am Text.

[2] Nicht übertragen wird das Recht zur bühnenmäßigen Aufführung dramatisch-musikalischer Werke (vollständig, als Querschnitt oder in größeren Teilen). Der Ausschluss umfasst auch die bühnenmäßige Aufführung sonstiger Werke der Musik (mit oder ohne Text) als integrierende Bestandteile dramatisch-musikalischer Bühnenstücke, z. B. im Rahmen von Balletten oder Hit-Musicals. Unerheblich ist, ob die Werke eigens für die Umsetzung auf der Bühne geschaffen worden sind.

[3] Bühnenmusiken, die integrierender Bestandteil des Bühnenwerkes sind, sind nicht Gegenstand dieses Vertrages. Sonstige Bühnenmusiken, Bühnenschauen, Filmbegleitmusik, Einlagen in Revuen, Einlagen in Operetten, Possen und Lustspielen, melodramatische und Kabarettaufführungen sind Gegenstand dieses Vertrages, soweit es sich nicht um die Aufführung von Bestandteilen dramatisch-musikalischer Werke in anderen Bühnenwerken handelt.

§ 2 Senderecht

Übertragen wird das Recht der Audio-Sendung und der audiovisuellen Sendung, unabhängig von den für die Übertragung eingesetzten technischen Mitteln oder Verfahren. Die Rechteübertragung umfasst auch die für Sendezwecke erforderlichen Vervielfältigungen sowie die Weitersendung einschließlich der Direkteinspeisung. Soweit dramatisch-musikalische Werke vollständig, als Querschnitt oder in größeren Teilen gesendet werden, umfasst die Rechteübertragung nach diesem Paragrafen nur die Rechte zur Weitersendung einschließlich der Direkteinspeisung.

§ 3 Recht der Wiedergabe und Wahrnehmbarmachung von Funksendungen und öffentlicher Zugänglichmachung

Übertragen wird das Recht der Wiedergabe von Funksendungen (Audiosendungen und audiovisuelle Sendungen) und öffentlichen Zugänglichmachungen mittels technischer Einrichtungen, einschließlich der Wiedergabe dramatisch-musikalischer Werke. Die Rechteübertragung umfasst auch die Wahrnehmbarmachung von Wiedergaben außerhalb des Raumes, in dem sie stattfinden, sofern diese im unmittelbaren zeitlichen und räumlichen Zusammenhang zueinander stehen.

§ 4 Recht der Wiedergabe und Wahrnehmbarmachung mittels Speichermedien

Übertragen werden die Rechte der Wiedergabe und der Wahrnehmbarmachung mittels der gemäß § 7 hergestellten Speichermedien, mit Ausnahme

a) der Wiedergabe dramatisch-musikalischer Werke im Rahmen der bühnenmäßigen Aufführung solcher Werke, sei es vollständig, als Querschnitt oder in größeren Teilen;

b) der Wahrnehmbarmachung der Wiedergaben nach lit. a durch Theater.

§ 5 Recht der Wahrnehmbarmachung von persönlichen Darbietungen

Übertragen wird das Recht der Wahrnehmbarmachung von persönlichen Darbietungen außerhalb des Raumes, in dem sie stattfinden, mittels technischer Einrichtungen, mit Ausnahme der Wahrnehmbarmachung dramatisch-musikalischer Werke.

§ 6 Filmvorführungsrecht

Übertragen wird das Filmvorführungsrecht, auch an dramatisch-musikalischen Werken.

§ 7 Vervielfältigungs- und Verbreitungsrecht

[1] Übertragen wird das Recht der Aufnahme auf Tonträger, Bildtonträger, Multimediaträger und andere externe oder interne Speichermedien sowie das Vervielfältigungs- und Verbreitungsrecht an diesen Speichermedien.

[2] Die Rechteübertragung nach Abs. 1 umfasst auch die Befugnis, Nutzungsvorbehalte gemäß § 44b Abs. 3 UrhG gegen Vervielfältigungen von

rechtmäßig zugänglichen Werken für das Text und Data Mining zu erklären.

[3] Soweit in diesem Berechtigungsvertrag nicht etwas Anderes geregelt ist, umfasst die Rechteübertragung nicht die grafischen Rechte, insbesondere nicht das Recht am Notenbild oder Textbild.

[4] Ausgenommen von der Rechteübertragung nach diesem Paragrafen ist die Aufnahme von Aufführungen dramatisch-musikalischer Werke – vollständig, im Querschnitt oder in größeren Teilen – auf die in Abs. 1 genannten Speichermedien zum persönlichen oder sonstigen eigenen Gebrauch des/der Berechtigten gegenüber den Veranstaltern solcher Aufführungen.

[5] Die Rechteübertragung erfolgt vorbehaltlich der Regelungen in Bezug auf das Herstellungsrecht gemäß §§ 8 bis 11.

§ 8 Herstellungsrecht: Grundsätze

[1] Das Herstellungsrecht umfasst das Recht zur Benutzung textierter oder untextierter Musik zur Herstellung von Filmwerken oder jeder anderen Art von Aufnahmen auf Bildtonträger sowie zur Herstellung jeder anderen Verbindung eines Werkes der textierten oder untextierten Musik mit Werken anderer Gattungen auf Multimedia- und anderen Datenträgern oder in Datenbanken, Dokumentationssystemen oder in Speichern ähnlicher Art, unter anderem mit der Möglichkeit interaktiver Nutzung. Vorbehaltlich der Regelungen in §§ 9 bis 11 erfolgt die Wahrnehmung des Herstellungsrechts nach Maßgabe der folgenden Grundsätze.

[2] Die GEMA und der/die Berechtigte informieren sich gegenseitig über alle bekanntwerdenden Nutzungen des Herstellungsrechts.

[3] Das Herstellungsrecht wird der GEMA unter einer auflösenden Bedingung eingeräumt. Die Bedingung tritt ein, wenn der/die Berechtigte der GEMA unter Einhaltung der Formvorgaben der GEMA oder schriftlich mitteilt, dass er/sie das Herstellungsrecht im eigenen Namen wahrnehmen möchte. Diese Mitteilung muss innerhalb einer Frist von vier Wochen erfolgen; bei subverlegten Werken beträgt die Frist drei Monate. Die Frist wird von dem Zeitpunkt an berechnet, zu dem der/die Berechtigte im Einzelfall Kenntnis erlangt hat. In der Mitteilung des/der Berechtigten an die GEMA über einen ihm/ihr selbst bekannt gewordenen Einzelfall muss die Erklärung enthalten sein, ob er/sie die Rechte und Ansprüche im eigenen Namen wahrnehmen möchte. Der Rückfall tritt nur ein, soweit es sich um die Benutzung zur Herstellung eines bestimmten Filmwerkes oder sonstigen Bildtonträgers oder Multimedia- oder anderen Datenträgers oder die Verbindung mit Werken anderer Gattungen in einer bestimmten Datenbank, einem bestimmten Dokumentationssys-

tem oder einem bestimmten Speicher ähnlicher Art handelt. Unberührt bleiben die Rechte für Fernsehproduktionen im Sinne von § 9 sowie das Recht zur Verwendung von Werken für Nutzungen auf Diensten für das Teilen von Online-Inhalten gemäß § 11.

[4] Mit Mitteilung gemäß Abs. 3 fallen die jeweiligen Rechte und Ansprüche für die betreffende Nutzung an den Berechtigten/die Berechtigte zurück (Rückfall). Bei Filmwerken schließt der Rückfall das Recht zur Vervielfältigung und Verbreitung zu Einführungszwecken ein, soweit es sich um Werke handelt, die zur öffentlichen Vorführung in Lichtspieltheatern oder zur Sendung bestimmt sind. Bei sonstigen Aufnahmen auf Bildtonträger beschränkt sich der Rückfall auf die Befugnis, die Zustimmung zur Werkverbindung und zur Herstellung von 50 gesondert zu kennzeichnenden Vervielfältigungsstücken für Einführungszwecke zu erteilen.

§ 9 Wahrnehmung des Herstellungsrechts gegenüber Sendeunternehmen

[1] Bei Fernsehproduktionen vergibt die GEMA die Herstellungsrechte an Sendeunternehmen und deren eigene Werbegesellschaften insoweit, als es sich um Eigen- oder Auftragsproduktionen für eigene Sendezwecke und Übernahmesendungen handelt. Die Einwilligung des/der Berechtigten ist jedoch erforderlich, wenn Dritte an der Herstellung beteiligt sind oder wenn die Fernsehproduktionen von Dritten genutzt werden sollen. Das gilt insbesondere für Coproduktionen. Für Fernseh-Coproduktionen zwischen Sendeunternehmen, an denen mindestens ein inländisches Sendeunternehmen beteiligt ist, gilt Satz 1 entsprechend.

[2] Unter den Voraussetzungen des Abs. 1 vergibt die GEMA das Herstellungsrecht auch für Fernsehproduktionen zu Zwecken der Programmankündigung (Trailer), jedoch nur insoweit, als hierbei Werke verwendet werden, die eigens für eine mit dem Trailer angekündigte Eigen- oder Auftragsproduktion geschaffen worden sind (Auftragskompositionen).

[3] Der/die Berechtigte räumt der GEMA unter den Voraussetzungen des Abs. 1 auch das Herstellungsrecht für Eigen- oder Auftragsproduktionen der Sendeunternehmen zu eigenen Onlinenutzungszwecken einschließlich der für diese Zwecke für das Sendeunternehmen erforderlichen Rechte nach § 12 ein. Der/die Berechtigte kann die Rechteübertragung nach Satz 1 unter Wahrung der Frist des § 28 Abs. 2 schriftlich widerrufen. Die Details der Rechteklärung nach diesem Abs. werden in ergänzenden Wahrnehmungsbedingungen geregelt, die zu veröffentlichen sind.

§ 10 Wahrnehmung des Herstellungsrechts durch den/die Berechtigte/n bei dramatisch- musikalischen Werken

Bei Fernsehproduktionen und Bildtonträgern bleibt das Herstellungsrecht dem/der Berechtigten in folgenden Fällen selbst vorbehalten:

a) Benutzung vorbestehender dramatisch-musikalischer Werke, sei es vollständig, als Querschnitt oder in größeren Teilen;

b) Benutzung eines Werkes der Musik (mit oder ohne Text) zur Herstellung eines dramatisch-musikalischen Werkes;

c) Verwendung von Konzertliedern, Schlagern oder Einlagen aus dramatisch-musikalischen Werken in anderen dramatisch-musikalischen oder dramatischen Werken oder in Fernsehproduktionen oder bei Bildtonträgern, die eine Verbindung mehrerer Musiktitel unter einem Leitgedanken und mit einem Handlungsfaden darstellen. Bei Fernsehproduktionen bleibt in allen diesen Fällen dem/der Berechtigten das Einwilligungsrecht vorbehalten. Die Einwilligung kann jedoch, soweit es sich um Eigen- oder Auftragsproduktionen für eigene Sendezwecke und Übernahmesendungen der Fernsehanstalten und deren eigener Werbegesellschaften handelt, von dem/der Berechtigten nicht von der Zahlung einer Vergütung abhängig gemacht werden. Wird die Einwilligung erteilt, erfolgt Verrechnung nach Maßgabe des Verteilungsplans.

§ 11 Wahrnehmung des Herstellungsrechts bei Diensten für das Teilen von Online-Inhalten

[1] Soweit der/die Berechtigte der GEMA die Onlinerechte gemäß § 12 einräumt, räumt er/sie der GEMA auch das Herstellungsrecht für Filmwerke ein, die von Endnutzern eines Dienstes für das Teilen von Online-Inhalten hergestellt und auf dem Dienst hochgeladen werden. Voraussetzung ist, dass die Endnutzer nicht auf der Grundlage einer gewerblichen Tätigkeit handeln oder mit ihrer Tätigkeit keine erheblichen Einnahmen erzielen.

[2] Für die Wahrnehmung des Herstellungsrechts in Bezug auf sonstige Nutzungen bei Diensten für das Teilen von Online-Inhalten gilt Abs. 1 mit der Maßgabe, dass die Rechteklärung nicht für einzelne Werke oder Nutzungen, sondern für alle betreffenden Nutzungen in Bezug auf den jeweiligen Dienst erfolgt. Zu diesem Zweck informiert die GEMA die Berechtigten im Voraus, wenn sie beabsichtigt, das Herstellungsrecht an den Anbieter eines Dienstes für das Teilen von Online-Inhalten zu lizenzieren. Die Details der Rechteklärung nach diesem Abs. werden in er-

gänzenden Wahrnehmungsbedingungen geregelt, die zu veröffentlichen sind.

[3] Das Recht, im eigenen Namen gegen Verletzungen des Urheberpersönlichkeitsrechts vorzugehen, verbleibt auch für Nutzungen auf Diensten für das Teilen von Online-Inhalten stets bei dem/der Berechtigten.

§ 12 Recht zur Online-Nutzung

[1] Übertragen wird das Recht, textierte und untextierte Musik, die in Datenbanken, Dokumentationssysteme oder in Speicher ähnlicher Art eingebracht ist, elektronisch oder in ähnlicher Weise zu übermitteln. Dies umfasst insbesondere das Recht, die Werke drahtgebunden oder drahtlos der Öffentlichkeit in einer Weise zugänglich zu machen, dass sie Mitgliedern der Öffentlichkeit von Orten und zu Zeiten ihrer Wahl zugänglich sind, z. B. für interaktive Onlinenutzungen im Wege des Streamings und des Bereithaltens zum Download, für mobile Internetnutzungen, für Nutzungen auf Musiktauschsystemen und für Nutzungen auf Diensten für das Teilen von Online-Inhalten einschließlich der Handlungen, die von den Endnutzern dieser Dienste ausgeführt werden.

[2] Die Rechteübertragung nach Abs. 1 umfasst auch das Recht, die zum Zweck der Übermittlung und öffentlichen Zugänglichmachung erforderlichen Aufnahmen, technischen Aufbereitungen und sonstigen Vervielfältigungen vorzunehmen.

[3] Für Nutzungen nach Abs. 1 räumt der/die Berechtigte der GEMA im Sinne einer gesonderten Nutzungsart gemäß § 30 auch die grafischen Rechte am Text ein.

[4] Die Rechteübertragung erfolgt vorbehaltlich der Regelung der §§ 8 bis 11.

§ 13 Rechtewahrnehmung bei Nutzung zu Werbezwecken

[1] Hinsichtlich der Nutzung zu Werbezwecken wird im Sinne einer separaten Rechtewahrnehmung durch die Berechtigten einerseits und die GEMA andererseits wie folgt unterschieden:

a) Die Befugnis, im jeweiligen Einzelfall Dritten die Zustimmung zur Benutzung textierter und untextierter Musik zu Werbezwecken zu erteilen oder eine solche Benutzung zu verbieten, verbleibt bei dem/der Berechtigten. Die Zustimmung kann räumlich, zeitlich und/oder inhaltlich beschränkt werden.

b) Der/die Berechtigte räumt der GEMA die in diesem Berechtigungsvertrag mit Ausnahme der §§ 8 bis 11 genannten Rechteunter einer auflösenden Bedingung jeweils auch zu Werbezwecken ein. Die Bedingung tritt ein, wenn der/die Berechtigte von der Befugnis Gebrauch macht und die Benutzung gemäß lit. a im Einzelfall gegenüber einem Dritten verbietet und der/die Berechtigte dies der GEMA schriftlich mitteilt.

[2] Die Regelung zur Wahrnehmung des Herstellungsrechts bei Trailern gemäß § 9 Abs. 2 bleibt unberührt.

§ 14 Recht zur Nutzung als Ruftonmelodie

Die Rechtewahrnehmung zur Nutzung textierter und untextierter Musik als Ruftonmelodien und als Freizeichenuntermalungsmelodien erfolgt zweistufig.

a) Das Recht zur Einwilligung in die Benutzung eines Werkes als Ruftonmelodie oder als Freizeichenuntermalungsmelodie, insbesondere nach § 14 UrhG und § 23 Satz 1 UrhG, bleibt bei dem/der Berechtigten.

b) Die Rechte nach §§ 7 und 12 räumt der/die Berechtigte der GEMA zur Wahrnehmung ein.

§ 15 Rechteübertragung für technische und rechtliche Weiterentwicklungen und unbekannte Nutzungsarten

[1] Übertragen werden die Rechte für Nutzungen, die durch technische oder rechtliche Weiterentwicklung der in §§ 1 bis 12 sowie § 14 dieses Berechtigungsvertrages geregelten Nutzungsarten entstehen und diesen entsprechen.

[2] Übertragen werden die Rechte für eigenständige Nutzungsarten, die erst nach Abschluss des Berechtigungsvertrages bekannt werden (unbekannte Nutzungsarten). Der/die Berechtigte kann die Rechteübertragung für unbekannte Nutzungsarten insgesamt oder für einzelne neu entstandene Nutzungsarten im Sinne des § 31a UrhG schriftlich widerrufen. Das Widerrufsrecht erlischt nach Ablauf von drei Monaten seit der Mitteilung über die beabsichtigte Aufnahme der Lizenzierung der neuartigen Nutzung durch die GEMA. Die Mitteilung erfolgt in elektronischer Form auf einem von der GEMA für die elektronische Kommunikation mit ihren Mitgliedern eingerichteten und auf der GEMA Website bekannt gegebenen Kommunikationskanal.[1] Sofern eine elektronische Kommunika-

1 Die elektronische Mitteilung erfolgt derzeit über das GEMA Onlineportal, sofern das Mitglied einen entsprechenden Account hat. Anderenfalls erfolgt die elektronische Mitteilung derzeit an die vom Mitglied bei der GEMA hinterlegte Korrespondenz-E-Mail-Adresse.

tion mit dem Mitglied nicht möglich ist, erfolgt die Mitteilung per Post. Änderungen des Kommunikationswegs werden dem Mitglied in der ihm gegenüber bis dahin genutzten Form bekannt gegeben.

§ 16 Einräumung gesetzlicher Auskunfts- und Vergütungsansprüche

[1] Der/die Berechtigte räumt der GEMA die nachfolgenden gesetzlichen Auskunfts- und Vergütungsansprüche ein:

- § 20b Abs. 2 UrhG (Weitersendung),
- § 27 Abs. 1 UrhG (Vermietung),
- § 27 Abs. 2 UrhG (Verleihen) einschließlich der Nutzung grafischer Aufzeichnungen musikalischer Werke,
- § 45a Abs. 2 Satz 1 UrhG (Menschen mit Behinderungen),
- § 46 Abs. 4 UrhG (Sammlungen für den religiösen Gebrauch),
- § 47 Abs. 2 UrhG (Schulfunksendungen),
- § 52 Abs. 1 S. 2 und Abs. 2 S. 2 UrhG (öffentliche Wiedergabe),
- §§ 54 Abs. 1, 54b Abs. 1, 54e, 54f UrhG (Vervielfältigungen zum privaten und sonstigen eigenen Gebrauch),
- § 60h Abs. 1 S. 1 UrhG (erlaubte Nutzungen für Unterricht, Wissenschaft und Institutionen),
- § 137l Abs. 5 UrhG (neue Nutzungsarten)
- § 4 Abs. 3 UrhDaG (Direktvergütungsanspruch des Urhebers gegenüber Diensteanbietern),
- § 5 Abs. 2 UrhDaG (Karikaturen, Parodien und Pastiches),
- § 12 Abs. 1 UrhDaG (öffentliche Wiedergaben mutmaßlich erlaubter Nutzungen).

[2] Soweit der/die Berechtigte der GEMA für Nutzungen nach § 12 die grafischen Rechte am Text einräumt, umfasst die Einräumung auch die Wahrnehmung der gesetzlichen Vergütungsansprüche, die aus Onlinenutzungen dieser Rechte erwachsen.

[3] Übertragen werden die gesetzlichen Auskunfts- und Vergütungsansprüche, die durch die Schaffung neuer Vorschriften im Bereich der in den §§ 1 bis 15 genannten Rechte entstehen. Der/die Berechtigte kann die Einräumung der neu entstandenen Ansprüche schriftlich widerrufen. Das Widerrufsrecht erlischt nach Ablauf von drei Monaten seit der Mitteilung über die beabsichtigte Aufnahme der Wahrnehmung des neu geschaffenen Anspruchs durch die GEMA. Die Mitteilung erfolgt in elektronischer Form auf einem von der GEMA für die elektronische Kommunikation

mit ihren Mitgliedern eingerichteten und auf der GEMA Website bekannt gegebenen Kommunikationskanal.[2] Sofern eine elektronische Kommunikation mit dem Mitglied nicht möglich ist, erfolgt die Mitteilung per Post. Änderungen des Kommunikationswegs werden dem Mitglied in der ihm gegenüber bis dahin genutzten Form bekannt gegeben.

Kapitel 2: Rechte und Pflichten der Vertragsparteien

§ 17 Rechtewahrnehmung durch die GEMA

[1] Die GEMA ist berechtigt, die ihr von dem/der Berechtigten eingeräumten Rechte und Ansprüche im eigenen Namen auszuüben, sie auszuwerten, die zu zahlende Gegenleistung in Empfang zu nehmen und über den Empfang rechtsverbindlich zu quittieren, die ihr eingeräumten Rechte ganz oder zum Teil Dritten einzuräumen oder die Nutzung zu untersagen. Sie ist auch berechtigt, alle ihr eingeräumten Rechte und Ansprüche gerichtlich in jeder ihr zweckmäßig erscheinenden Weise im eigenen Namen geltend zu machen.

[2] Erzielt die GEMA Erträge auf der Basis von Vergütungsvereinbarungen, die von veröffentlichten GEMA-Tarifen abweichen, so erteilt sie dem/der Berechtigten auf schriftliche Anfrage Auskunft über die Vergütungsgrundsätze dieser Vereinbarungen, soweit der/die Berechtigte an den im Rahmen der Vergütungsvereinbarungen genutzten Werken beteiligt ist und ein berechtigtes Interesse des/der Berechtigten an der begehrten Auskunft besteht, dem keine überwiegenden Interessen der Gesamtheit der Mitglieder oder Dritter entgegenstehen.

[3] Die GEMA sorgt durch den Abschluss von Repräsentationsvereinbarungen mit ausländischen Verwertungsgesellschaften dafür, dass die ihr von dem/der Berechtigten übertragenen Rechte auch international wahrgenommen werden. Darüber hinaus ist die GEMA außerhalb ihres Verwaltungsgebietes nicht zur Rechtewahrnehmung verpflichtet. Ist die Rechtewahrnehmung für ein Land insgesamt oder im Hinblick auf einzelne Nutzungsarten nicht durch eine Repräsentationsvereinbarung geregelt, so kann der/die Berechtigte für das entsprechende Land oder die entsprechenden Nutzungsarten jederzeit auch ohne Einhaltung der Kündigungsfrist gemäß § 28 schriftlich die Rückübertragung der eingeräumten Rechte verlangen. Derartige Beschränkungen der internationalen Rech-

2 Die elektronische Mitteilung erfolgt derzeit über das GEMA Onlineportal, sofern das Mitglied einen entsprechenden Account hat. Anderenfalls erfolgt die elektronische Mitteilung derzeit an die vom Mitglied bei der GEMA hinterlegte Korrespondenz-E-Mail-Adresse.

tewahrnehmung werden den Berechtigten regelmäßig über die GEMA Website mitgeteilt.

§ 18 Anmelde- und Auskunftspflicht

[1] Der/die Berechtigte verpflichtet sich, der GEMA alle unter diesen Vertrag fallenden Werke unter Einhaltung der Formvorgaben der GEMA, insbesondere unter Angabe des Titels und der Gattung der Werke, der Namen der Komponisten, Textdichter, Verleger und auch eines eventuellen Pseudonyms anzumelden und die Richtigkeit der Angaben hinsichtlich seiner/ihrer Urheberschaft zu bestätigen. Bei verlegten Werken ist der Musikverlag zugleich für die Urheber zur Anmeldung der Werke verpflichtet.

[2] Für Werke, die der/die Berechtigte nicht ordnungsgemäß anmeldet, verliert er/sie gegenüber der GEMA den Anspruch auf Ausschüttung bis zur ordnungsgemäßen Anmeldung.

[3] Der/die Berechtigte verpflichtet sich, der GEMA für die Feststellung seiner/ihrer Rechte jede erforderliche Auskunft zu erteilen.

§ 19 Abtretung von Ausschüttungsansprüchen

[1] Die Ansprüche des/der Berechtigten auf Ausschüttung gegen die GEMA sind nur nach Zustimmung durch die GEMA abtretbar.

[2] Die Zustimmung der GEMA nach Abs. 1 ist nicht erforderlich, soweit ein Urheber/eine Urheberin im Verlagsvertrag lediglich Ausschüttungsansprüche in Höhe der im Verteilungsplan für Verleger vorgesehenen Anteile an den Verlag abtritt.

[3] Die GEMA ist berechtigt, für die Bearbeitung von Abtretungen nach Abs. 1 – mit Ausnahme von Beitragsabtretungen an die Berufsverbände – zu Lasten des/der Berechtigten eine den Kosten der Bearbeitung entsprechende Verwaltungsgebühr zu erheben.

[4] Im Fall einer Vorauszahlung durch die GEMA tritt der/die Berechtigte seine/ihre Ansprüche auf Ausschüttung bis zur Tilgung der Vorauszahlung unwiderruflich an die GEMA ab.

§ 20 Verpflichtung zur Erbringung verlegerischer Leistungen

[1] Musikverlage verpflichten sich, bezüglich der bei ihnen verlegten Werke verlegerische Leistungen zu erbringen.

[2] Als verlegerische Leistung gilt die Vervielfältigung und Verbreitung von Werken der Musik (mit oder ohne Text) im Sinne des Verlagsgesetzes. Unabhängig hiervon kann die verlegerische Leistung auch durch Leis-

tungen in den Bereichen Promotion und Vermarktung des Werkes, Finanzierung und Produktion oder Service und Administration erbracht werden. Zum Bereich Service und Administration gehört insbesondere die erforderliche Kommunikation gegenüber der GEMA hinsichtlich des Werkes und seiner Nutzungen auch im Interesse des Urhebers/der Urheberin (z. B. neben der Anmeldung des Werkes durch die Prüfung von Abrechnungsunterlagen und die Reklamationsbearbeitung).

[3] Soweit Urheber/innen von bei ihm verlegten Werken noch nicht Berechtigte einer Verwertungsgesellschaft für musikalische Urheberrechte sind, wirkt der Musikverlag darauf hin, dass sie einen Berechtigungsvertrag mit der GEMA abschließen.

[4] Die Leistungen von Musikverlagen werden mit deren Beteiligung an der Verteilung nach Maßgabe des GEMA-Verteilungsplans abgegolten. Darüber hinaus gehende Zahlungsansprüche gegenüber der GEMA werden durch diese Leistungen nicht begründet.

§ 21 Vergabe vergütungsfreier Lizenzen

Der/die Berechtigte hat die Möglichkeit, auf Antrag eine vergütungsfreie GEMA-Nicht-Kommerzielle-Lizenz („GEMA-NK-Lizenz“) für die gemäß den §§ 1 bis 16 eingeräumten Rechte zu erwerben, die ihn/sie dazu berechtigt,

a) seine/ihre Werke selbst nicht-kommerziell zu nutzen und

b) jedermann oder einzelnen Personen eine vergütungsfreie Lizenz für die nicht-kommerzielle Nutzung seiner/ihrer Werke einzuräumen.

Die Voraussetzungen für den Erwerb der GEMA-NK-Lizenz und die Bedingungen für die Vergabe vergütungsfreier Lizenzen für nicht-kommerzielle Nutzungen werden von der Mitgliederversammlung beschlossen und sind zu veröffentlichen.

§ 22 Verbot der Beteiligung von Tarifpartnern

[1] Der/die Berechtigte darf Nutzer weder direkt noch indirekt an seinem/ihrem Aufkommen beteiligen, damit diese seine/ihre Werke bei der Nutzung bevorzugen. Ein Verstoß gegen dieses Verbot liegt beispielsweise vor, wenn Berechtigte ein Sendeunternehmen direkt oder indirekt an ihrem Aufkommen beteiligen, um zu erreichen, dass dieses ihre Werke bei der Gestaltung des Sendeprogramms bevorzugt.

[2] Sofern der/die Berechtigte mit der GEMA, einem Unternehmen, an dem die GEMA beteiligt ist, oder einer anderen Verwertungsgesellschaft Lizenzverträge abschließt oder in wirtschaftlichem oder personellem Zusammenhang mit Lizenznehmern steht, begründet dies allein nicht die Annahme des in Abs. 1 Satz 1 genannten Tatbestands.

[3] Im Falle der schuldhaften Zuwiderhandlung gegen das in Abs. 1 geregelte Verbot ist der/die Berechtigte verpflichtet, einen Betrag in der Höhe an die Sozialkasse der GEMA abzuführen, in der er/sie den Nutzer an seinem/ihrem Aufkommen beteiligt hat, höchstens jedoch in Höhe der auf den Berechtigten/die Berechtigte entfallenden Ausschüttung für das betroffene Werk.

[4] Die Vorschriften der Satzung über satzungswidriges Verhalten bleiben unberührt.

§ 23 Elektronische Kommunikation

[1] Der/die Berechtigte ist damit einverstanden, dass die Kommunikation mit ihm/ihr auf elektronischem Weg (z. B. über die von dem/der Berechtigten angegebene E-Mail-Adresse oder das Online-Portal der GEMA) geführt wird.

[2] Ist eine elektronische Kommunikation nicht möglich, so kann die GEMA für den postalischen Versand von Informationen oder Mitteilungen, die gesetzlich vorgeschrieben oder zur Erfüllung dieses Vertrages erforderlich sind, eine Verwaltungsgebühr gemäß § 25 Abs. 5 erheben.

§ 24 Pflicht zur Aktualisierung von personen-, firmen- und verlagsbezogenen Daten

[1] Der/die Berechtigte verpflichtet sich, jeden Wechsel des Wohnsitzes und der Staatsangehörigkeit, jede Änderung der Daten für die elektronische Kommunikation, jede Änderung der Firma, ihrer Inhaber- und Gesellschafterverhältnisse oder in der Zeichnung der Firma, jede Verlegung der Niederlassung sowie jeden Fall der Inverlagnahme oder des Verlagswechsels unverzüglich der GEMA anzuzeigen.

[2] Wird die Anzeige der Adressenänderung von dem/der Berechtigten oder im Todesfall durch seinen/ihren Rechtsnachfolger unterlassen und lässt sich die neue Adresse des/der Berechtigten nicht durch Rückfrage bei der für den letzten Wohnsitz zuständigen Meldebehörde feststellen, so ist die GEMA berechtigt, den Berechtigungsvertrag zum Ende des Geschäftsjahres zu kündigen, in dem die negative Nachricht der Meldebehörde eingegangen ist. Die Kündigung erfolgt in diesem Fall durch eingeschriebenen Brief, der an die letzte der GEMA bekannt gegebene Adresse zu richten ist.

§ 25 Aufnahme- und Verwaltungsgebühren, Mitgliedsbeitrag

[1] Der/die Berechtigte verpflichtet sich, bei erstmaligem Vertragsabschluss einmalig eine vom Aufsichtsrat festzusetzende Aufnahmegebühr an die GEMA zu entrichten.

[2] Der/die Berechtigte verpflichtet sich, einen vom Aufsichtsrat festzusetzenden jährlichen Mitgliedsbeitrag an die GEMA zu entrichten.

[3] Die bei Vertragsschluss geltende Aufnahmegebühr und der jeweils geltende Mitgliedsbeitrag sind auf der Internetseite der GEMA abrufbar.

[4] Bei Vertragsabschluss ist der Mitgliedsbeitrag im Voraus zu bezahlen. In den Folgejahren wird der Mitgliedsbeitrag jeweils zum 1. Dezember für das darauffolgende Jahr fällig. Die GEMA ist berechtigt, den Mitgliedsbeitrag mit anfallenden Gutschriften zu verrechnen. Wenn der/die Berechtigte mit der Zahlung des Mitgliedsbeitrages in Höhe von drei Jahresbeiträgen in Verzug gerät und eine vollständige Verrechnung mit Gutschriften nicht möglich ist, ist die GEMA zur außerordentlichen Kündigung des Berechtigungsvertrages berechtigt.

[5] Für die Finanzierung der Inanspruchnahme individueller Verwaltungsleistungen durch Berechtigte setzt der Vorstand im Einvernehmen mit dem Aufsichtsrat Verwaltungsgebühren in angemessener Höhe fest. Die Verwaltungsgebühren sind zu veröffentlichen.

Kapitel 3: Einbeziehung von Satzung, Verteilungsplan und Änderungen des Regelwerkes

§ 26 Einbeziehung der Satzung und des Verteilungsplans sowie von deren Änderungen

[1] Die bei Abschluss dieses Vertrages geltende Fassung der Satzung der GEMA ist Bestandteil dieses Vertrages.

[2] Die bei Abschluss dieses Vertrages geltende Fassung des Verteilungsplans der GEMA einschließlich der hierin in Bezug genommenen Regelwerke zur sozialen und kulturellen Förderung ist Bestandteil dieses Vertrages.

[3] Satzung und Verteilungsplan können durch Beschluss der Mitgliederversammlung der GEMA geändert werden. Hierzu bedarf es der für Änderungen der Satzung und des Verteilungsplans nach der Satzung erforderlichen Mehrheit in der Mitgliederversammlung. Die Einbeziehung solcher Änderungen in das Vertragsverhältnis mit dem/der Berechtigten erfolgt, ohne dass es einer Zustimmung des/der Berechtigten bedarf.

§ 27 Änderungen des Berechtigungsvertrages nach Abschluss dieses Vertrages

[1] Der Berechtigungsvertrag kann durch Beschluss der Mitgliederversammlung der GEMA geändert werden. Hierzu bedarf es der für Änderungen des Berechtigungsvertrages nach der Satzung erforderlichen Mehrheit in der Mitgliederversammlung. Die Einbeziehung solcher Änderungen in das Vertragsverhältnis mit dem/der Berechtigten erfolgt nach Maßgabe der folgenden Absätze.

[2] Beschließt die Mitgliederversammlung in Zukunft Änderungen des Berechtigungsvertrages, die aus Gründen der kollektiven Rechtewahrnehmung für alle Berechtigten einheitlich gelten müssen, so gelten auch diese Änderungen als Bestandteil des Berechtigungsvertrages, ohne dass es einer Zustimmung des/der Berechtigten bedarf.

[3] Alle sonstigen Änderungen des Berechtigungsvertrages, insbesondere, soweit sie den Umfang der von der GEMA wahrgenommenen Rechte betreffen, bedürfen der Zustimmung des/der Berechtigten.

[4] Alle Änderungen des Berechtigungsvertrages sind dem/der Berechtigten mitzuteilen. Soweit die Zustimmung des/der Berechtigten erforderlich ist, gilt diese als erteilt, wenn der/die Berechtigte der Abänderung oder Ergänzung nicht binnen drei Monaten seit der Mitteilung ausdrücklich schriftlich widerspricht; auf diese Rechtsfolge ist er/sie in der Mitteilung hinzuweisen. Die Mitteilung erfolgt in elektronischer Form auf einem von der GEMA für die elektronische Kommunikation mit ihren Mitgliedern eingerichteten und auf der GEMA Website bekannt gegebenen Kommunikationskanal.[3] Sofern eine elektronische Kommunikation mit dem Mitglied nicht möglich ist, erfolgt die Mitteilung per Post. Änderungen des Kommunikationswegs werden dem Mitglied in der ihm gegenüber bis dahin genutzten Form bekannt gegeben.

3 Die elektronische Mitteilung erfolgt derzeit über das GEMA Onlineportal, sofern das Mitglied einen entsprechenden Account hat. Anderenfalls erfolgt die elektronische Mitteilung derzeit an die vom Mitglied bei der GEMA hinterlegte Korrespondenz-E-Mail-Adresse.

Kapitel 4: Laufzeit, Beendigung und Beschränkungen des Vertrages, Rechtsnachfolge

§ 28 Vertragslaufzeit

[1] Der Vertrag wird mit Wirkung vom 01.01.2025 geschlossen. Er kann unter Einhaltung einer Frist von sechs Monaten zum Ende eines jeden Kalenderjahres schriftlich gekündigt werden.

[2] Abweichend von Abs. 1 kann der Berechtigungsvertrag hinsichtlich der Rechteübertragung für die von § 12 und § 14 erfassten Onlinenutzungen unter Einhaltung einer Frist von drei Monaten schriftlich zum Ende eines jeden Kalenderjahres gekündigt werden. Im Übrigen bleibt der Berechtigungsvertrag von einer solchen Teilkündigung unberührt. Dies gilt insbesondere hinsichtlich der Rechteübertragung für die von § 2 erfassten Sendevorgänge, auch soweit sie im Wege der Onlinedistribution erfolgen (z. B. Internetradio und Internetfernsehen).

[3] Der Berechtigungsvertrag endet mit Ablauf der Schutzdauer sämtlicher Werke, an denen der/die Berechtigte der GEMA Rechte und Ansprüche zur Wahrnehmung übertragen hat.

§ 29 Rechtsnachfolge

[1] Für die Rechtsnachfolge im Vertragsverhältnis sind die allgemeinen gesetzlichen Bestimmungen maßgebend, soweit nicht die GEMA-Satzung und dieser Vertrag abweichende Bestimmungen enthalten.

[2] Im Falle des Todes des/der Berechtigten wird der Berechtigungsvertrag mit dessen/deren Rechtsnachfolger/innen in den Urheberrechten fortgesetzt. Die GEMA kann verlangen, dass der Nachweis der Rechtsinhaberschaft durch einen Erbschein, die Vorlage eines Testamentsvollstreckerzeugnisses oder sonstiger vom Nachlassgericht auszustellender Urkunden geführt wird. Bis zum Nachweis der Rechtsinhaberschaft ist die GEMA zu Auszahlungen nicht verpflichtet.

[3] Sind mehrere Rechtsnachfolger/innen vorhanden, müssen diese ihre Rechte gegenüber der GEMA durch eine/n gemeinsame/n Bevollmächtigte/n ausüben. Die GEMA kann verlangen, dass die Bevollmächtigung durch öffentlich beglaubigte Urkunden nachgewiesen wird. Bis zur Bestellung eines/einer gemeinsamen Bevollmächtigten ist die GEMA zu Auszahlungen nicht verpflichtet.

[4] Jede/r Rechtsnachfolger/in in den Urheberrechten eines/einer verstorbenen Berechtigten ist verpflichtet, den Todesfall innerhalb von sechs Wochen nach Kenntniserhalt der GEMA mitzuteilen. Hinterlässt ein Berechtigter/eine Berechtigte mehrere Rechtsnachfolger/innen und verstirbt

eine/r dieser Rechtsnachfolger/innen, so ist auch der/die nach Abs. 3 zu bestellende gemeinsame Bevollmächtigte zu dieser Mitteilung verpflichtet.

[5] Kommt eine zur Mitteilung verpflichtete Person dieser Pflicht nicht nach und bewirkt die GEMA deshalb rechtsgrundlose Zahlungen, so ist die GEMA berechtigt, diese Zahlungen zurückzufordern, ohne dass von den Zahlungsempfängern ein Wegfall der Bereicherung gemäß § 818 Abs. 3 BGB geltend gemacht werden kann.

[6] Werden innerhalb von zwei Jahren nach dem Tode des/der Berechtigten keine Ansprüche auf die Rechtsnachfolge in den Urheberrechten geltend gemacht und erreichen die für die unbekannten Rechtsnachfolger/innen insgesamt erfolgenden Gutschriften in zwei aufeinander folgenden Jahren die Summe der für diese Jahre insgesamt zu zahlenden Mitgliedsbeiträge nicht, so endet der Berechtigungsvertrag zum Ende des laufenden Geschäftsjahres.

§ 30 Beschränkung des Vertrages auf bestimmte Nutzungsarten und/oder Länder

[1] Abschluss und Kündigung des Berechtigungsvertrages können auf die Rechteübertragung für bestimmte Nutzungsarten und/ oder für bestimmte Länder beschränkt werden. Solche Beschränkungen können sich jedoch nur auf die Rechte und Ansprüche an allen Werken des/der Berechtigten, nicht auf die Rechte und Ansprüche an einzelnen seiner/ihrer Werke beziehen.

[2] Ausgenommen von der Rechteübertragung werden die folgenden Länder und/oder Nutzungsarten:

[Auflistung]

§ 31 Rechterückfall bei Beendigung des Vertrages

[1] Mit Beendigung des Vertrages fallen die nach diesem Vertrag übertragenen Rechte und Ansprüche an den Berechtigten/die Berechtigte zurück, ohne dass es einer besonderen Rückübertragung bedarf. Bei einer Teilkündigung des Vertrages gilt dies entsprechend für diejenigen Nutzungsarten und/oder Länder, für die die Kündigung erfolgt.

[2] Der Rückfall erfolgt in der Weise, dass die Nutzer, deren Verträge für die Nutzung von Werken des/der ausgeschiedenen Berechtigten vor vollständiger bzw. teilweiser Beendigung dieses Berechtigungsvertrages abgeschlossen wurden und über diesen Zeitpunkt hinaus bestehen, für die Dauer ihrer Verträge zur Nutzung befugt bleiben.

[3] Soweit dem/der Berechtigten nach der Beendigung dieses Vertrages noch Einnahmen aus Nutzungen seiner/ihrer Werke zustehen, erfolgt die Verteilung nach den Bestimmungen des Verteilungsplans in seiner jeweils geltenden Fassung.

§32 Beendigung bei Auflösung der GEMA

Wird die GEMA aufgelöst, so gilt dieser Vertrag zum Ende desjenigen Quartals als gekündigt, welches auf das Quartal folgt, in dem der Auflösungsbeschluss durch die zuständige Staatsbehörde genehmigt ist.

Kapitel 5: Schlussbestimmungen

§33 Erfüllungsort und Gerichtsstand, anwendbares Recht

Erfüllungsort dieses Vertrages und Gerichtsstand für Streitigkeiten zwischen den Parteien aus diesem Vertrag ist – soweit gesetzlich zulässig – der Sitz der Geschäftsstelle der GEMA in Berlin. Auf dieses Vertragsverhältnis findet deutsches Recht Anwendung.

§34 Aufhebung bestehender Berechtigungsverträge

Soweit zwischen den vertragsschließenden Parteien bereits ein Berechtigungsvertrag bestanden hat, tritt der vorliegende Vertrag an dessen Stelle. Bestehende Beschränkungen des Vertrages gemäß §30 werden automatisch Teil des vorliegenden Vertrages, ohne dass es für von der Rechteübertragung ausgenommene Länder und/oder Nutzungen einer Kündigung oder einer anderen Erklärung des/ der Berechtigten bedarf.

§35 Auslegungsregel

Diese Fassung des Berechtigungsvertrages ersetzt gemäß dem Beschluss der ordentlichen Mitgliederversammlung vom 14./15. Mai 2025 zu Tagesordnungspunkt 10 den Berechtigungsvertrag der GEMA in der bis zu dieser Mitgliederversammlung geltenden Fassung. Die mit dieser Beschlussfassung verbundenen Änderungen des Wortlauts sowie des Aufbaus des bisherigen Berechtigungsvertrages sind in der Absicht erfolgt, diesen redaktionell zu überarbeiten. Inhaltliche Änderungen sind mit dieser Überarbeitung nicht beabsichtigt, es sei denn, eine Änderung ist in der Begründung des Beschlussantrages zum Tagesordnungspunkt 10, abgedruckt in der Tagesordnung für die Mitgliederversammlung vom 14./15. Mai 2025, ausdrücklich als inhaltliche Änderung gekennzeichnet worden. Bei der Auslegung der Regelungen des Berechtigungsvertrages ist deshalb im Zweifel anzunehmen, dass mit einer im Rahmen des Tagesordnungspunkts 10 der ordentlichen Mitgliederversammlung vom 14./15. Mai 2025 beschlossenen Änderung des Wortlauts und des Aufbaus keine inhaltliche Abweichung von der bis zu dieser Mitgliederversammlung geltenden Fassung des Berechtigungsvertrages gewollt war. § 34 Satz 2 gilt entsprechend.

[Unterschriften]

2. GVL Wahrnehmungsvertrag für ausübende Künstlerinnen und Künstler

Zwischen

____

____

____

– nachstehend „Berechtigter" genannt –

und der

Gesellschaft zur Verwertung von Leistungsschutzrechten mbH (GVL)
Podbielskiallee 64, 14195 Berlin, Postfach 33 03 61, 14173 Berlin

– nachstehend „GVL" genannt –

wird folgender Wahrnehmungsvertrag – nachstehend „Vertrag" genannt – geschlossen:

§ 1 Rechteübertragungen

(1) Der Berechtigte räumt der GVL zur Wahrnehmung im eigenen Namen gegenüber Dritten folgende ihm gegenwärtig zustehende und während der Vertragsdauer zufallende Rechte ein:

1. die gesetzlichen Ansprüche auf angemessene Vergütung für
   a) die Hörfunk- und Fernsehsendung von Darbietungen auf erschienenen Tonträgern und Bildtonträgern (§ 78 Abs. 2 Nr. 1 UrhG). Hierzu gehört auch die Übertragung wie etwa im Wege des IP-TV oder OTT und unter Verwendung neuer Übertragungsstandards zum mobilen Empfang oder in mobilen Netzdiensten und in Form des Simulcastings oder Webcastings über das Internet oder mobile Netzdienste;
   b) die Weitersendung und Direkteinspeisung seiner sonstigen Darbietungen, auch in Form des IP-TV oder OTT (§ 78 Abs. 4 UrhG);

c) die öffentliche Wahrnehmbarmachung von Darbietungen (§ 78 Abs. 2 Nr. 2 und 3 UrhG);

d) die unmittelbare oder mittelbare Aufnahme oder Vervielfältigung einer Darbietung zum privaten und sonstigen eigenen Gebrauch (§ 54 Abs. 1 UrhG);

e) die Vervielfältigung von Darbietungen, die innerhalb von herkömmlichen Schulfunksendungen gesendet bzw. nach § 1 Nr. 2–4 übertragen werden, sofern die hergestellten Aufnahmen nichtam Ende des folgenden Schuljahres gelöscht werden (§ 47 Abs. 2 UrhG);

f) die Aufnahme, Vervielfältigung, Verbreitung und öffentliche Zugänglichmachung einer Darbietung in einer Sammlung für den religiösen Gebrauch (§ 46 Abs. 4 UrhG);

g) die Vermietung und den Verleih von Aufnahmen mit Darbietungen (§ 27 UrhG);

h) die nicht Erwerbszwecken dienende Vervielfältigung von Aufnahmen mit Darbietungen für und deren Verbreitung an behinderte Menschen, soweit dies zur Ermöglichung des Zugangs zur sinnlichen Wahrnehmung der Aufnahmen erforderlich ist (§ 45a Abs. 2 UrhG);

i) die öffentliche, nichtgewerbliche Wiedergabe seiner Darbietung auf einem veröffentlichten Bild- oder Tonträger (§ 52 UrhG);

j) die Vervielfältigung, Verbreitung, öffentliche Zugänglichmachung und sonstige öffentliche Wiedergabe von Darbietungen zu nicht kommerziellen Zwecken für Unterricht und Lehre an Bildungseinrichtungen (§§ 60a, 60h Abs. 4 UrhG);

k) die Vervielfältigung, Verbreitung und öffentliche Zugänglichmachung einer Darbietung in einer Sammlung für Unterrichts- und Lehrmedien (§§ 60b, 60h Abs. 4 UrhG);

l) die Vervielfältigung, Verbreitung und öffentliche Zugänglichmachung einer Darbietung zum Zweck der nicht kommerziellen Forschung (§§ 60c, 60h Abs. 4 UrhG);

m) die Vervielfältigung, Verbreitung von Vervielfältigungen und Zugänglichmachung einer Darbietung an Terminals zu den in §§ 60 e, f UrhG aufgeführten Zwecken (§§ 60e, f, 60h Abs. 4 UrhG);

n) die Vervielfältigung, den Vertrieb und die Zugänglichmachung eines Tonträgers im Anschluss an das 50. Jahr nach Erscheinen oder dessen erster erlaubter Benutzung zur öffentlichen Wiedergabe (§ 79a Abs. 1, 2 UrhG);

o) die öffentliche Wiedergabe seiner Darbietungen durch einen Diensteanbieter nach UrhDaG, dem die Rechte des Künstlers durch einen Dritten vertraglich eingeräumt wurden (§ 4 Abs. 3 UrhDaG);

p) die gesetzlich erlaubte öffentliche Wiedergabe seiner Darbietungen in nutzergenerierten Inhalten in Form der Karikatur, der Parodie und des Pastiches durch einen Diensteanbieter nach UrhDaG (§ 5 Abs. 2 UrhDaG);

q) die mutmaßlich erlaubte öffentliche Wiedergabe seiner Darbietungen in nutzergenerierten Inhalten durch einen Diensteanbieter nach UrhDaG (§§ 9-11, 12 Abs. 1 UrhDaG);

r) die Nutzung im Rahmen von Presseveröffentlichungen (§§ 87f, 87k UrhG);

s) sowie alle Vergütungs- und Beteiligungsansprüche, die gesetzlich nur durch eine Verwertungsgesellschaft wahrgenommen werden können;

2. folgende Ausschließlichkeitsrechte:

   a) das Recht,

      aa) die Darbietung auf Bild- oder Tonträger aufzunehmen, zu vervielfältigen (§ 77 Abs. 1, 2 UrhG) und öffentlich zugänglich zu machen (§ 78 Abs. 1 Nr. 1 UrhG), soweit dies der öffentlichen Wiedergabe und der Sendung nach § 1 Abs. 1 Nr. 1 lit. a) und c), oder einer Nutzung nach Nr. 2 lit. c), d) und e) dient. Hierzu zählt auch die Verbindung mit einer audiovisuellen Produktion eines Fernsehsenders im Falle von Eigen- und Auftragsproduktionen und Koproduktionen, soweit die Senderechte ausschließlich dem Fernsehsender zustehen;

      bb) die Darbietung, die mit einer audiovisuellen Produktion verbunden ist, zum Zweck der Öffentlichen Wiedergabe und der Sendung zu vervielfältigen und zu verbreiten (§ 77 Abs. 2 UrhG);

   b) das Recht, die Darbietung auf erschienenen Tonträgern oder Bildtonträgern zusammen mit zuvor gesendeten Programmen der Hörfunk- und Fernsehsender auf physischen Speichermedien gleich welcher Art (§ 77 Abs. 2 UrhG) zu vervielfältigen und zu verbreiten;

   c) das Recht, die Darbietung auf erschienenen Tonträgern oder Bildtonträgern zusammen mit gesendeten Programmen gem. § 1 Abs. 1 Nr. 1 a) in Form des Podcastings bzw. sie in Programmen von Internet-Jugendangeboten gemäß § 33 MStV („Junges Angebot") zugänglich zu machen (§ 78 Abs. 1 Nr. 1 UrhG);

d) das Recht, Darbietungen auf erschienenen Produktionsmusik-Tonträgern in Form „Weiterer Online-Angebote" zugänglich zu machen;

e) das Recht, die Darbietung auf erschienenen Tonträgern, die später mit einem Filmwerk verbunden werden, zu senden (§ 78 Abs. 1 Nr. 2 UrhG);

f) für die Nutzungen nach lit. b) und c) gelten folgende Bestimmungen:

aa) für Fernsehsendungen gilt dies für Einzel- und Serienfilme, die von dem Fernsehsender selbst oder in dessen Auftrag zu eigenen Sendezwecken hergestellt wurden, in denen Tonträger lediglich zur dramaturgischen Unterstützung verwendet werden (mit Ausnahme von Musikfilmen);

bb) für Hörfunksendungen gilt dies für Sendungen, die von dem Hörfunksender selbst oder in dessen Auftrag zu eigenen Sendezwecken hergestellt wurden, in denen Tonträger lediglich zur dramaturgischen Unterstützung verwendet werden (mit Ausnahme von Hörspielen mit musikbezogenem Hauptthema);

3. die Befugnis, Ansprüche auf Unterlassung, Vernichtung und Schadensersatz bei Verletzung der gemäß Nr. 1 bis 2 übertragenen Rechte gerichtlich und außergerichtlich geltend zu machen;

4. die Urheberrechte an Bildtonträgern für Nutzungen nach diesem Absatz z. B. als Videoclipregisseur;

5. den Anspruch des ausübenden Künstlers auf Auskunft über die erzielten Einnahmen und sonstige, zur Bezifferung des Vergütungsanspruchs gem. § 1 Abs. 1 Nr. 1 lit. n erforderliche Informationen (§ 79a Abs. 4 UrhG);

6. die Auskunftsansprüche gemäß § 19 UrhDaG auf nicht-ausschließlicher Basis.

(2) Für interaktive Nutzungsarten wie Podcasting, „Junges Angebot" und „Weitere Online-Angebote" ist die Rechteeinräumung auf Programmanbieter beschränkt, deren Angebotsschwerpunkt in Bezug auf erwerbwirtschaftliche bzw. öffentlich-rechtliche Tätigkeit sowie Zielpublikum und dessen Nutzungsverhalten auf die originäre Verbreitung eines linearen Programms (d. h. eines Programms, bei dem jeder Zuschauer/Zuhörer zur selben Zeit dasselbe sieht und hört) unter eigener technischer bzw. redaktioneller Kontrolle gerichtet ist, so dass die interaktiven Nutzungs-

arten lediglich zur Abrundung oder Begleitung dieses Angebots dienen. Die Anwendbarkeit weiterer Einschränkungen des Wahrnehmungsvertrages bleibt hiervon unberührt.

(3) Die GVL übt die ihr eingeräumten Rechte in eigenem Namen aus. Sie ist berechtigt, die ihr eingeräumten Rechte ganz oder teilweise an Dritte weiter zu übertragen, die Gegenleistung in Empfang zu nehmen und aufgrund der ihr übertragenen Vergütungsansprüche zu kassieren.

(4) Die Einräumung der Rechte gemäß § 1 umfasst nicht die Erlaubnis zur Verwendung zu Werbezwecken.

§ 2 Definitionen

(1) Bildtonträger im Sinne dieses Vertrages sind Videoclips, die auf einen Tonträger aufgenommene Musikdarbietungen oder Auszüge daraus enthalten, und die keine längere Spieldauer als 10 Minuten haben.

(2) IP-TV ist die Übertragung in breitbandigen Multimediadiensten auf Basis des Internet-Protokolls (IP). IP-TV im Sinne dieses Vertrages ist ausschließlich die nicht-interaktive Übertragung solcher Dienste in IP-basierten elektronischen Netzwerken außerhalb des Internets (World Wide Web).

(3) OTT (Over-the-top) im Sinne dieses Vertrages ist die nicht-interaktive, elektronische Übertragung von Videound Audioinhalten über das Internet. Die Weitersendung darf ausschließlich an berechtigte Nutzer in einer gesicherten Umgebung erfolgen.

(4) Neue Übertragungsstandards zum mobilen Empfang im Sinne dieses Vertrages sind solche, die die nicht-interaktive Übertragung von Programmsignalen via Satelliten oder terrestrisch auf mobile Endgeräte ermöglichen (z. B. DVB-H).

(5) Mobile Netzdienste im Sinne dieses Vertrages sind die für die öffentliche Mobiltelefonie genutzten Übertragungswege (z. B. über UMTS), soweit sie ausschließlich zur nicht-interaktiven Übertragung von Programm-signalen genutzt werden.

(6) Simulcasting im Sinne dieses Vertrages ist die nicht-interaktive, zeitgleiche, unveränderte und nicht zur dauerhaften Speicherung (Streaming) bestimmte Übertragung einer Rundfunksendung über allgemein zugängliche Seiten im Internet (World Wide Web) oder in mobilen Netzdiensten.

(7) Webcasting im Sinne dieses Vertrages ist die nicht-interaktive und nicht zur dauerhaften Speicherung bestimmte Übertragung von Tonträgeraufnahmen über allgemein zugängliche Seiten im Internet (World Wide Web) oder allgemein zugängliche mobile Netzdienste auf einem oder

mehreren Kanälen, sofern der Hauptzweck des Angebots nicht darin liegt, bestimmte Produkte oder Dienstleistungen (ausgenommen solche mit Bezug zu Tonträgeraufnahmen, Live-Konzerten oder anderen musikbezogenen Veranstaltungen) zu verkaufen, zu bewerben oder anderweitig zu fördern.

(8) Podcasting im Sinne dieses Vertrages ist die öffentliche Zugänglichmachung einer bereits rechtmäßig zu Sendezwecken produzierten herkömmlichen Sendung zur nicht dauerhaften (Streaming) oder dauerhaften (Download) Speicherung über allgemein zugängliche Seiten im Internet (World Wide Web) oder allgemein zugängliche mobile Netzdienste durch den Rundfunkveranstalter.

(9) „Weitere Online-Angebote im Sinne dieses Vertrages bezeichnet das Recht, Darbietungen auf erschienenen Tonträgern in Eigen-, Auftrags- und Koproduktionen, über die beim Podcasting definierten zeitlichen Bezüge hinaus, innerhalb der Vorgaben und zeitlichen Grenzen der gültigen Telemedienkonzepte i. V. m. § 30 MedienStaatsV, über allgemein zugängliche Dienste oder Plattformen der Rundfunkanstalten oder Sender, ihrer Tochter- und Enkelunternehmen sowie gemeinsam oder mitveranstalteter Programme und Telemedienangebote sowie über allgemein zugängliche Seiten von Diensteanbietern, einschließlich Plattformen Dritter im Internet (World Wide Web einschließlich hierfür speziell vorgesehene Anwendungen [Apps]), oder über allgemein zugängliche mobile Netzdienste drahtgebunden oder drahtlos der Öffentlichkeit im Vertragsgebiet auf Abruf zugänglich zu machen und insbesondere zum Streaming oder Download bereit zu stellen.

(10) Diensteanbieter nach UrhDaG im Sinne dieses Vertrages sind Anbieter von Diensten, die gemäß § 2 UrhDaG eine große Menge an von Dritten hochgeladenen urheberrechtlich geschützten Inhalten speichern und öffentlich zugänglich machen, mit Ausnahme der gemäß § 3 UrhDaG nicht erfassten Dienste.

§ 3 Umfang der Rechteübertragung

(1) Die Einräumung der Rechte gemäß § 1 erfolgt weltweit und für alle Produktionsarten sowie für alle von diesem Vertrag umfassten Nutzungsarten.

(2) Der Berechtigte ist berechtigt, die Einräumung der Rechte auf bestimmte Länder oder Produktionsarten zu beschränken. Für die Rechtebeschränkung gilt das Zusatzformular: Rechteeinschränkung (Künstler), das Bestandteil dieses Vertrages ist. Der Berechtigte ist zudem berechtigt, bestimmte Nutzungsarten von der Wahrnehmung durch die GVL auszunehmen. Eine dahingehende beschränkte Einräumung von Rechten ist

der GVL in Textform mitzuteilen. Für Änderungen der Einräumung von Rechten gelten die Fristen nach § 7.

(3) Hat der Berechtigte der GVL die Rechte für bestimmte Länder eingeräumt, sind für den Umfang der Rechtewahrnehmung die dort geltenden nationalen Regelungen, die den Rechten in § 1 entsprechen, maßgeblich. Die GVL ist ermächtigt, für Berechtigte, die ihr Rechte für das Ausland übertragen haben, Vergütungsansprüche bei ausländischen Schwestergesellschaften geltend zu machen und auch Vergütungen von ausländischen Schwestergesellschaften in Empfang zu nehmen, die dort für weitergehende Rechte oder für vor Abschluss dieses Vertrages liegende Zeiträume errechnet wurden. Die Geltendmachung von Vergütungsansprüchen bei ausländischen Schwestergesellschaften unter den bestehenden Repräsentationsvereinbarungen erfolgt auf Grundlage der im elektronischen Meldesystem der GVL gemäß § 4 Abs. 1 getätigten Mitwirkungsmeldungen; hierbei kann die GVL auch bereits gespeicherte, verarbeitete Daten heranziehen.

(4) Der Berechtigte kann jedermann das Recht einräumen, seine Aufnahmen für nicht kommerzielle Zwecke zu nutzen, oder diese selbst für nicht kommerzielle Zwecke nutzen. Im Einzelnen gelten die gesondert veröffentlichten Bedingungen in der jeweils geltenden Fassung.

§ 4 Pflichten des Berechtigten

(1) Der Berechtigte ist jederzeit verpflichtet, der GVL die für die Feststellung und Wahrnehmung seiner Rechte und Ansprüche erforderlichen Auskünfte zu erteilen und Nachweise zu erbringen, ferner die zur Aufstellung und Durchführung des Verteilungsplanes notwendigen Angaben zu machen und die erforderlichen Unterlagen zur Verfügung zu stellen. Auskünfte und Nachweise zur Feststellung und Wahrnehmung von Rechten und Ansprüchen sowie Angaben und Unterlagen zur Aufstellung und Durchführung des Verteilungsplans können von dem Berechtigten in einem elektronischen Meldesystem der GVL oder in Papierform auf den von der GVL herausgegebenen Formularen erfolgen. Die GVL ist auch ermächtigt, sich die erforderlichen Auskünfte und Angaben selbst zu verschaffen. Insbesondere ist die GVL dazu ermächtigt,

1. für Mitglieder eines Klangkörpers (Chor oder Orchester) Auskünfte über die Zugehörigkeitszeiten zu bestimmten Klangkörpern,
2. für Synchronschauspieler und künstlerisch Vortragende Informationen zur Identifizierung des Projekts (dazu zählen bei einer Serie insbesondere der Serientitel sowie Titel und Nummer der einzelnen Folgen), zur Art der Mitwirkung (Ensemble oder Rolle) sowie bei

Synchronisation einer Rolle deren Namen und den Umfang der Mitwirkung (Anzahl der Takes),

3. für Schauspieler Informationen zur Identifizierung des Projekts (dazu zählen bei einer Serie insbesondere der Serientitel sowie Titel und Nummer der einzelnen Folgen), zu Art und Umfang (Anzahl der Drehtage) der Mitwirkung sowie bei Verkörperung einer Rolle deren Namen, vom Arbeitgeber oder Auftraggeber einzuholen.

(2) Die Meldefristen in den Verteilungsplänen sowie die ausdrücklich kommunizierten Fristen sind Ausschlussfristen für die Geltendmachung von Vergütungsansprüchen. Gemäß § 30 VGG gelten Einnahmen aus den Rechten als nicht verteilbar, wenn der Berechtigte nicht innerhalb von drei Jahren nach Ablauf des Geschäftsjahres, in dem die Einnahmen aus den Rechten eingezogen wurden, festgestellt oder ausfindig gemacht werden konnte und die Verwertungsgesellschaft die angemessenen Maßnahmen nach § 29 VGG ergriffen hat. Der Berechtigte ist nach Ablauf der vorbenannten Frist von der Geltendmachung seiner Ansprüche ausgeschlossen.

(3) Der Berechtigte darf die Tarifpartner der GVL weder direkt noch indirekt an seinen GVL-Vergütungen beteiligen. Im Falle der Zuwiderhandlung ist der Berechtigte verpflichtet, den Betrag, den er auf Basis der Nutzungen des Tarifpartners erhalten hat, an die GVL zur Verwendung für soziale Zwecke abzuführen.

(4) Der Berechtigte teilt der GVL seine Bankverbindung und persönlichen Daten (Name, Adresse, E-Mail) mit und hält die GVL über etwaige Änderungen auf dem Laufenden. Um eine spätere Auszahlung zu ermöglichen, gilt diese Verpflichtung bis zu fünf Jahre nach der Kündigung des Vertrages. Die GVL haftet nicht für Fehlüberweisungen aufgrund falscher Angaben. Der Berechtigte ist verpflichtet, der GVL Überzahlungen zu erstatten, die auf unrichtige, unvollständige oder unklare Angaben zurückzuführen sind.

(5) Der Berechtigte ist verpflichtet, der GVL jeden Wechsel des Wohnsitzes unverzüglich mitzuteilen und im Falle des Wohnsitzwechsels nach Deutschland eine deutsche Einwohnermeldeamtsbescheinigung beizufügen.

(6) Der Berechtigte ist verpflichtet, der GVL jede Änderung seines Steuerstatus (insbes. Mehrwertsteuerpflichtigkeit oder ausländische Steuerpflicht) unverzüglich mitzuteilen.

(7) Der Berechtigte, der seinen Verpflichtungen aus diesem Vertrag, den Verteilungsplänen oder dem Gesellschaftsvertrag nicht nachkommt, ist verpflichtet, die der GVL hierdurch entstandenen Kosten zu erstatten.

(8) Bewirkt die GVL rechtsgrundlose Zahlungen, so ist die GVL berechtigt, diese Zahlungen zurückzufordern, ohne dass sich der Zahlungsempfänger darauf berufen kann, nicht mehr bereichert zu sein.

(9) Der Berechtigte ist verpflichtet, Tonträger-Repertoire zu kennzeichnen oder zu benennen, welches nicht in einem Vertragsstaat des Rom-Abkommens erst- oder simultanveröffentlicht wurde. Für diese Aufnahmen sind auf Abfrage andere Schutzkriterien nach Urheberrechtsgesetz, Rom-Abkommen oder WPPT nachzuweisen. Dies gilt nicht für den berechtigten Künstler deutscher Staatsangehörigkeit oder eines anderen Mitgliedstaates der Europäischen Union oder eines anderen Vertragsstaates des Abkommens über den Europäischen Wirtschaftsraum. Der Berechtigte, der nicht Staatsangehöriger eines Mitgliedsstaates der Europäischen Union oder eines anderen Vertragsstaates des Abkommens über den Europäischen Wirtschaftsraum ist, unterliegt für Nichttonträger-Repertoire besonderen Nachweispflichten hinsichtlich des urheberrechtlichen Schutzes, vgl. § 125 Abs. 3 UrhG.

(10) Soweit zur Erfüllung der zuvor genannten Pflichten des Berechtigten die GVL-Online-Plattformen MEINE.GVL und/oder ARTSYS.GVL für ausübende Künstler unter der Website www.gvl.de genutzt werden, gelten die Nutzungsbedingungen für die Online-Plattformen.

§ 5 Ansprüche des Berechtigten

Die Ansprüche des Berechtigten gegen die GVL sind nur mit Zustimmung der GVL abtretbar. Die GVL ist berechtigt, die Erteilung der Zustimmung von der Zahlung einer Bearbeitungsgebühr abhängig zu machen.

§ 6 Rechtsnachfolge und Bevollmächtigung des Berechtigten

(1) Im Fall des Todes des Berechtigten wird dieser Vertrag mit dessen Rechtsnachfolger bzw. Rechtsnachfolgern fortgesetzt. Sind mehrere Rechtsnachfolger vorhanden, müssen diese ihre Rechte gegenüber der GVL durch einen gemeinsamen Bevollmächtigten ausüben. Bis zur Bestellung eines gemeinsamen Bevollmächtigten ist die GVL zu Auszahlungen nicht verpflichtet. Im Übrigen gelten die gesetzlichen Bestimmungen.

(2) Der Berechtigte kann nur einen Bevollmächtigten zur Ausübung seiner Rechte gegenüber der GVL bestellen. Mit der Bestellung eines weiteren Bevollmächtigten widerruft der Berechtigte die zuvor erteilte Vollmacht gegenüber der GVL ohne weiteres Zutun. Es gilt die letztdatierte Vollmacht.

§ 7 Dauer der Rechteübertragungen

(1) Der Vertrag beginnt mit dem Tag des Abschlusses und gilt rückwirkend für die Verteilungsjahre, für die die Meldefrist noch nicht abgelaufen ist. Hat der Berechtigte die Rechte für diesen rückwirkenden Zeitraum einer anderen ausländischen Verwertungsgesellschaft zur Wahrnehmung übertragen, erhält er mit gesondertem Schreiben eine rechtsverbindliche Bestätigung des abweichenden Vertragsbeginns.

(2) Der Vertrag läuft auf unbestimmte Zeit und kann mit einer Frist von sechs Monaten zum 31. Dezember eines Jahres gekündigt werden. Der Rückruf von Rechten kann sich auf einzelne Produktionsarten oder Gebiete beziehen (s. § 3) und ist gegenüber der GVL konkret zu benennen. Erfolgt die Kündigung, um die vertragsgegenständlichen Rechte durch eine andere Verwertungsgesellschaft wahrnehmen zu lassen, kann der Vertrag mit einer Frist von drei Monaten zum 31. Dezember eines Jahres gekündigt werden. Die teilweise oder gesamte Beendigung des Vertrages hat in Textform zu erfolgen. Maßgeblich für den Fristbeginn ist der Eingang bei der GVL.

(3) Soweit die von der GVL abgeschlossenen Verträge mit den Verwertern den Zeitpunkt der Beendigung des Vertrags überschreiten, verlängert sich dieser hinsichtlich der betreffenden Rechtsübertragung entsprechend.

(4) Mit der Beendigung des Vertrags bzw. mit einem Rückruf von Rechten gehen die Rechte ohne besondere Übertragung zum Schluss des Kalenderjahres an den Berechtigten zurück.

§ 8 Verteilung

(1) Für die Verteilung gelten folgende Grundsätze:

1. Die von der GVL vereinnahmten Vergütungen für die Verwertung von Tonträgern werden zwischen den Tonträgerherstellern und den ausübenden Künstlern hälftig geteilt. Aus der Verwertung von Tonträgern werden Vergütungen für die Verwertung erschienener Tonträger in Form „Weiterer Online-Angebote" der Sender mit Ausnahme von Vergütungen für Produktionsmusik ausschließlich den Herstellern zugewiesen.
2. Die von der GVL vereinnahmten Vergütungen für die Verwertung von Videoclips werden zwischen den Tonträgerherstellern und den ausübenden Künstlern nach einem Vorabzug von 60 % für die Tonträgerhersteller hälftig geteilt.
3. Die von der GVL vereinnahmten Vergütungen für den Verleih von Filmen werden zwischen den ausübenden Künstlern und den Tonträger-

herstellern nach einem Vorabzug von 40 % für die ausübenden Künstler hälftig geteilt.

4. Die von der GVL vereinnahmten Vergütungen für die Weitersendung und Direkteinspeisung künstlerischer Darbietungen, die nicht unter Nr. 1 und Nr. 2 fallen, stehen den ausübenden Künstlern zu. Dies gilt auch für die Vermieterlöse, Einkünfte aus § 79a UrhG und Erlöse aus dem Direktvergütungsanspruch für ausübende Künstler gemäß § 4 UrhDaG.

(2) Erweist sich die Verteilung für einen Abrechnungszeitraum im Nachhinein insgesamt oder in Teilen als systematisch fehlerhaft, insbesondere wegen der Nichtigkeit einer Regelung des zugrundeliegenden Verteilungsplans (einschließlich der Anhänge) und ist eine vollständige Rückabwicklung und Neuvornahme der Verteilung nicht oder nur mit wirtschaftlich unverhältnismäßigem Aufwand möglich,

1. kann die Höhe der sich aus der fehlerhaften Verteilung ergebenden Ansprüche pauschaliert werden, soweit eine präzise Berechnung nicht oder nur mit wirtschaftlich unverhältnismäßigem Aufwand möglich ist;
2. können die Ansprüche der durch die fehlerhafte Verteilung nachteilig Betroffenen aus den laufenden und zukünftigen Einnahmen befriedigt werden;
3. können Rückforderungsansprüche der GVL gegen künftige Zahlungsansprüche aufgerechnet werden;
4. kann statt der Aufrechnung ganz oder teilweise auf Rückforderungsansprüche der GVL verzichtet werden.

Bei der Auswahl unter diesen Maßnahmen sind das Interesse an einer möglichst vollständigen Erfüllung der jeweiligen Ansprüche und das Gebot der Verhältnismäßigkeit abzuwägen. Der Gleichbehandlungsgrundsatz ist zu beachten und auf Härtefälle angemessen Rücksicht zu nehmen.

§ 9 Einbeziehung des Gesellschaftsvertrages, der Verteilungspläne und Vertragsänderungen

(1) Der Gesellschaftsvertrag und die Verteilungspläne der GVL in der jeweils geltenden Fassung sind Bestandteile dieses Vertrages.

(2) Von der Gesellschafter- und Delegiertenversammlung beschlossene künftige Änderungen des Wahrnehmungsvertrages, beispielsweise hinsichtlich neuer Rechte oder neuer Nutzungsarten, werden Bestandteil dieses Vertrages, wenn sie dem Berechtigten in Textform mitgeteilt wurden und dieser zustimmt. Die Zustimmung gilt als erteilt, wenn der Berechtigte

nicht binnen sechs Wochen seit Absendung der Mitteilung ausdrücklich widerspricht; auf diese Rechtsfolge ist er in der Mitteilung hinzuweisen.

§ 10 Sonstiges

(1) Personenbezogene Angaben und Daten des Berechtigten werden für die Begründung, Durchführung und Beendigung dieses Vertrages sowie für spätere Auszahlungen und zur Erfüllung gesetzlicher Aufbewahrungsfristen auch nach Beendigung des Vertragsverhältnisses elektronisch gespeichert, verarbeitet und im Rahmen der Zweckbestimmung des Vertragsverhältnisses weitergegeben. Hiervon umfasst ist die Zugänglichmachung von Daten im Rahmen von internationalen Datenbanken, die gemeinsam mit ausländischen Schwestergesellschaften genutzt werden, sowie die International Performer Number (IPN), die auch an Dritte weitergegeben werden kann, die an der Wertschöpfungskette einer künstlerischen Mitwirkung beteiligt sind. Die Datenschutzinformationen zu diesem Vertrag im Sinne der Art. 12, 13 DSGVO werden unter https://www.gvl.de/datenschutz veröffentlicht.

(2) Der Berechtigte bestätigt, dass er von seinen Rechten vor Abschluss dieses Vertrages Kenntnis erhalten hat und die GVL ihren Informationspflichten nach § 53 VGG vor Zustimmung zur Wahrnehmung seiner Rechte nachgekommen ist.

(3) In Angelegenheiten der § 12.2 b) bis e) des Gesellschaftsvertrages kann der Berechtigte den Beschwerdeausschuss anrufen. Der Beschwerdeausschuss kann nur innerhalb von vier Wochen seit Zugang der angegriffenen Entscheidung angerufen werden. Hat ein Beschwerdeberechtigter die Frist ohne Verschulden versäumt, ist ihm auf Antrag Wiedereinsetzung in den vorigen Stand zu gewähren. Der Antrag muss innerhalb einer Frist von zwei Wochen nachdem das Hindernis behoben ist, gestellt werden. Nach Ablauf eines Jahres, von dem Ende der versäumten Frist an gerechnet, kann die Wiedereinsetzung nicht mehr beantragt werden. Der Rechtsweg ist erst eröffnet, wenn der Beschwerdeausschuss entschieden hat oder sechs Monate seit der Anrufung vergangen sind. Näheres kann in einer Geschäftsordnung des Beschwerdeausschusses bestimmt werden.

(4) Erfüllungsort und Gerichtsstand ist der Sitz der GVL.

[Unterschriften]

3. GVL Wahrnehmungsvertrag für Tonträgerhersteller

Zwischen

____

____

____

– nachstehend „Berechtigter" genannt –

und der

Gesellschaft zur Verwertung von Leistungsschutzrechten mbH (GVL) Podbielskiallee 64, 14195 Berlin, Postfach 33 03 61, 14173 Berlin

– nachstehend „GVL" genannt –

wird folgender Wahrnehmungsvertrag – nachstehend „Vertrag" genannt – geschlossen:

§ 1 Rechtsübertragungen

(1) Der Berechtigte überträgt der GVL zur Wahrnehmung im eigenen Namen gegenüber Dritten folgende ihm gegenwärtig zustehende und während der Vertragsdauer zufallende Rechte:

1. die gesetzlichen Ansprüche auf angemessene Beteiligung (§ 86 UrhG) bzw. angemessene Vergütung für
   a) die herkömmliche Hörfunk- und Fernsehsendung von Darbietungen auf erschienenen Tonträgern durch Sendeunternehmen (§ 78 Abs. 2 Nr. 1 UrhG);
   b) die Weitersendung eines gesendeten Tonträgers im Rahmen eines zeitgleich, unverändert und vollständig weiterübertragenen Programms sowie die Direkteinspeisung (§ 78 Abs. 2 UrhG);

c) die öffentliche Wahrnehmbarmachung von auf Tonträgern aufgenommenen oder herkömmlich gesendeten bzw. nach § 1 Nr. 2.–5. übertragenen Darbietungen oder von auf öffentlicher Zugänglichmachung beruhenden Wiedergaben der Darbietungen (§ 78 Absatz 2 Nr. 2 und 3 UrhG);
d) die unmittelbare oder mittelbare Übertragung von einem Ton- oder Bildtonträger auf einen anderen zum privaten und sonstigen eigenen Gebrauch (§ 54 Abs. 1 UrhG);
e) die Vervielfältigung von Tonträgern, die innerhalb von herkömmlichen Schulfunksendungen gesendet bzw. nach § 1 Nr. 2.–5. übertragen werden, sofern die hergestellten Aufnahmen nicht am Ende des folgenden Schuljahres gelöscht werden (§ 47 Abs. 2 UrhG);
f) die Vervielfältigung, Verbreitung und öffentliche Zugänglichmachung von Ton- oder Bildtonträgern einer Sammlung für den religiösen Gebrauch (§ 46 Abs. 4 UrhG);
g) der Verleih von erschienenen Tonträgern (§ 27 UrhG);
h) die nicht Erwerbszwecken dienende Vervielfältigung von Tonträgern für und deren Verbreitung an behinderte Menschen, soweit dies zur Ermöglichung des Zugangs zur sinnlichen Wahrnehmung der Tonträgeraufnahmen erforderlich ist (§ 45a Abs. 2 UrhG);
i) die Vervielfältigung, Verbreitung, öffentliche Zugänglichmachung und sonstige öffentliche Wiedergabe eines Ton- oder Bildtonträgers zu nicht kommerziellen Zwecken für Unterricht und Lehre an Bildungseinrichtungen (§§ 60a, 60h Abs. 4 UrhG);
j) die Vervielfältigung, Verbreitung und öffentliche Zugänglichmachung eines Ton- oder Bildtonträgers in einer Sammlung für Unterrichts- und Lehrmedien (§§ 60b, 60h Abs. 4 UrhG);
k) die Vervielfältigung, Verbreitung und öffentliche Zugänglichmachung von Ton- oder Bildtonträgern zum Zweck der nicht kommerziellen Forschung (§§ 60c, 60h Abs. 4 UrhG);
l) die Vervielfältigung, Verbreitung von Vervielfältigungen und Zugänglichmachung eines Ton- oder Bildtonträgers an Terminals zu den in §§ 60e, f UrhG aufgeführten Zwecken (§§ 60e, f, 60h Abs. 4 UrhG);
m) die im Sinne von § 5 Abs. 2 UrhDaG gesetzlich erlaubte öffentliche Wiedergabe von Ton- und Bildtonträger in nutzergenerierten Inhalten in Form der Karikatur, der Parodie und des Pastiches durch einen Diensteanbieter nach UrhDaG;

n) die nach § 9 UrhDaG mutmaßlich erlaubte öffentliche Wiedergabe von Ton- und Bildtonträgern in nutzergenerierten Inhalten durch einen Diensteanbieter nach UrhDaG (§§ 9-11, 12 Abs. 1 UrhDaG), unbeschadet des Vorrangs vertraglich vereinbarter Lizenzen;

o) die Nutzung im Rahmen von Presseveröffentlichungen (§§ 87f, 87k UrhG);

2. das über § 86 UrhG hinausgehende Recht zur nicht-interaktiven Übertragung auf erschienenen Tonträgern aufgenommener oder herkömmlich gesendeter Darbietungen im Wege von IP-TV oder OTT und unter Verwendung neuer Übertragungsstandards zum mobilen Empfang oder in mobilen Netzdiensten, dies jedoch auf nicht-ausschließlicher Basis;
3. das über § 86 UrhG hinausgehende Recht zur nicht-interaktiven Übertragung von Tonträgern in Mehrkanaldiensten, insbesondere in digitaler Form (§ 85 Abs. 1 UrhG), dies jedoch auf nicht-ausschließlicher Basis;
4. das über § 86 UrhG hinausgehende Recht zur nicht-interaktiven Übertragung von Tonträgern in Form des Simulcastings oder Webcastings über das Internet oder mobile Netzdienste, dies jedoch auf nicht-ausschließlicher Basis;
5. das nicht-ausschließliche Recht, auf erschienenen Tonträgern aufgenommene oder herkömmlich gesendete Darbietungen gem. Nr. 1 a) in Form des Podcastings zugänglich zu machen;
6. das nicht-ausschließliche Recht, erschienene Tonträger in Form „Weiterer Online-Angebote“ zugänglich zu machen;
7. das nicht-ausschließliche Recht, erschienene Tonträger in Form der Hintergrundmusik auf Websites zugänglich zu machen. Ausgeschlossen ist die Übertragung in proprietäre Systeme (Intranet) oder geschlossene private Netzwerken (Intranet und/oder VPN) oder in Form von Konfigurationen für mobile Netzdienste.
8. das Recht, die Herstellung einzelner Vervielfältigungsstücke von Tonträgern gegen Entgelt zu erlauben (§ 85 Abs. 1 UrhG)

   a) zum Zwecke der herkömmlichen Hörfunk- oder Fernsehsendung durch Sendeunternehmen und der Überlassung von Vervielfältigungsstücken im Rahmen der jeweils gültigen Sendeverträge; insbesondere zum Zwecke der erstmaligen Verbindung mit einer audiovisuellen Produktion eines Fernsehsenders (vollständig von ihm finanzierte Eigen- oder Auftragsproduktionen, ferner Koproduktionen, soweit die Senderechte ausschließlich dem Fernsehsender zustehen);

b) im Rahmen veröffentlichter Tarife oder abgeschlossener Gesamtverträge zum Zwecke der öffentlichen und nichtöffentlichen Wiedergabe durch den Vervielfältiger oder zum Zwecke der Archivierung; mit Ausnahme der Vervielfältigung zur Aufnahme in eine Datenbank, es sei denn, es handelt sich um eine Datenbank zum Zweck der öffentlichen Wiedergabe gemäß § 78 Abs. 2 Nr. 2, 3 UrhG, die vom Veranstalter der öffentlichen Wiedergabe oder demjenigen, der vom Veranstalter für die Veranstaltung engagiert worden ist, selbst zu diesem Zweck erstellt worden ist;

c) zum Zwecke der nichtgewerblichen Herstellung und Auswertung eines Films;

d) zum Zwecke der nicht-interaktiven Übertragung im Wege von IP-TV oder OTT und unter Verwendung neuer Übertragungsstandards zum mobilen Empfang oder in mobilen Netzdiensten gem. Nr. 2;

e) zum Zwecke der nicht-interaktiven Übertragung von Tonträgern in Mehrkanaldiensten, insbesondere in digitaler Form gem. Nr. 3;

f) zum Zwecke der nicht-interaktiven Übertragung in Form des Simulcastings oder des Webcastings gem. Nr. 4 im Internet oder in mobilen Netzdiensten;

g) zum Zwecke des Podcastings gem. Nr. 5 und „Weiterer Online-Angebote“ gem. Nr. 6;

h) zum Zwecke der Hintergrundmusik auf Websites gem. Nr. 7;

i) zum Zwecke der Nutzung im Rahmen von Internet-Jugendangeboten gem. Nr. 11;

9. in Bezug auf Bildtonträger, die auf einen Tonträger aufgenommene Musikdarbietungen oder Auszüge daraus enthalten, und die keine längere Spieldauer als 10 Minuten haben:

a) das Recht zur herkömmlichen Sendung durch Sendeunternehmen (§ 94 Abs. 1 UrhG) in Fernseh-Voll- und Spartenprogrammen (außer in spezialisierten Musik-Spartenprogrammen);

b) das Recht zur herkömmlichen Sendung durch Sendeunternehmen (§ 94 Abs 1 UrhG) in spezialisierten Musik-Spartenprogrammen (das sind solche Programme mit einem Anteil der betreffenden Bildtonträger von über 70 %);

c) das nicht-ausschließliche Recht zur nicht-interaktiven Übertragung im Wege von IP-TV oder OTT gem. Nr. 2 und unter Verwendung neuer Übertragungsstandards zum mobilen Empfang oder in mobilen Netzdiensten;

d) das nicht-ausschließliche Recht zur nicht-interaktiven Übertragung in Mehrkanaldiensten, gem. Nr. 3;

e) das Recht zum Simulcasting über das Internet oder mobile Netzdienste;

f) das nicht-ausschließliche Recht, auf erschienenen Bildtonträgern aufgenommene oder herkömmliche gesendete Darbietungen gem. Nr. 1 a) in Form des Podcastings zugänglich zu machen;

g) das nicht-ausschließliche Recht, zur Vorbereitung der Sendung eigen- oder auftragsproduzierter Musik-Veranstaltungen mit Eventcharakter im Zeitraum von sechs Wochen vor der Erstausstrahlung bis zur Erstausstrahlung auf eigenen Websites des die Veranstaltung verantwortenden Rundfunksenders im Wege des Streaming öffentlich auf Abruf zugänglich zu machen, unter der Voraussetzung, dass der betreffende Rundfunksender einen Sendevertrag mit der GVL unterhält, die Betriebsvoraussetzungen gemäß **Anlage 2** erfüllt, und nur Bildtonträger mit Darbietungen der bei der Veranstaltung auftretenden Künstler (featured artists) Verwendung finden;

h) die gesetzlichen Ansprüche auf angemessene Vergütung aus der Weitersendung, der Direkteinspeisung, der Vervielfältigung, der öffentlichen Wiedergabe, dem Verleih und der Verbreitung entsprechend Nr. 1 b) bis 1 o);

i) das Recht zur Vervielfältigung entsprechend Nr. 8 a) bis 8 g);

sowie ohne Begrenzung der Spieldauer alle Vergütungs- und Beteiligungsansprüche, die gesetzlich nur durch eine Verwertungsgesellschaft wahrgenommen werden können;

10. in Bezug auf Tonträger das nicht-ausschließliche Recht der Vervielfältigung und Verbreitung auf physischen Speichermedien gleich welcher Art, der Vervielfältigung und der öffentlichen Zugänglichmachung (§ 19a UrhG), auch über das Internet, sowie unter Verwendung neuer Übertragungsstandards zum mobilen Empfang oder in mobilen Netzdiensten sowie die in Nr. 9 c) bezeichneten Rechte (§ 85 Abs. 1 UrhG) für bestimmte, zuvor gesendete Programme der Hörfunk- und Fernsehsender nach Maßgabe der folgenden Bestimmungen:

    a) für Fernsehsendungen gilt dies für Einzel- und Serienfilmwerke, die von dem Fernsehsender selbst oder in dessen Auftrag zu eigenen Sendezwecken hergestellt wurden, in denen Musikaufnahmen lediglich zur dramaturgischen Unterstützung verwendet werden (mit Ausnahme von Musikfilmen) sowie für alle Programme, die die Bedingungen in Nr. 3 b bis c der Anlage 2 erfüllen;

b) für Hörfunksendungen gilt dies für Hörspiele, die von dem Hörfunksender selbst oder in dessen Auftrag zu eigenen Sendezwecken hergestellt wurden, in denen Musikaufnahmen lediglich zur dramaturgischen Unterstützung verwendet werden (mit Ausnahme von Hörspielen mit musikbezogenem Hauptthema) sowie für alle Programme, die die Bedingungen in Nr. 3 b bis c der Anlage 2 erfüllen;

11. Programme von Internet-Jugendangeboten im Sinne von § 33 MStV („Junges Angebot“) oder vergleichbare Programme privater Rundfunkveranstalter können auch ohne Bezug zu einer Sendung im Wege des Streamings öffentlich zugänglich gemacht und in Teilen vor oder nach der Zugänglichmachung gesendet werden, wenn die Rundfunkveranstalter einen Sendevertrag mit der GVL unterhalten; bei den Programmen dieses Internet-Jugendangebots dürfen Inhalte, in denen erschiene Musikaufnahmen als Hintergrundmusik verwendet werden auch ohne Sendung in die Abrufdienste eingestellt werden;
12. die Befugnis, Ansprüche auf Unterlassung, Vernichtung und Schadensersatz bei Verletzung der gemäß Nr. 2 bis 11 übertragenen Rechte gerichtlich und außergerichtlich geltend zu machen;
13. die ihm übertragenen Leistungsschutzrechte der ausübenden Künstler oder eingeräumten Nutzungsrechte entsprechend dem in Nr. 1 bis 11 festgelegten Umfange, sowie das Senderecht (§ 78 Abs. 1 Nr. 2 UrhG) insbesondere einschließlich des Rechts, die Darbietung auf erschienenen Tonträgern, die später mit einem Filmwerk verbunden werden, zu senden (§ 78 Abs. 1 Nr. 2 UrhG);
14. die ihm eingeräumten Nutzungsrechte der Urheber entsprechend dem in Nr. 9 und 11 festgelegten Umfang;
15. die Auskunftsansprüche gemäß § 19 UrhDaG auf nicht-ausschließlicher Basis.

(2) Für interaktive Nutzungsarten wie Podcasting, „Junges Angebot“ und „Weitere Online-Angebote“ ist die Rechteeinräumung auf Programmanbieter beschränkt, deren Angebotsschwerpunkt in Bezug auf erwerbswirtschaftliche bzw. öffentlich-rechtliche Tätigkeit sowie Zielpublikum und dessen Nutzungsverhalten auf die originäre Verbreitung eines linearen Programms (d. h. eines Programms, bei dem jeder Zuschauer/Zuhörer zur selben Zeit dasselbe sieht und hört) unter eigener technischer bzw. redaktioneller Kontrolle gerichtet ist, so dass die interaktiven Nutzungsarten lediglich zur Abrundung oder Begleitung dieses Angebots dienen. Die Anwendbarkeit weiterer Einschränkungen des Wahrnehmungsvertrages bleibt hiervon unberührt.

(3) Der Berechtigte kann jedermann das Recht einräumen, seine Aufnahmen für nicht kommerzielle Zwecke zu nutzen, oder diese selbst für nicht kommerzielle Zwecke nutzen. Im Einzelnen gelten die gesondert veröffentlichten Bedingungen in der jeweils geltenden Fassung.

§ 1a Definitionen

(1) Datenbank im Sinne dieses Vertrages ist eine Sammlung von Musikaufnahmen, die methodisch oder systematisch angeordnet und mit Hilfe elektronischer Mittel oder auf andere Weise zugänglich sind und deren Aufbau eine wesentliche Investition erfordert.

(2) IP-TV ist die Übertragung in breitbandigen Multimediadiensten auf Basis des Internet-Protokolls (IP). IP-TV im Sinne dieses Vertrages ist ausschließlich die nicht-interaktive Übertragung solcher Dienste in IP-basierten elektronischen Netzwerken außerhalb des Internets (World Wide Web).

(3) OTT (Over-the-top) im Sinne dieses Vertrages ist die nicht-interaktive, elektronische Übertragung von Video- und Audioinhalten über das Internet, wenn der Betreiber des Weitersendedienstes ausschließlich berechtigten Nutzern in einer gesicherten Umgebung Zugang zum Programm bietet.

(4) Neue Übertragungsstandards zum mobilen Empfang im Sinne dieses Vertrages sind solche, die die nicht-interaktive Übertragung von Programmsignalen via Satellit oder terrestrisch auf mobile Endgeräte ermöglichen (z. B. DVB-H).

(5) Mobile Netzdienste im Sinne dieses Vertrages sind die für die öffentliche Mobiltelefonie genutzten Übertragungswege (z. B. über UMTS), soweit sie ausschließlich zur nicht-interaktiven Übertragung von Programmsignalen genutzt werden.

(6) Mehrkanaldienste im Sinne dieses Vertrages sind Dienste, in denen auf mindestens zwei parallelen Kanälen ohne nennenswerte Wortbeiträge Ton- oder Bildtonträgeraufnahmen ohne interaktive Elemente drahtlos oder drahtgebunden – insbesondere über Satellit/Kabel – übertragen werden, mit Ausnahme der Übertragung im Internet. Der Nutzer darf keinen Einfluss auf die konkrete Ausgestaltung des von ihm empfangenen Programms haben.

(7) Simulcasting im Sinne dieses Vertrages ist die nicht-interaktive, zeitgleiche, unveränderte und nicht zur dauerhaften Speicherung bestimmte Übertragung („Streaming“) einer herkömmlichen terrestrischen Rundfunksendung über allgemein zugängliche Seiten im Internet (World

Wide Web) oder in mobilen Netzdiensten, sofern die Kriterien der Anlage 4 zu diesem Vertrag erfüllt sind.

(8) Webcasting im Sinne dieses Vertrages ist die nicht-interaktive und nicht zur dauerhaften Speicherung bestimmte Übertragung von Tonträgeraufnahmen über allgemein zugängliche Seiten im Internet (World Wide Web) oder allgemein zugängliche mobile Netzdienste auf einem oder mehreren Kanälen, sofern der Hauptzweck des Angebots nicht darin liegt, bestimmte Produkte oder Dienstleistungen (ausgenommen solche mit Bezug zu Tonträgeraufnahmen, Live-Konzerten oder anderen musikbezogenen Veranstaltungen) zu verkaufen, zu bewerben oder anderweitig zu fördern und sofern die Kriterien von Anlage 1 zu diesem Vertrag erfüllt sind.

(9) Podcasting im Sinne dieses Vertrages ist die öffentliche Zugänglichmachung einer bereits rechtmäßig zu Sendezwecken genutzten herkömmlichen Sendung oder die öffentliche Zugänglichmachung innerhalb von 30 Tagen vor der beabsichtigten herkömmlichen Sendung zur nicht dauerhaften („Streaming") oder dauerhaften („Download") Speicherung über allgemein zugängliche Seiten im Internet (World Wide Web einschließlich hierfür speziell vorgesehene Anwendungen (Apps)) oder allgemein zugängliche mobile Netzdienste durch den Rundfunkveranstalter, sofern die Kriterien von Anlage 2 zu diesem Vertrag erfüllt sind. Der Berechtigte kann der GVL die Nutzung zur öffentlichen Zugänglichmachung statt innerhalb von 30 Tagen vor der beabsichtigten herkömmlichen Sendung alternativ auch innerhalb von 3 Monaten vor der beabsichtigten herkömmlichen Sendung zur Wahrnehmung einräumen.

(10) „Weitere Online-Angebote" im Sinne dieses Vertrages bezeichnet das Recht, Aufnahmen auf erschienenen Tonträgern zur Hintergrundmusiknutzung in Eigen-, Auftrags- und Koproduktionen, über die beim Podcasting definierten zeitlichen Bezüge hinaus, innerhalb der Vorgaben und zeitlichen Grenzen der gültigen Telemedienkonzepte i. V. m. § 30 MedienStaatsV, über allgemein zugängliche Dienste oder Plattformen der Rundfunkanstalten oder Sender, ihrer Tochter- und Enkelunternehmen sowie gemeinsam oder mitveranstalteter Programme und Telemedienangebote sowie über allgemein zugängliche Seiten von Diensteanbietern, einschließlich Plattformen Dritter im Internet (World Wide Web einschließlich hierfür speziell vorgesehene Anwendungen [Apps]), oder über allgemein zugängliche mobile Netzdienste drahtgebunden oder drahtlos der Öffentlichkeit im Vertragsgebiet auf Abruf zugänglich zu machen und insbesondere zum Streaming oder Download bereit zu stellen. Es gelten die Betriebsvoraussetzungen „Weitere Online Angebote" (Anlage 5).

(11) Die Nutzung von Hintergrundmusik auf Websites im Sinne dieses Vertrages ist die öffentliche Zugänglichmachung von Tonträgern als Hintergrundmusik auf allgemein zugänglichen Sites im Internet (World Wide Web), soweit sie

1. als nicht zur dauerhaften Speicherung bestimmte, nach Aufruf der Website nicht-interaktive, unveränderte Übertragung von Tonträgeraufnahmen („Streaming“) auf oder durch den Computer eines Nutzers erfolgt, ohne dass hierbei Vervielfältigungen der übermittelten Tonträger durch den Nutzer vorgenommen werden und
2. unter Einhaltung der Betriebsvoraussetzungen für Hintergrundmusik auf Websites (siehe Anlage 3) erfolgt.

(12) Diensteanbieter nach UrhDaG im Sinne dieses Vertrages sind Anbieter von Diensten, die gemäß § 2 UrhDaG eine große Menge an von Dritten hochgeladenen urheberrechtlich geschützten Inhalten speichern und öffentlich zugänglich machen, mit Ausnahme der gemäß § 3 UrhDaG nicht erfassten Dienste.

§ 2 Beschränkungen der Rechteübertragung

(1) Die Übertragung der Rechte gemäß § 1 erfolgt nur zur Wahrnehmung in der Bundesrepublik Deutschland.

(2) Diese Einschränkung gilt nicht für Verträge mit ausländischen Weitersendediensten und soweit die GVL in Verträgen mit Sendeunternehmen und Werbefunkgesellschaften der Bundesrepublik Deutschland auch Nutzungsrechte für Gebiete außerhalb der Bundesrepublik Deutschland einräumt. Die Einschränkung gilt ferner nicht, soweit mit ausländischen Verwertungsgesellschaften Verträge über die gegenseitige Wahrnehmung von Leistungsschutzrechten der ausübenden Künstler und/oder Tonträgerhersteller abgeschlossen werden.

(3) Hat der Berechtigte der GVL die Rechte für bestimmte Länder übertragen, sind für den Umfang der Rechtewahrnehmung die dort geltenden nationalen Regelungen, die den Rechten in § 1 entsprechen, maßgeblich. Die GVL ist ermächtigt, für Berechtigte, die ihr Rechte für das Ausland übertragen haben, Vergütungsansprüche bei ausländischen Schwestergesellschaften geltend zu machen und auch Vergütungen von ausländischen Schwestergesellschaften in Empfang zu nehmen, die dort für weitergehende Rechte oder für vor Abschluss dieses Vertrages liegende Zeiträume errechnet wurden. Die Geltendmachung von Vergütungsansprüchen bei ausländischen Schwestergesellschaften unter den bestehenden Repräsentationsvereinbarungen erfolgt auf Grundlage der gemeldeten Rechteinhaberschaften; hierbei kann die GVL auch bereits gespeicherte, verarbeitete Daten heranziehen.

(4) Die Übertragung der Rechte gemäß § 1 umfasst nicht die Verwendung zu Werbezwecken.

(5) Der Berechtigte behält sich vor, von den im Sendevertrag vorgesehenen Befugnissen zum Ausschluss der Vervielfältigung von Tonträgern und/oder Bildtonträgern auf Wunsch der betreffenden Interpreten und den in Lizenzverträgen ggf. vorgesehenen Befugnissen zum Ausschluss der Zugänglichmachung bestimmter Tonträger- und/oder Bildtonträgeraufnahmen Gebrauch zu machen. Er behält sich außerdem vor, Tonträger und/oder Bildtonträger von jeglicher Vervielfältigung auszuschließen, wenn einer der beteiligten Interpreten einer solchen Verwertung nicht zugestimmt hat. Entsprechende Vorbehalte sind der GVL in Textform mitzuteilen. Von der Rechteübertragung nach diesem Vertrag nicht umfasst sind Rechte zur Lizenzierung von Website-Hintergrundmusik nach § 1 Abs. 1 Nr. 7 sowie von Simulcasting-, Webcasting- oder Podcasting Angeboten und „Weiteren Online-Angeboten" nach § 1 Abs. 1 Nr. 4, 5, 6, 9 f) und g) sowie Nr. 10, die nicht den Kriterien nach Anlagen 1 bis 5 zu diesem Vertrag entsprechen. Nicht umfasst sind ferner Rechte zur Nutzung von Tonträgern als Freizeichenmusik (sog. „ringback tones").

(6) Soweit die GVL Gesamtverträge noch nicht abgeschlossen oder Tarife noch nicht aufgestellt hat, bedarf sie zur Wahrnehmung im Einzelfall der vorherigen Zustimmung des Berechtigten.

§ 3 Pflichten des Berechtigten

(1) Der Berechtigte ist jederzeit verpflichtet, der GVL die für die Feststellung und Wahrnehmung seiner Rechte und Ansprüche sowie der ihm von den ausübenden Künstlern abgetretenen Rechte und Ansprüche erforderlichen Auskünfte und Hinweise zu erteilen, ferner die zur Aufstellung und Durchführung des Verteilungsplanes notwendigen Angaben zu machen und die erforderlichen Unterlagen zur Verfügung zu stellen. Die GVL ist auch ermächtigt, sich die erforderlichen Auskünfte und Angaben selbst zu verschaffen.

(2) Die Meldefristen in den Verteilungsplänen sowie die ausdrücklich kommunizierten Fristen sind Ausschlussfristen für die Geltendmachung von Vergütungsansprüchen. Gemäß § 30 VGG gelten Einnahmen aus den Rechten als nicht verteilbar, wenn der Berechtigte nicht innerhalb von drei Jahren nach Ablauf des Geschäftsjahres, in dem die Einnahmen aus den Rechten eingezogen wurden, festgestellt oder ausfindig gemacht werden konnte und die Verwertungsgesellschaft die angemessenen Maßnahmen nach § 29 VGG ergriffen hat. Der Berechtigte ist nach Ablauf der vorgenannten Frist von der Geltendmachung seiner Ansprüche ausgeschlossen.

(3) Der Berechtigte teilt der GVL seine Bankverbindung und persönlichen Daten (Name, Adresse, E-Mail) mit und hält die GVL über etwaige Änderungen auf dem Laufenden. Um eine spätere Auszahlung zu ermöglichen, gilt diese Verpflichtung bis zu fünf Jahre nach der Kündigung des Vertrages. Die GVL haftet nicht für Fehlüberweisungen aufgrund falscher Angaben. Der Berechtigte ist verpflichtet, der GVL Überzahlungen zu erstatten, die auf unrichtige, unvollständige oder unklare Angaben zurückzuführen sind.

(4) Der Berechtigte ist verpflichtet, der GVL jeden Wechsel des Wohnsitzes oder des Unternehmenssitzes sowie jede Änderung der Firma unverzüglich mitzuteilen.

(5) Der Berechtigte ist verpflichtet, Tonträger-Repertoire zu kennzeichnen oder zu benennen, welches nicht in einem Vertragsstaat des Rom-Abkommens erst- oder simultanveröffentlicht wurde. Für diese Aufnahmen sind auf Abfrage andere Schutzkriterien nach Urheberrechtsgesetz, Rom-Abkommen oder WPPT nachzuweisen.

(6) Der Berechtigte ist verpflichtet, der GVL mitzuteilen, wenn er ein mit einem Sendeunternehmen verbundenes Unternehmen im Sinne der §§ 15 ff. AktG ist.

(7) Der Berechtigte ist verpflichtet, der GVL jede Änderung seines Steuerstatus (insbes. Mehrwertsteuerpflichtigkeit oder ausländische Steuerpflicht) unverzüglich mitzuteilen.

(8) Der Berechtigte, der seinen Verpflichtungen aus diesem Vertrag, den Verteilungsplänen oder dem Gesellschaftsvertrag nicht nachkommt, ist verpflichtet, die der GVL hierdurch entstandenen Kosten zu erstatten.

(9) Bewirkt die GVL rechtsgrundlose Zahlungen, so ist die GVL berechtigt, diese Zahlungen zurückzufordern, ohne dass sich der Zahlungsempfänger darauf berufen kann, nicht mehr bereichert zu sein.

(10) Soweit zur Erfüllung der zuvor genannten Pflichten des Berechtigten das GVL-Onlineportal für die wahrnehmungsberechtigten Hersteller unter der Website www.gvl.de „label.gvl" genutzt wird, gelten die Nutzungsbedingungen für das GVL-Onlineportal.

§ 4 Abtretung von Ansprüchen, Rechtsnachfolge und Bevollmächtigung des Berechtigten

(1) Die Ansprüche des Berechtigten gegen die GVL sind nur mit Zustimmung der GVL abtretbar. Die GVL ist berechtigt, die Erteilung der Zustimmung von der Zahlung einer Bearbeitungsgebühr abhängig zu machen.

(2) Im Falle des Todes des Berechtigten wird dieser Vertrag mit dessen Rechtsnachfolger bzw. Rechtsnachfolgern fortgesetzt. Sind mehrere Rechtsnachfolger vorhanden, müssen diese ihre Rechte gegenüber der GVL durch einen gemeinsamen Bevollmächtigten ausüben. Bis zur Bestellung eines gemeinsamen Bevollmächtigten ist die GVL zu Auszahlungen nicht verpflichtet. Im Übrigen gelten die allgemeinen gesetzlichen Bestimmungen.

(3) Der Berechtigte kann nur einen Bevollmächtigten zur Ausübung seiner Rechte gegenüber der GVL bestellen. Mit der Bestellung eines weiteren Bevollmächtigten widerruft der Berechtigte die zuvor erteilte Vollmacht gegenüber der GVL ohne weiteres Zutun. Es gilt die letztdatierte Vollmacht.

§ 5 Dauer der Rechtsübertragungen

(1) Der Vertrag beginnt mit dem Tag des Abschlusses und gilt rückwirkend für die Verteilungsjahre, für die die Meldefrist noch nicht abgelaufen ist.

(2) Der Vertrag kann mit einer Frist von sechs Monaten zum 31. Dezember eines Jahres gekündigt werden. Der GVL können auch einzelne Rechte entzogen werden. Der Rückruf von Rechten kann sich auf einzelne Nutzungsarten oder Gebiete beziehen und ist gegenüber der GVL konkret zu benennen. Die Rechtsübertragung gemäß § 1 Abs. 1 Nr. 2 bis 7, soweit es sich nicht um Beteiligungsansprüche handelt, sowie gemäß § 1 Abs. 1 Nr. 9. a) bis g), 10 und 11 unter Einschluss der zugehörigen Vervielfältigungsrechte in Nr. 8 und 9 i) ab Vertragsbeginn mit einer Frist von drei Monaten zum Ende eines jeden Kalenderhalbjahres gekündigt werden. Erfolgt die Kündigung, um die vertragsgegenständlichen Rechte durch eine andere Verwertungsgesellschaft wahrnehmen zu lassen, kann der Vertrag mit einer Frist von drei Monaten zum 31. Dezember eines Jahres gekündigt werden. Die teilweise oder gesamte Beendigung des Vertrages hat in Textform zu erfolgen. Maßgeblich für den Fristbeginn ist der Eingang bei der GVL.

(3) Soweit die von der GVL abgeschlossenen Verträge mit den Verwertern den Zeitpunkt der Beendigung des Vertrages überschreiten, verlängert sich dieser hinsichtlich der betreffenden Rechtsübertragung entsprechend. Dies gilt nicht für die in vorstehendem Absatz 2, 3. Satz vorgesehenen Kündigungsmöglichkeiten mit Ausnahme der § 1 Abs. 1 Nr. 7 a) und b) einschließlich der zugehörigen Vervielfältigungsrechte.

(4) Mit der Beendigung des Vertrages oder dem Rückruf von Rechten fallen die Rechte ohne besondere Übertragung zu den in Absatz 3 genannten Zeitpunkten an den Berechtigten zurück.

§ 6 Verteilung

(1) Für die Verteilung gelten folgende Grundsätze:

1. Die von der GVL vereinnahmten Vergütungen für die Verwertung von Tonträgern werden zwischen den Tonträgerherstellern und den ausübenden Künstlern hälftig geteilt. Aus der Verwertung von Tonträgern werden Vergütungen für die Verwertung erschienener Tonträger in Form „Weiterer Online-Angebote" der Sender mit Ausnahme von Vergütungen für Produktionsmusik ausschließlich den Herstellern zugewiesen.
2. Die von der GVL vereinnahmten Vergütungen für die Verwertung von Videoclips werden zwischen den Tonträgerherstellern und den ausübenden Künstlern nach einem Vorabzug von 60 % für die Tonträgerhersteller hälftig geteilt.
3. Die von der GVL vereinnahmten Vergütungen für den Verleih von Filmen werden zwischen den ausübenden Künstlern und den Tonträgerherstellern nach einem Vorabzug von 40 % für die ausübenden Künstler hälftig geteilt.
4. Die von der GVL vereinnahmten Vergütungen für die Weitersendung und Direkteinspeisung künstlerischer Darbietungen, die nicht unter Nr. 1, Nr. 2 und Nr. 3 fallen, stehen den ausübenden Künstlern zu. Dies gilt auch für die Vermieterlöse, Einkünfte aus § 79a UrhG und Erlöse aus dem Direktvergütungsanspruch für ausübende Künstler gemäß § 4 UrhDaG.

(2) Erweist sich die Verteilung für einen Abrechnungszeitraum im Nachhinein insgesamt oder in Teilen als systematisch fehlerhaft, insbesondere wegen der Nichtigkeit einer Regelung des zugrundeliegenden Verteilungsplans (einschließlich der Anhänge) und ist eine vollständige Rückabwicklung und Neuvornahme der Verteilung nicht oder nur mit wirtschaftlich unverhältnismäßigem Aufwand möglich,

1. kann die Höhe der sich aus der fehlerhaften Verteilung ergebenden Ansprüche pauschaliert werden, soweit eine präzise Berechnung nicht oder nur mit wirtschaftlich unverhältnismäßigem Aufwand möglich ist,
2. können die Ansprüche der durch die fehlerhafte Verteilung nachteilig Betroffenen aus den laufenden und zukünftigen Einnahmen befriedigt werden,
3. können Rückforderungsansprüche der GVL gegen künftige Zahlungsansprüche aufgerechnet werden
4. oder kann statt der Aufrechnung ganz oder teilweise auf Rückforderungsansprüche der GVL verzichtet werden.

Bei der Auswahl unter diesen Maßnahmen ist das Interesse an einer möglichst vollständigen Erfüllung der jeweiligen Ansprüche und das Gebot der Verhältnismäßigkeit abzuwägen. Der Gleichbehandlungsgrundsatz ist zu beachten und auf Härtefälle angemessen Rücksicht zu nehmen.

§ 7 Einbeziehung des Gesellschaftsvertrages, der Verteilungspläne und Vertragsänderungen

(1) Der Gesellschaftsvertrag und die Verteilungspläne der GVL in der jeweils geltenden Fassung sind Bestandteile dieses Vertrages.

(2) Von der Gesellschafter- und Delegiertenversammlung beschlossene künftige Änderungen des Wahrnehmungsvertrages, beispielsweise hinsichtlich neuer Rechte oder neuer Nutzungsarten, werden Bestandteil dieses Vertrages, wenn sie dem Berechtigten in Textform mitgeteilt wurden und dieser zustimmt. Die Zustimmung gilt als erteilt, wenn der Berechtigte nicht binnen sechs Wochen seit Absendung der Mitteilung ausdrücklich widerspricht; auf diese Rechtsfolge ist er in der Mitteilung hinzuweisen.

§ 8 Sonstiges

(1) Personenbezogene Angaben des Berechtigten werden für die Begründung, Durchführung und Beendigung dieses Vertrages sowie für spätere Auszahlungen und zur Erfüllung gesetzlicher Aufbewahrungsfristen auch nach Beendigung des Vertragsverhältnisses elektronisch gespeichert, verarbeitet und im Rahmen der Zweckbestimmung des Vertragsverhältnisses weitergegeben. Hiervon umfasst ist die Zugänglichmachung von Daten im Rahmen von internationalen Datenbanken, die gemeinsam mit ausländischen Schwestergesellschaften genutzt werden. Die Datenschutzinformationen zu diesem Vertrag im Sinne der Art. 12, 13 DSGVO werden unter https://www.gvl.de/datenschutz veröffentlicht.

(2) Der Berechtigte bestätigt, dass er von seinen Rechten vor Abschluss dieses Vertrages Kenntnis erhalten hat und die GVL ihren Informationspflichten nach § 53 VGG vor Zustimmung zur Wahrnehmung seiner Rechte nachgekommen ist.

(3) In Angelegenheiten der § 12.2 b) bis e) des Gesellschaftsvertrages kann der Berechtigte den Beschwerdeausschuss anrufen. Der Beschwerdeausschuss kann nur innerhalb von vier Wochen seit Zugang der angegriffenen Entscheidung angerufen werden. Hat ein Beschwerdeberechtigter die Frist ohne Verschulden versäumt, ist ihm auf Antrag Wiedereinsetzung in den vorigen Stand zu gewähren. Der Antrag muss innerhalb einer Frist von zwei Wochen nachdem das Hindernis behoben ist, gestellt werden. Nach Ablauf eines Jahres, von dem Ende der versäumten Frist an

gerechnet, kann die Wiedereinsetzung nicht mehr beantragt werden. Der Rechtsweg ist erst eröffnet, wenn der Beschwerdeausschuss entschieden hat oder sechs Monate seit der Anrufung vergangen sind. Näheres kann in einer Geschäftsordnung des Beschwerdeausschusses bestimmt werden.

(4) Erfüllungsort und Gerichtsstand ist der Sitz der GVL.

[Unterschriften]

4. GVL Wahrnehmungsvertrag für Veranstalter

Zwischen

____

____

____

– nachstehend „Berechtigter“ genannt –

und der

Gesellschaft zur Verwertung von Leistungsschutzrechten mbH (GVL)
Podbielskiallee 64, 14195 Berlin, Postfach 33 03 61, 14173 Berlin

– nachstehend „GVL“ genannt –

wird folgender Wahrnehmungsvertrag – nachstehend „Vertrag“ genannt – geschlossen:

§1

(1) Der Berechtigte räumt der GVL zur Wahrnehmung im eigenen Namen gegenüber Dritten folgende ihm gegenwärtig zustehende und während der Vertragsdauer zufallende gesetzlichen Ansprüche ein auf die Vergütung für

1. die Vervielfältigung zum privaten und sonstigen eigenen Gebrauch (§ 54 Abs. 1 UrhG);
2. die Vervielfältigung von Schulfunksendungen, sofern die hergestellten Aufnahmen nicht am Ende des folgenden Schuljahres gelöscht werden (§ 47 Abs. 2 UrhG);
3. die Vervielfältigung für Sammlungen zum Zwecke des religiösen Gebrauchs (§ 46 Abs. 4 UrhG);
4. die Vervielfältigung und Verbreitung von Bild- oder Tonträgern für behinderte Menschen, soweit dies für die sinnliche Wahrnehmung erforderlich ist (§ 45a Abs. 2 UrhG);

5. die Vervielfältigung, Verbreitung, öffentliche Zugänglichmachung und sonstige öffentliche Wiedergabe von Bild- oder Tonträgern zu nicht kommerziellen Zwecken für Unterricht und Lehre an Bildungseinrichtungen (§§ 60a, 60h Abs. 4 UrhG);
6. die Vervielfältigung, Verbreitung und öffentliche Zugänglichmachung einer Darbietung auf einem veröffentlichten Bild- oder Tonträger in einer Sammlung für Unterrichts- und Lehrmedien (§§ 60b, 60h Abs. 4 UrhG);
7. die Vervielfältigung, Verbreitung und öffentliche Zugänglichmachung von Bild- oder Tonträgern zum Zweck der nicht kommerziellen Forschung (§§ 60c, 60h Abs. 4 UrhG);
8. die Vervielfältigung, Verbreitung von Vervielfältigungen und Zugänglichmachung von Bild- oder Tonträgern an Terminals zu den in §§ 60e, f UrhG aufgeführten Zwecken (§§ 60e, f, 60h Abs. 4 UrhG);
9. die gesetzlich erlaubte öffentliche Wiedergabe einer Darbietung in nutzergenerierten Inhalten in Form der Karikatur, der Parodie und des Pastiches durch einen Diensteanbieter nach UrhDaG (§ 5 Abs. 2 UrhDaG);
10. die mutmaßlich erlaubte öffentliche Wiedergabe von Darbietungen in nutzergenerierten Inhalten durch einen Diensteanbieter nach UrhDaG (§§ 9-11, 12 Abs. 1 UrhDaG);
11. die Nutzung im Rahmen von Presseveröffentlichungen (§§ 87f, 87k UrhG);
12. die Auskunftsansprüche gemäß § 19 UrhDaG auf nicht ausschließlicher Basis;

sowie alle Vergütungs- und Beteiligungsansprüche, die gesetzlich nur durch eine Verwertungsgesellschaft wahrgenommen werden können.

(2) Diensteanbieter nach UrhDaG im Sinne dieses Vertrages sind Anbieter von Diensten, die gemäß § 2 UrhDaG eine große Menge an von Dritten hochgeladenen urheberrechtlich geschützten Inhalten speichern und öffentlich zugänglich machen, mit Ausnahme der gemäß § 3 UrhDaG nicht erfassten Dienste.

§ 2

Der Berechtigte kann jedermann das Recht einräumen, seine Aufnahmen für nicht kommerzielle Zwecke zu nutzen, oder diese selbst für nicht kommerzielle Zwecke nutzen. Im Einzelnen gelten die gesondert veröffentlichten Bedingungen in der jeweils geltenden Fassung.

§3

(1) Der Berechtigte ist jederzeit verpflichtet, der GVL die für die Feststellung und Wahrnehmung seiner Rechte und Ansprüche erforderlichen Auskünfte und Hinweise zu erteilen, ferner die zur Aufstellung und Durchführung des Verteilungsplanes notwendigen Angaben zu machen und die erforderlichen Unterlagen zur Verfügung zu stellen. Die GVL ist auch ermächtigt, sich die erforderlichen Auskünfte und Angaben selbst zu verschaffen.

(2) Die Meldefristen in den Verteilungsplänen sowie die ausdrücklich kommunizierten Fristen sind Ausschlussfristen für die Geltendmachung von Vergütungsansprüchen. Gemäß §30 VGG gelten Einnahmen aus den Rechten als nicht verteilbar, wenn der Berechtigte nicht innerhalb von drei Jahren nach Ablauf des Geschäftsjahres, in dem die Einnahmen aus den Rechten eingezogen wurden, festgestellt oder ausfindig gemacht werden konnte und die Verwertungsgesellschaft die angemessenen Maßnahmen nach §29 VGG ergriffen hat. Der Berechtigte ist nach Ablauf der vorbenannten Frist von der Geltendmachung seiner Ansprüche ausgeschlossen.

(3) Der Berechtigte teilt der GVL seine Bankverbindung und persönlichen Daten (Name, Adresse, E-Mail) mit und hält die GVL über etwaige Änderungen auf dem Laufenden. Um eine spätere Auszahlung zu ermöglichen, gilt diese Verpflichtung bis zu fünf Jahre nach der Kündigung.

(4) Der Berechtigte ist verpflichtet, der GVL jeden Wechsel des Wohnsitzes oder des Unternehmenssitzes sowie jede Änderung der Firma unverzüglich mitzuteilen.

(5) Der Berechtigte ist verpflichtet, der GVL jede Änderung seines Steuerstatus (insbes. Mehrwertsteuerpflichtigkeit oder ausländische Steuerpflicht) unverzüglich mitzuteilen.

(6) Soweit zur Erfüllung der zuvor genannten Pflichten des Berechtigten die GVL-Online-Plattformen MEINE.GVL und/oder ARTSYS.GVL für Veranstalter unter der Website www.gvl.de genutzt werden, gelten die Nutzungsbedingungen für die Online-Plattformen.

(7) Der Berechtigte, der seinen Verpflichtungen aus diesem Vertrag, den Verteilungsplänen oder dem Gesellschaftsvertrag nicht nachkommt, ist verpflichtet, die der GVL hierdurch entstandenen Kosten zu erstatten.

(8) Bewirkt die GVL rechtsgrundlose Zahlungen, so ist die GVL berechtigt, diese Zahlungen zurückzufordern, ohne dass sich der Zahlungsempfänger darauf berufen kann, nicht mehr bereichert zu sein.

(9) Die GVL haftet nicht für Fehlüberweisungen aufgrund falscher Angaben. Der Berechtigte ist verpflichtet, der GVL Überzahlungen zu erstat-

ten, die auf unrichtige, unvollständige oder unklare Angaben zurückzuführen sind.

(10) Erweist sich die Verteilung für einen Abrechnungszeitraum im Nachhinein insgesamt oder in Teilen als systematisch fehlerhaft, insbesondere wegen der Nichtigkeit einer Regelung des zugrundeliegenden Verteilungsplans (einschließlich der Anhänge) und ist eine vollständige Rückabwicklung und Neuvornahme der Verteilung nicht oder nur mit wirtschaftlich unverhältnismäßigem Aufwand möglich,

1. kann die Höhe der sich aus der fehlerhaften Verteilung ergebenden Ansprüche pauschaliert werden, soweit eine präzise Berechnung nicht oder nur mit wirtschaftlich unverhältnismäßigem Aufwand möglich ist;
2. können die Ansprüche der durch die fehlerhafte Verteilung nachteilig Betroffenen aus den laufenden und zukünftigen Einnahmen befriedigt werden;
3. können Rückforderungsansprüche der Gesellschaft gegen künftige Zahlungsansprüche aufgerechnet werden;
4. oder kann statt der Aufrechnung ganz oder teilweise auf Rückforderungsansprüche der GVL verzichtet werden.

Bei der Auswahl unter diesen Maßnahmen sind das Interesse an einer möglichst vollständigen Erfüllung der jeweiligen Ansprüche und das Gebot der Verhältnismäßigkeit abzuwägen. Der Gleichbehandlungsgrundsatz ist zu beachten und auf Härtefälle angemessen Rücksicht zu nehmen.

§4

(1) Die Ansprüche des Berechtigten gegen die GVL sind nur mit Zustimmung der GVL abtretbar. Die GVL ist berechtigt, die Erteilung der Zustimmung von der Zahlung einer Bearbeitungsgebühr abhängig zu machen.

(2) Im Falle des Todes des Berechtigten wird dieser Vertrag mit dessen Rechtsnachfolger bzw. Rechtsnachfolgern fortgesetzt. Sind mehrere Rechtsnachfolger vorhanden, müssen diese ihre Rechte gegenüber der GVL durch einen gemeinsamen Bevollmächtigten ausüben. Bis zur Bestellung eines gemeinsamen Bevollmächtigten ist die GVL zu Auszahlungen nicht verpflichtet. Im Übrigen gelten die allgemeinen gesetzlichen Bestimmungen.

(3) Der Berechtigte kann nur einen Bevollmächtigten zur Ausübung seiner Rechte gegenüber der GVL bestellen. Mit der Bestellung eines weiteren Bevollmächtigten widerruft der Berechtigte die zuvor erteilte Vollmacht

gegenüber der GVL ohne weiteres Zutun. Es gilt die letztdatierte Vollmacht.

§ 5

(1) Der Vertrag beginnt mit dem Tag des Abschlusses und gilt rückwirkend für die Verteilungsjahre, für die die Meldefrist noch nicht abgelaufen ist.

(2) Der Vertrag kann mit einer Frist von sechs Monaten zum 31. Dezember eines Jahres gekündigt werden. Der GVL können auch einzelne Rechte entzogen werden. Der Rückruf von Rechten kann sich auf einzelne Schutzgegenstände oder Gebiete beziehen und ist gegenüber der GVL konkret zu benennen. Erfolgt die Kündigung, um die vertragsgegenständlichen Rechte durch eine andere Verwertungsgesellschaft wahrnehmen zu lassen, kann der Vertrag mit einer Frist von drei Monaten zum 31. Dezember eines Jahres gekündigt werden. Die teilweise oder gesamte Beendigung des Vertrages hat in Textform zu erfolgen. Maßgeblich für den Fristbeginn ist der Eingang bei der GVL.

(3) Soweit die von der GVL abgeschlossenen oder verlängerten Verträge mit den Verwertern den Zeitpunkt der Beendigung des Vertrages überschreiten, verlängert sich dieser hinsichtlich der betreffenden Rechtsübertragung entsprechend.

(4) Mit der Beendigung des Vertrages oder dem Rückruf von Rechten fallen die Rechte ohne besondere Übertragung zum Schluss des Kalenderjahres an den Berechtigten zurück.

§ 6

(1) Der Gesellschaftsvertrag und die Verteilungspläne der GVL in der jeweils geltenden Fassung sind Bestandteile dieses Vertrages.

(2) Von der Gesellschafter- und Delegiertenversammlung künftig beschlossene Änderungen des Wahrnehmungsvertrages, beispielsweise hinsichtlich neuer Rechte oder neuer Nutzungsarten, werden Bestandteil dieses Vertrages, wenn sie dem Berechtigten in Textform mitgeteilt wurden und dieser zustimmt. Die Zustimmung gilt als erteilt, wenn der Berechtigte nicht binnen sechs Wochen seit Absendung der Mitteilung ausdrücklich widerspricht, auf diese Rechtsfolge ist er in der Mitteilung hinzuweisen.

§ 7

(1) Personenbezogene Angaben des Berechtigten werden für die Begründung, Durchführung und Beendigung dieses Vertrages sowie für spätere Auszahlungen und zur Erfüllung gesetzlicher Aufbewahrungsfristen auch

nach Beendigung des Vertragsverhältnisses elektronisch gespeichert, verarbeitet und im Rahmen der Zweckbestimmung des Vertragsverhältnisses weitergegeben. Hiervon umfasst ist die Zugänglichmachung von Daten im Rahmen von internationalen Datenbanken, die gemeinsam mit ausländischen Schwestergesellschaften genutzt werden. Die Datenschutzinformationen zu diesem Vertrag im Sinne der Art. 12, 13 DSGVO werden unter https://www.gvl.de/datenschutz veröffentlicht.

(2) Der Berechtigte bestätigt, dass er von seinen Rechten vor Abschluss dieses Vertrages Kenntnis erhalten hat und die GVL ihren Informationspflichten nach § 53 VGG vor Zustimmung zur Wahrnehmung seiner Rechte nachgekommen ist.

(3) In Angelegenheiten der § 12.2 b) bis e) des Gesellschaftsvertrages kann der Berechtigte den Beschwerdeausschuss anrufen. Der Beschwerdeausschuss kann nur innerhalb von vier Wochen seit Zugang der angegriffenen Entscheidung angerufen werden. Hat ein Beschwerdeberechtigter die Frist ohne Verschulden versäumt, ist ihm auf Antrag Wiedereinsetzung in den vorigen Stand zu gewähren. Der Antrag muss innerhalb einer Frist von zwei Wochen nachdem das Hindernis behoben ist, gestellt werden. Nach Ablauf eines Jahres, von dem Ende der versäumten Frist an gerechnet, kann die Wiedereinsetzung nicht mehr beantragt werden. Der Rechtsweg ist erst eröffnet, wenn der Beschwerdeausschuss entschieden hat oder sechs Monate seit der Anrufung vergangen sind. Näheres kann in einer Geschäftsordnung des Beschwerdeausschusses bestimmt werden.

(4) Erfüllungsort und Gerichtsstand ist der Sitz der GVL.

[Unterschriften]

Literaturverzeichnis

Albiez, Christiane/Baierle, Christian: Musikverlage, 2021, MIZ-Themenportal, abrufbar unter: https://miz.org/de/beitraege/musikverlage (zuletzt abgerufen am 6.2.2026)

Alpert, Frank: Zum Werk- und Werkteilbegriff bei elektronischer Musik – Tracks, Basslines, Beats, Sounds, Samples, Remixes und DJ-Sets, ZUM 2002, 525

Baierle, Christian: Die Digitalisierung der Musikverlage. Innovation und Veränderung im Rechtemanagement, in: Endreß, Alexander/Wandjo, Hubert (Hrsg.), Musikwirtschaft im Zeitalter der Digitalen Transformation, Baden-Baden 2021 (zitiert: *Bearbeiter*, in: Endreß/Wandjo)

Beck, Simon Markus/Kreißig, Wolfgang: Tauschbörsen-Nutzer im Fadenkreuz der Strafverfolgungsbehörden, NStZ 2007, 304

BeckOK BGB, hrsg. von Hau, Wolfgang/Poseck, Roman, München, 74. Edition, Stand: 1.5.2025 (zitiert: BeckOK BGB/*Bearbeiter*)

Berger, Christian/Wündisch, Sebastian: Urhebervertragsrecht, Baden-Baden, 3. Aufl. 2022 (zitiert: *Bearbeiter*, in: Berger/Wündisch)

Bodewig, Theo/Wandtke, Artur: Die doppelte Lizenzgebühr als Berechnungsmethode im Lichte der Durchsetzungsrichtlinie, GRUR 2008, 220

Deiters, Gerhard: USA: „I reject them all" – Gericht verneint „Fair Use" und bejaht eine Urheberrechtsverletzung bei KI-Training, MMR-Aktuell 2025, 01173

Dreier, Thomas/Schulze, Gernot: Urheberrechtsgesetz, München 8. Aufl. 2025 (zitiert: Dreier/Schulze/*Bearbeiter*)

Dreyer, Gunda/Kotthoff, Jost/Hentsch, Christian-Henner: Urheberrecht, Heidelberg, 5. Aufl. 2025

Endreß, Alexander/Stammer, David: Digitale Technologie und Künstliche Intelligenz in der Musikwirtschaft, in: Technikforum I/2023, 8

Endreß, Alexander: Ausbildungsstrukturen in Deutschland: Rock, Pop, Jazz und Weltmusik, 2021, MIZ-Themenportal, abrufbar unter: https://miz.org/de/beitraege/ausbildungsstrukturen-in-deutschland-rock-pop-jazz-und-weltmusik (zuletzt abgerufen am 6.2.2026)

Endreß, Alexander: Durchstarten mit Businesspartner, in: Chappell, Jon et al. (Hrsg.), Rockmusikmachen für Dummies, Heidelberg 2008 (zitiert: *Bearbeiter*, in: Chappell et al.)

Endreß, Alexander/Wandjo, Hubert: Musikwirtschaft im Zeitalter der Digitalisierung, Baden-Baden 2021 (zitiert: *Bearbeiter*, in: Endreß/Wandjo)

Fromm, Friedrich Karl/Nordemann, Wilhelm: Urheberrecht, hrsg. von Nordemann, Axel/Nordemann, Jan Bernd/Czychowski, Christian, Stuttgart, 13. Aufl. 2024 (zitiert: Fromm/Nordemann/*Bearbeiter*)

Geibel, Dirk: Produktmanagement im Wandel – Aufmerksamkeitsökonomie zwischen POS- und Social Media Marketing, in: Endreß, Alexander/Wandjo, Hubert (Hrsg.), Musikwirtschaft im Zeitalter der Digitalen Transformation, Baden-Baden 2021 (zitiert: *Bearbeiter*, in: Endreß/Wandjo)

Grünberger, Michael: Metall auf Metall: Eine weitere Zwischenstation auf einer unendlichen Reise, ZUM 2022, 579

Grüneberg, Christian: Bürgerliches Gesetzbuch, München, 84. Aufl. 2025 (zitiert: Grüneberg/*Bearbeiter*)

Haupt, Stefan/Ullmann, Loy: Urheberrecht von A-Z. Einführung in das Urheberrecht anhand der wichtigsten Begriffe von A-Z, Wien/München 2006

Heine, Robert/Stang, Felix: Weiterverkauf digitaler Werke mittels Non-Fungible-Token aus urheberrechtlicher Sicht. Funktionsweise von NFT und Betrachtung der urheberrechtlichen Nutzungshandlungen, MMR 2021, 755

Heker, Harald/Riesenhuber, Karl: Recht und Praxis der GEMA, Berlin/Boston, 3. Aufl. 2018 (zitiert: *Bearbeiter*, in: Heker/Riesenhuber)

Heydn, Truiken, J./Schmid-Petersen, Frauke/Vassilaki, Irini E.: Durchsetzung von Rechten des geistigen Eigentums, München 2009

Homann, Hans-Jürgen: Praxishandbuch Musikrecht, München 2006

Kaulartz, Markus/Schmid, Alexander/Müller-Eising, Felix: Das Metaverse – eine rechtliche Einführung, RDi 2022, 52

Limper, Josef: Entertainmentrecht, München 2017

Loewenheim, Ulrich: Handbuch des Urheberrechts, München, 3. Aufl. 2021 (zitiert: *Bearbeiter*, in: Loewenheim, Handbuch des Urheberrechts)

Loewenheim, Ulrich/Leistner, Matthias/Ohly, Ansgar: Urheberrecht, München, 6. Aufl. 2020 (zitiert: Schricker/Loewenheim/*Bearbeiter*)

Lutzhöft, Niels/Hendel, Christoph: Rechte von Urhebern und Leistungsschutzberechtigten an mittels künstlicher Intelligenz geschaffener Musik, GRUR 2024, 1841

Mes, Peter: Münchener Prozessformularhandbuch, Bd. 5, Gewerblicher Rechtsschutz, Urheber- und Presserecht, München, 6. Aufl. 2022 (zitiert: *Bearbeiter*, in: Mes, Münchener Prozessformularhandbuch)

Moser, Rolf/Scheuermann, Andreas/Drücke, Florian: Handbuch der Musikwirtschaft, München, 7. Auflage 2018 (zitiert: *Bearbeiter*, in: Moser/Scheuermann/Drücke)

Nordemann, Jan Bernd: Neu: Täterschaftliche Haftung von Hostprovidern im Urheberrecht bei (Verkehrs-)Pflichtverletzungen im Internet, ZUM 2022, 806

Oxford Economics (Hrsg.): Die deutsche Musikindustrie: Investitionen und Zahlungen an Künstler:innen. Eine Studie für den Bundesverband Musikindustrie (BVMI), 2024, abrufbar unter: https://www.musikindustrie.de/fileadmin/bvmi/upload/06_Publikationen/Oxford-Studie/BVMI_Musikindustrie_Investitionen_Studie_Maerz2024.pdf

Rauer, Nils/Bibi, Alexander: Non-fungible Tokens – Was können sie wirklich?, ZUM 2022, 20

Rennhack, Markus: Der Verlag als Serviceagentur für selbstvermarktende Urheber*innen, in: Endreß, Alexander/Wandjo, Hubert (Hrsg.), Musikwirtschaft im Zeitalter der Digitalen Transformation, Baden-Baden 2021

Richter, Johannes: Blockchain statt Besitz – Erwerb von Rechten auf Basis von Non-Fungible Token, NJW 2022, 3469

Scholz, Lothar: Die Musikbranche, Mainz 2007

Schwartmann, Rolf: Praxishandbuch Medien-, IT- und Urheberrecht, Heidelberg, 4. Aufl. 2017 (zitiert: *Bearbeiter*, in: Schwartmann)

Servatius, Wolfgang: Gesellschaft bürgerlichen Rechts, §§ 705–740c BGB, München 2023

Spikowius, Diana/Rack, Fabian: NFTs: Verwertung, Vertragspraxis, Rechtsdurchsetzung. Eine Einordnung von Non-Fungible Tokens im Urhebervertragsrecht, MMR 2022, 256

Strobl, Hendrik: Virtuelle Welten, reale Rechte: Die Durchsetzung des Urheberrechts im Metaverse, ZUM 2023, 492

Von Ungern-Sternberg, Joachim: Einwirkung der Durchsetzungsrichtlinie auf das deutsche Schadensersatzrecht, GRUR 2009, 460

Wandtke, Artur-Axel/Bullinger, Winfried: Praxiskommentar Urheberrecht, München, 6. Aufl. 2022 (zitiert: Wandtke/Bullinger/*Bearbeiter*)

Wanka-Wanström, Stefan, Die Rechtsstellung der Musikproduzenten der moderneren Popmusikproduktion, 2002, abrufbar unter: https://rechtsprobleme.at/doks/wanka-popproduzent.pdf (zuletzt abgerufen am 6.2.2026)

Wiedemann, Max-Julian/Stocks, Fabian: Der Klang der Zukunft: Die Auswirkungen der KI auf die Musikindustrie, GRUR 2025, 360

Zombik, Peter: Der Kampf gegen Musikdiebstahl im Internet. Rechtsdurchsetzung zwischen Bagatellschwelle und Datenschutz, ZUM 2006, 450

Zöller, Richard (Begr.): ZPO, Köln, 35. Aufl. 2024 (zitiert: Zöller/*Bearbeiter*)

Stichwortverzeichnis

Die Zahlen verweisen auf die Seitenzahlen.